Bibi **Kaufmann**

Ein einleitendes Wort von Lodovico Satana:

Was ist uns in Erinnerung geblieben von den Lehrern unserer Kindheit? Nicht etwa, was sie gesagt haben, sondern wie sie es gesagt haben.

Wie tief ist der indische Ozean an seiner tiefsten Stelle?

Das mögen wir uns gemerkt haben... oder auch nicht. Ob wir sie aber jemals gesehen haben, diese Hallen aus Kobaltglas auf einem Fundament aus Zwielicht, ob wir es je gespürt haben, das Schaudern vor dem schwärzesten Abgrund darunter - darüber hat die Beschaffenheit unser Lehrer entschieden.

Das gilt im besonderen Maße für die Kunst der Verführung. Die eine und einzige Wahrheit über Frauen, es mag sie geben - für den Schüler aber gibt es nur deren Interpreten. Die Regeln der Verführung nehmen durch die Zutat des Persönlichen überhaupt erst Form an und werden uns begreiflich.

Bélas Buch, ein heißer Aufguss? Ja, und das ist gut so! Denn die Lehre von den Frauen ist ein unerschöpflicher Beutel magischen Tees, dem ein erfahrener Koch mit seinem Feuer und seinem Wasser eine neue erlesene Geschmacksnote abgewinnen kann. Und bei Béla scheint mir das Feuer mehr als heiß genug zu brennen.

Es lebe die Community.

Lodovico Satana[1]

---

[1] Autor des Buches *Lob des Sexismus*.

Siebte Auflage 2014 (2010)
©Bibi Kaufmann Verlag, Tübingen
Lektorat: J. P. Dallmann
Satz: Daouda Ndiaye
Umschlag: Daouda Ndiaye, Alulla Alemayehu
Schrift: Markus Schröppel
Made in Germany
ISBN 978-3-00-031301-1
www.bibi-kaufmann-verlag.de
www.belacalise.de
www.bela-calise.de

Ich widme dieses Buch
Bernhard Kaufmann und Robert Levenhagen,
weil ihr mehr getan habt,
als nur an mich zu glauben.

Inhaltsverzeichnis

Ein Brief an den Leser

Lieber Leser,

kennst du diesen Moment, in dem du durch deinen Alltag schlenderst und auf einmal erblickst du Sie? Entrückt schaust du sie an. Du fühlst dich auf einmal ganz anders. Flüchtig erhaschst du einen Blick in ihre wundervollen Augen. Du kannst einfach fühlen, dass sie deine Traumfrau ist.

Plötzlich treffen sich eure Blicke. Du stehst nur wenige Meter von ihr entfernt. Wie gern hättest du sie jetzt an deiner Seite! Du würdest mit ihr scherzen, lachen, reden, sie kennen lernen. Doch mit jeder Sekunde, die du zögerst, spürst du, wie dein Herz stärker und stärker pocht. Du fühlst dich wie gelähmt... und auf einmal ist es zu spät. Sie ist weg.

Wenn dir diese Situation bekannt vorkommt, dann ist dieses Buch für dich geschrieben worden. Schöne Frauen zu finden, kennen zu lernen und sie für sich zu gewinnen, ist keine große Sache. Du musst nicht gut aussehen, du musst nicht groß sein, du musst nicht reich sein und auch nicht besonders originell. Was du sein musst, ist Folgendes: Du musst ein Mann sein, der das Leben liebt. Du musst fröhlich sein, aber auch jemand, der einer Frau vermitteln kann, dass er weiß, was er will.

Ein paar von euch werden jetzt denken: Wenn das so einfach wäre, dann könnte es doch jeder! Punkt für euch. Doch dafür ist dieses Buch ja da. Frauen gewinnen ist einfach, wenn man weiß, was man tut. Denn den meisten Männern ist nicht bewusst, dass sich hinter dem Prozess von *Frau ansprechen* bis zu „Sex" ein „System" verbirgt. Ein System, das „Mann" erlernen kann. Ich weiß, wovon ich rede, denn ich bringe es Männern bei. Das ist mein Job. Dafür zahlen sie viel Geld.

Stell dir vor, du kannst mit beliebig vielen Frauen ausgehen. Stell dir vor, du kannst zwischen attraktiven Frauen wählen. Du suchst aus, welcher Charakter dir am meisten zusagt. Stell dir vor, du gehst mit wunderbaren Frauen aus. Diese Art von Frauen, denen andere Männer heimlich hinterhersehen.

Ich habe mehrere Freundinnen gleichzeitig gehabt, die voneinander wussten. Als ich mit meiner jetzigen Freundin zusammenkam, verließ ich alle, um nur mit ihr zusammen zu sein. Du kannst dir vorstellen, was für eine Frau sie sein muss, damit ich mit allen anderen Schluß machte! Dennoch - falls meine Beziehung in die Brüche gehen sollte, habe ich die Fähigkeit, für ein paar Stunden in eine belebte Straße zu gehen und dort ein Dutzend Telefonnummern von attraktiven Frauen einzusammeln. Danach treffe ich mich mit diesen Frauen und verbringe eine schöne gemeinsame Zeit. Natürlich ersetzt das keine Beziehung. Jedoch würde es mir im Fall einer Trennung die nötige Ablenkung und Zerstreuung geben, um mich, wenn ich dann soweit wäre, auf eine neue Liebe einlassen zu können.

Bevor du weiterliest, möchte ich dir eine Frage stellen: Wie viele Frauen hast du im letzten Monat gesehen, die dir gefallen haben? Und wie viele von ihnen hast du nicht angesprochen?

Klar - manchmal hast du einfach Wichtigeres zu tun, als der hübschen Frau an der nächsten Ecke nachzulaufen. Aber was, glaubst du, wäre passiert, wenn du es getan hättest? Denkst du, dass du ihre Telefonnummer sowieso nicht bekommen hättest? Vielleicht! Vielleicht wäre sie aber auch letzten Sonntag in deinem Bett aufgewacht.

Du weißt es nicht. Du kannst es nur erfahren, wenn du es ausprobierst - wenn du sie ansprichst. Und darauf will ich hinaus: Du lebst nur einmal. Wenn du von dieser Erde verschwindest, kannst du nichts nachholen.

In diesem Buch geht es nicht nur darum, zu verstehen, was du tun musst, um Frauen für dich zu begeistern, sondern auch darum, zu lernen, deine Chancen bewusst zu nutzen. Deine Träume werden nicht von alleine wahr, sondern nur durch dein Handeln!

Du willst eine bezaubernde, liebenswerte Frau an deiner Seite? Eine Frau, so schön wie kostbar, ein Wesen, das dich leidenschaftlich und bedingungslos liebt? Die meisten Männer warten darauf, dass diese Frau ihnen über den Weg läuft. Aber ich garantiere dir: Sie ist dir schon über den Weg gelaufen! Und der Grund, warum sie mit jemandem anderem zusammen ist, hat nichts damit zu tun, dass das Schicksal es mit dir schlechter meinen würde als mit ihm, sondern nur damit, dass er wahrscheinlich den Mut hatte, sie anzusprechen und zu erobern. Und du nicht!

Das nächste Mal, wenn eine attraktive Frau deinen Weg kreuzt, wirst du sie ansprechen. Und deine Chancen werden gar nicht schlecht stehen, dass du sie noch ein weiteres Mal sehen wirst, wenn du nur ein Bruchteil von dem Wissen verinnerlichst, das in diesem Buch gesammelt ist. Ihr werdet euch wiedersehen, lachen, flirten und wer weiß, vielleicht ist es der Beginn einer wundervollen Romanze.

Lass uns nun gemeinsam eintauchen in diese Welt, einer Welt voller Begierde, einer Welt unendlicher Verführungen. Zu Beginn möchte ich dir einen ersten Rat geben: Genieße deine Entwicklung. Wie so oft im Leben ist auch hier der Weg das Ziel. Werde ein Mensch, der andere bereichert. Zum Nehmen gehört auch Geben. Und ohne Großzügigkeit wirst du in der Verführung nie erfolgreich sein.

Viel Spaß und viel Erfolg,

Béla Calise

Teil 1 - Beginn

Herzlichen Glückwunsch! Du befindest dich jetzt auf einer Reise, von der es kein Zurück gibt. Deswegen möchte ich dich an dieser Stelle warnen: Falls du in einer glücklichen Beziehung lebst, solltest du vorsichtig sein. Denn neue Aussichten wecken bekanntlich neues Verlangen... und Gelegenheit macht schwach.

Die Kunst im Kennenlernen und Verführen begehrenswerter Frauen liegt darin zu wissen, *was* du *wann* zu tun hast. Manchmal wird die Situation Mut und eine charmante Form von Dreistigkeit erfordern, manchmal eine lauernde Geduld, gepaart mit einem Auge für den richtigen Moment. Es wird Zeiten geben, da wirst du genau wissen, was zu tun ist und andere, in denen du alles auf eine Karte setzen musst - bereit, die Frau zu verlieren, um sie am Ende doch zu gewinnen. Alles hat seinen Zeitpunkt. Ihn zu erkennen und zu deinem Vorteil zu nutzen, ist eines der großen Geheimnisse in der Verführung des schönen Geschlechts.

Das alles mag sich zunächst recht kompliziert anhören. Doch sei beruhigt: Der Mensch sucht das andere Geschlecht. Es ist eine Macht der Natur, zu wollen, zu begehren, zu lieben und geliebt zu werden. Dieser Kraft kann und will sich niemand widersetzen. Du magst es jetzt vielleicht noch nicht glauben, aber instinktiv wirst du spüren, was zu tun ist. Denn im Grunde geht es im Kennenlernen und Gewinnen einer Frau vor allem darum, schwerwiegende Fehler zu vermeiden - weniger darum, immer alles richtig zu machen.

Ich habe eine erste Frage an dich: Welche Bedingungen müssen erfüllt sein, damit eine Frau mit dem Gedanken spielt, sich auf ein sexuelles Abenteuer mit dir einzulassen? Bitte lege das Buch kurz beiseite und denk einen Augenblick darüber nach.

Hast du eine Antwort gefunden? Meine lautet: Die Frau muss sich zu dir hingezogen fühlen, du musst für sie attraktiv sein.

Klingt nach nichts Neuem? Gut, dann lies Folgendes: Die Frau hat überraschenderweise gar keinen Einfluss darauf, ob sie dich anziehend empfindet oder nicht. Wenn sie dich mag, kann sie nichts tun, um dieses Gefühl abzustellen. Denn Anziehung gehört zu den impulsiven Gefühlen; spontan, leidenschaftlich, überwältigend, wenig reflektierend. Anziehung hat nichts gemein mit einer logisch-rationale Entscheidung[2]. Es mag sein, dass sie ihre Anziehung dir gegenüber zu unterdrücken versucht und dies auch erfolgreich zu schaffen vermag. Möglicherweise tut sie das auf Grund schlechter Erfahrungen, jedoch kannst du immer darauf bauen, dass das Gefühl zu begehren, Lust zu verspüren, sich zu verlieren, generell für die Frau ein sehr angenehmes, ein sehr belebendes Gefühl ist. Die Wahrheit ist, sie möchten es spüren! Doch was bedeutet das für dich?

Du musst nicht die Frau ansprechen, sondern ihre Gefühle und Emotionen. Du wirst eine Frau nie zu einer Affäre mit dir überreden können. Du kannst die Frau jedoch so sehr erregen, dass sie gar nicht anders kann, als ihrem Trieb zu folgen. Genau das ist die ursprüngliche Bedeutung des Wortes *Verführung*[3].

Damit eine Frau sich in ein Abenteuer mit dir stürzt, muss neben einer gewissen Anziehung dir gegenüber noch eine weitere emotionale Bedingung erfüllt sein: Sie muss dir vertrauen!

Vertrauen heißt in diesem Fall nicht, dass sie dir ihre gesamten Ersparnisse, gar ihr ganzes Schicksal anvertraut, sondern einfach nur, dass sie ein gutes Gefühl bei dir hat, dass sie sich sicher in deiner Gegenwart fühlt, dass sie einfach spürt, dass du kein schlechter Kerl bist.

Setzen wir dieses Gedankenspiel mit einer weiteren Frage fort: Welche Bedingungen müssen erfüllt sein, damit eine Frau mit

---

[2]Übrigens ist das der Grund, warum viele Frauen, die „diesen Typ" eigentlich nicht leiden können, trotzdem am Ende mit ihm ins Bett gehen. Das Schlimmste, was dir als potentieller Liebhaber passieren kann, ist, dass die Frau nichts für dich empfindet - nicht einmal Ablehnung.

[3]Das Wort Verführung wird oft synonym mit „Manipulation"verwendet. Doch ich möchte mich von dieser Sichtweise distanzieren. Ich glaube, wenn immer zwei Menschen Sex (ohne Zwang) miteinander haben, wollen beide es. Frauen haben gern Sex!

dem Gedanken spielt, sich mit dir auf eine ernsthafte Beziehung einzulassen?

Die Frau muss zunächst bereit sein, sich in eine Affäre mit dir zu stürzen, bevor sie sich auf eine Beziehung einlassen kann. Es mag sein, dass die Frau aus moralischen oder religiösen Gründen (also auf rationaler Ebene) keinen Sex, sondern eine abstinente Beziehung mit dir will. Auf emotionaler Ebene aber muss sie bereit sein, mit dir zu schlafen. In der Regel passiert es ja auch so: Ihr landet im Bett - und erst danach redet ihr über eine Beziehung.

Doch es muss noch eine weitere Bedingung erfüllt werden, damit du für eine längere Beziehung in Frage kommst. Und? Schon darauf gekommen?

Ich habe einen guten Freund Georg, der mir folgende, kleine Geschichte erzählt hat: Er hatte in einem Berliner Club einen schönen Abend verbracht und wollte gerade nach Hause gehen, da fiel ihm vor dem Eingang ein Obdachloser auf, der dabei war, leere Flaschen einzusammeln, die die Clubgänger auf der Straße stehen ließen. Mein Freund kam mit dem Mann, der abgerissen, aber sympathisch aussah, ins Gespräch und der Obdachlose berichtete ihm eine besonders eigenartige Geschichte. Es gäbe da eine Frau, sehr attraktiv, die abends nach der Disko immer zu ihm komme, um mit ihm, dem Obdachlosen, leidenschaftlichen Sex zu haben. Ungläubig lächelte mein Freund ihn an, als der Obdachlose auf seinen Kumpel deutete und bemerkte, mit ihm würde sie es auch treiben wollen, aber er kriege leider keinen mehr hoch. Der Angesprochene nickte und grinste meinen Freund mit zahnlosem Lächeln an.

Was kann man aus dieser unglaublichen Geschichte lernen? Erstens: Du weißt nie genau, was in einer Frau vorgeht. Es gibt die seltsamsten Vorlieben und Leidenschaften - besonders, wenn es sich um das Thema Sexualität dreht. Alle Annahmen im Bezug auf Frauen und ihre Wünsche sind nur Modelle. Nichts ist absolut. Die menschliche Psyche ist zu kompliziert, um sie in allgemeingültige Regeln zu pressen.

Zweitens (jetzt komme ich auf meine ursprüngliche Frage zurück):

Du solltest mit der Frau, die du gewinnen willst, auf einem zumindest vergleichbaren sozialen Level stehen. Denn die Frau in unserer Geschichte kann sehr wohl zwischen einem sexuellen Abenteuer und einer Beziehung unterscheiden. Möglicherweise könnte sie „offiziell" die Freundin des Obdachlosen werden, der ihre unkonventionelle sexuelle Vorliebe befriedigt. Aber was würden ihre Freunde, ihre Eltern, die Gesellschaft dann über sie sagen? Höchstwahrscheinlich würden sie die Verbindung nicht akzeptieren und am Ende stünden sie und der Obdachlose völlig allein da.

In diesem Beispiel wird - natürlich überspitzt - deutlich, dass gesellschaftlicher Rang, Ansehen und Status bedeutende Faktoren sind, wenn es um Beziehungen geht. Eine Konsequenz, die du also nicht vernachlässigen darfst, sind die Rollenbilder, welche die Gesellschaft den Geschlechtern zuordnet. Denn obwohl sich durch die Emanzipation einiges geändert hat, dürfte feststehen: Die Gesellschaft beurteilt Frauen und Männer immer noch nach verschiedenen Maßstäben. Männer werden vor allem nach ihrer Fähigkeit beurteilt, sich in der Gesellschaft durchzusetzen, vor allem beruflich. Das ist auch der Grund, weshalb der Wettbewerb und der Vergleich des Status untereinader in ihrem Leben einen so großen Stellenwert haben. Natürlich gibt es das alles auch bei Frauen, jedoch ist die Ursache eine andere. Frauen werden stark nach ihrem Erscheinungsbild und nach ihrem Verhalten beurteilt, weitaus stärker als Männer. Das ist auch der Grund, warum Frauen, im Gegensatz zu Männern, sich schminken und so viel Zeit auf ihr Äußeres, auf Kleider, Schmuck und Schuhe verwenden. Man könnte frech behaupten: Eine Frau muss schön sein, ein Mann muss jemand sein.

Dies führt uns zu einem Begriff, den ich an dieser Stelle einführen möchte: *sozialer Wert*. Unsere Gesellschaft funktioniert nach dem Prinzip, dass wir menschliche Fähigkeiten vor allem nach ihrer Bedeutung für die Gemeinschaft beurteilen. Je schwieriger bzw. je spezialisierter jemand in seinem Tun ist und je mehr er durch seine Arbeit für andere einen Mehrwert schafft, umso höher schätzen wir seine soziale Stellung ein. Ein Chirurg, dessen Ausbildung langwierig und kompliziert ist und der durch seine Arbeit menschliches Leben rettet, wird von der Gesellschaft als wertvoller eingestuft und besser bezahlt als zum Beispiel ein Schulabbrecher, der davon lebt, Werbeblättchen auszutragen.

Die soziale Bewertung eines Menschen ist nicht zwangsläufig mit Geld verbunden, dennoch immer mit Ansehen. Das bedeutet: Je höher deine soziale Stellung und damit verbunden dein sozialer Wert ist, umso mehr nehmen Menschen von dir Notiz. Die weitverbreitete Vorstellung, dass Reichtum gleich Attraktivität ist, stimmt also nur bedingt. Es ist erst die soziale Stellung, die einen reichen Mann attraktiv macht. Es ist die Art und Weise, wie andere Menschen auf ihn reagieren, wie sie ihn bewerten!

Macht Geld also sexy? Ja, das tut es. Ist es aber ein entscheidender Faktor, wenn es um die Verführung von Frauen geht? Nein, das ist es nicht. Macht der soziale Wert, den ein Mann hat, ihn bereits attraktiv? Nein, der Wert als solches nicht, doch die aus ihm hervorgehende Anerkennung und die Form, wie der Mensch sie verinnerlicht. Es gibt bestimmte subkommunikative Verhaltensmuster, die ein Mann von hohem sozialen Wert automatisch annimmt. Es sind seine natürlichen Antworten auf das anerkennende Verhalten seiner Umwelt. Genau diese Verhaltensmuster kannst du adaptieren, sogar dann, wenn dein sozialer Wert in Wirklichkeit gar nicht so hoch ist!

Männer (und besonders Frauen) sind sich der Bewertung der Gesellschaft meist sehr bewusst. Wäre das nicht der Fall, würden wir das Gefühl der Peinlichkeit nicht kennen. Es stellt sich nämlich genau dann ein, wenn wir in unserem Verhalten gegen die Erwartungshaltung der Gesellschaft verstoßen, wenn wir uns daneben benehmen. Die Erwartung, sich in bestimmten sozialkonformen Bahnen zu bewegen, da sonst der Verlust des *sozialen Wertes* bzw. der Anerkennung droht, nennen wir *sozialen Druck*.

Ein typisches Beispiel für sozialen Druck ist, dass ein Mann einen anderen zu einer Mutprobe, bzw. ein Lacher auf seine Kosten herausfordert und ihn ködert, indem er ihn solange vor anderen ärgert, bis er nach gibt. Es gibt viele Männer, die sich auf so etwas eigentlich gar nicht einlassen wollen, die jedoch dem sozialen Druck erliegen und sich so zu der einen oder anderen Dummheit verleiten lassen.

Du als angehender Frauenversteher solltest dir dieser Mechanismen bewusst sein, denn der soziale Druck beeinflusst dein Handeln ebenso wie das der Frau, die du gewinnen willst. Wenn du zum Beispiel eine Frau fragst, ob sie mit dir schlafen will, wird ihr innerer Entscheidungsprozess nicht zuletzt dadurch bestimmt, ob sie in diesem Moment gemütlich allein am Strand liegt oder zwischen Kollegen in der Kantine sitzt.

Jede Gesellschaft kennt Rangunterschiede, Klassen, Gruppen usw. In unserer Gesellschaft wird zum Beispiel ein Obdachloser unten eingestuft, während man einem Universitätsprofessor oder Hotelmanager einen hohen sozialen Rang zuschreibt. Doch diese pauschalen Einstufungen sind nicht starr und absolut. Wir messen den *sozialen Wert* eines Individuums nämlich stets im Verhältnis zu dessen sozialem Kontext. Während der Frontmann einer Punkband für seinen größten Fan gesellschaftlich die Spitze darstellt, ist die gleiche Person für einen rechtskonservativen Lokalpolitiker nichts als ein Hampelmann. Der rechtskonservative Lokalpolitiker wiederum mag im Parteizelt scharfe Reden schwingen und selbstbewusst auf die verkommene Jugend schimpfen - befindet er sich aber auf einem Punkkonzert unter besoffenen Punks, wird er wahrscheinlich still sein.

Wie hoch der soziale Wert eines Menschen genau ist, hängt also stets auch vom Betrachter und dessen Umfeld, sowie von der Situation ab, in der er sich befindet. Aus diesem Phänomen leiten wir einen Begriff ab: *situationsbezogenes Selbstbewusstsein*. Er beschreibt, dass das Selbstbewusstsein eines Menschen stark von der sozialen Situation abhängt, in der dieser sich befindet.

Ein Beispiel ist ein Mann, der sehr gut tanzen kann. Seiner Begabung entsprechend wird er eher versuchen, in einem Club Frauen auf der Tanzfläche anzutanzen oder zum Tanzen aufzufordern, als sich in einem Café zu einer Gruppe von Frauen zu setzen. Er hat auf der Tanzfläche ein situationsbezogenes Selbstbewusstsein, das außerhalb davon keinen Wert hat.

Wie sehr die Situation und das Umfeld auf den inneren Zustand eines Menschen wirken, kennst du sicher aus eigener Erfahrung. Und wie so oft im Leben kannst du aus dieser Erkenntnis im Hinblick auf das Kennenlernen einer Frau zwei verschiedene Konsequenzen ziehen: Erstens du versuchst dir diesen Umstand zunutze zu machen, indem du entweder deine Stärken ausspielst, wie es der Tänzer im Beispiel tut, oder indem du auf Orte und Menschen deines Vertrauens baust, die dich, im entscheidenden Moment, zu Höchstleistungen antreiben. Zweitens du gehst den anderen schwereren Weg, vertraust nicht auf die Geborgenheit einer von dir kontrollierbaren Situation und springst ins kalte Wasser, probierst dich aus, um am Ende dein Selbstbewusstsein unabhängig von Ort, Zeit und innerem Zustand werden zu lassen. Es ist dann ein bisschen so, als ob du morgens nach einer durchzechten Nacht, ungewaschen, stinkend, in Jogginghose plus vollgekleckertem T-Shirt zum Bäcker gehst und Sie erblickst. Du wirst sie so charmant, wie es dein Zustand zulässt, ansprechen. Vielleicht scherzt und lacht ihr, möglicherweise denkt sie auch nur, was für ein Penner du seist, aber ganz unabhängig vom Ausgang dieses Flirts hattest du keinen Moment Zweifel an dir, an deinem Zustand. Nie wärst du auch nur auf die Idee gekommen, da du gerade nicht herausgeputzt bist, weil sie dich nicht gerade im Benz vorfahren gesehen hat oder was auch immer, sie nicht anzusprechen.

Doch genug der trockenen Theorie! Im Folgenden möchte ich dir eine kleine Geschichte erzählen, die sich so oder so ähnlich vor nicht allzu langer Zeit zugetragen hat.

Eine Frau, eine Begegnung, eine Dynamik

An einem warmen Frühlingsabend besuche ich die Party eines entfernten Bekannten. Dort fällt mir sofort ein hübsches Mädchen auf. Nachdem ich meinen Bekannten begrüßt habe, mache ich mich auf, das Mädchen zu finden. Ich sehe sie im Gespräch mit einem Mann. Als ich dazustoße, ist gerade eine heftige Diskussion über ein für mich unwichtiges Thema entbrannt. Ich begreife, dass der Mann die Frau nur ein bisschen provozieren will - aber mit dem Thema hat er sie wohl auf dem falschen Fuß erwischt. Ich überlege kurz, ob ich das Gespräch an mich reißen soll, doch ich ahne, dass bald ein besserer Moment zum Handeln kommen wird. Wenn Menschen anfangen hitzig zu diskutieren, kann man förmlich spüren, wie sie sich mit Energie aufladen. Argumente mögen die Diskussion äußerlich steuern, aber in Wirklichkeit sind es Emotionen, die eine Auseinandersetzung dominieren und die man an verschiedenen Anzeichen ablesen kann: Tonfall und Lautstärke der Stimme oder die Geschwindigkeit des Gesprächs.

Inzwischen haben sich die beiden in Rage geredet. Der Mann dreht sich zu seinem Bier um, eine kleine Pause entsteht. Mein Moment ist da. Ich spreche sie an.

Ich: *Weißt du, dass du ein kleine, aber ganz schön leidenschaftliche Frau bist? Ich würde nicht mal meinem ärgsten Feind wünschen, dein Gegner zu sein!*

Während ich das lächelnd sage, warte ich, bis sie mir in die Augen blickt, um dann einen Schritt zur Seite zu gehen. Sie hält den Augenkontakt. Als der Typ das Gespräch wieder aufnehmen will, steht sie schon mit dem Rücken zu ihm. Er ist nun ausgeschlossen, kein Teil der Dynamik mehr.

Ich: *Ich habe bei dir gerade eine bestimmte Sache beobachtet.*

Sie lächelt und erwidert frech:

Sie: *Was denn?*

Ich: *Sag ich dir nicht. Sonst lässt du es bleiben... und ich mag es! Komm, lass uns kurz an die frische Luft gehen!*

Ich warte nicht auf ihre Antwort, sondern nehme einfach ihre Hand in meine und ziehe sie sanft in Richtung Garten.

Wenn du eine Frau ansprichst, entsteht eine eigene Dynamik. Sie ist eine dir noch fremde Frau und du bist ein ihr noch fremder Mann. Die Betonung liegt auf „noch fremd", denn es ist für eure Zweisamkeit von großer Wichtigkeit dieses Gefühl von Distanz möglichst schnell in ein Gefühl von Nähe zu verwandeln. Deswegen sollte die Herstellung von Nähe am Anfang einer Interaktion dein wichtigstes Ziel sein. Aber wie kannst du das anfangen? Zunächst: Eliminiere alles, was Distanz zwischen euch beiden aufbauen könnte.

Ich will dir zunächst ein Beispiel geben, wie du es nicht machen solltest. Stell dir vor, du willst irgendetwas Beliebiges von der Frau und sie lehnt es ab. Wenn du jetzt mit *warum denn nicht* oder *aber usw.* antwortest, vergrößerst du die Distanz zwischen euch. Ich nenne das eine *Du-versus-Sie-Situation.*

Eine Du-versus-Sie-Situation ist übrigens nicht von Grund auf schlecht. Man muss sich in einer Beziehung gegenseitig Paroli bieten können - sonst geht die Spannung verloren. Der Anfang einer Dynamik aber ist der denkbar unpassendste Zeitpunkt dafür. Das Problem einer Du-versus-Sie Situation ist, dass die sich frisch entwickelnde Dynamik in eine falsche Richtung gelenkt wird. Eine angeregte Diskussion ist eine großartige Möglichkeit, deine Bildung und deinen Charakter zu zeigen, doch wenn die Frau und du euch noch fremd seid, besteht zwischen euch zu viel Distanz. Und diese Distanz bietet leider sehr viel Raum für Fehlinterpretationen und Kommunikationsprobleme jeglicher Art. Dass Menschen dazu tendieren Fremden gegenüber Schutzmauern aufzubauen, macht die Sache nicht einfacher. In einer derartigen Dynamik arbeitet ihr nicht miteinander, sondern gegeneinander. Erinnerst du dich? Der Typ, der am Anfang mit dem Mädchen geredet hat, befand sich in so einer unvorteilhaften Dynamik!

Wie geht es auf der Party weiter? Ich ziehe das Mädchen sanft in den Garten und warte, bis sie etwas sagen wird. Tatsächlich muss ich nicht lange warten.

Sie: *Sag mal, was meintest du gerade?*

Ich: *Meinte was?*

Sie: *Mit dem, was du gerade gesagt hast? Die Sache, die du an mir beobachtet hast.*

Ich: *Du bist ja süß, dass dich das immer noch beschäftigt!* [lächelnd]

Sie: *Na, wenn du solche Sachen andeutest, musst du es mir schon sagen.*

Ich: *Später vielleicht.*

Sie: *Das ist gemein! Sagst du es mir? Versprochen?*

Ich: *Versprochen! Aber woher willst du wissen, dass ich meine Versprechen halte?*

Sie guckt spielerisch ernst.

Sie: *Du musst dein Versprechen halten!*

Ich: *Natürlich werde ich das. Aber du musst mir versprechen, dass du dann damit nicht aufhörst.*

Sie: *Warum? Mache ich es gerade in diesem Moment?*

Ich: *Sag ich dir nicht!*

Sie: *Du bist doof!*

Ich: *Nein, ich bin einfach nur Béla.*

(Ich halte ihr meine Hand hin.)

Sie: *Hi, Béla. Ich bin Gabriella.*

Ich sehe sie an. Sie hat dunkle Haare und einen dunklen Teint.

Ich: *Aus welchem Land kommst du ursprünglich?*

Sie: *Meine Mutter ist deutsch, aber mein Vater kommt aus Italien.*

Ich: *Gut. Ich dachte zuerst, du würdest nur gern ins Solarium gehen!*

Sie: *Nein!* (haut mich leicht)

Ich: *Ich gehe schon mal ins Solarium, aber nur sehr selten. Eigentlich nur, wenn der Winter die Tage kurz werden lässt und ich die Sonne so vermisse. Ich weiß, es ist nicht die wahre Sonne, doch ich gebe mich manchmal gern einer Illusion hin, wenn sie mich glücklich macht.*

Es gilt als allgemein akzeptiert, dass die Frau erobert werden will. Eine Frau stellt sich in ihren Träumereien meist vor, dass der Mann den ersten Schritt tut. Er soll die Initiative ergreifen. Das ist seine Aufgabe. An dieser Stelle wird die Passivität der Frau deutlich: Die Frau sieht sich selbst nicht als Beute, aber als etwas Wertvolles, das darauf wartet, erlöst und erfüllt zu werden. Sie preist sich an und wir Männer suchen ihre Nähe. Dann plustern wir uns auf und warten, dass sie unserem Werben nachgibt. Daran hat sich im Großen und Ganzen bis heute nicht geändert. Nun gut. Bis Jetzt! Denn wir verfolgen eine andere Strategie.

Wir betrachten nicht nur die Frau als Objekt der Begierde, sondern auch uns selbst. Es ist nämlich ein Irrglaube zu denken, dass immer Männer die Frauen erobern. Wenn Frauen einen interessanten Mann kennen lernen, senden sie Zeichen aus, Symbole. Sie machen sich schön und zeigen sexuelle Signale. Sie schreien förmlich: *Hier bin ich - nimm mich!* Und wenn das nicht klappt, versuchen sie dem Mann es so einfach wie möglich zu machen, den ersten Schritt zu tun.

Wir wollen der Frau begreifbar machen, dass wir der Preis sind, dass sie jetzt zuschlagen muss. Denn wer weiß, wann jemand unseres Kalibers wiederkommt? Je schneller die Frau dies verinnerlicht, umso schneller locken wir sie aus der Reserve und umso schneller wird sie uns erliegen!

Doch kehren wir zur Party zurück. Was tue ich gerade? Ich verringere die Distanz zwischen mir und dem Mädchen. Ich halte zum Beispiel ihre Hand. Ich weiß, das scheint nur ein winziges Detail zu sein, aber bedenke: Fast jeder Sex beginnt mit einer unschuldigen Berührung! Außerdem befinden wir uns abseits der anderen

Gäste im Garten. Das hat den einfachen Grund, dass ich der einzige Mensch sein will, auf den sie sich in nächster Zeit konzentrieren kann. Jede Ablenkung ist hinderlich. Es ist jetzt an der Zeit, ihr zu vermitteln, dass ich ein interessanter Mann bin, für den es sich zu kämpfen lohnt.

Sie: *Und du, woher kommst du?*

Ich: *Aus Berlin.*

Sie: *Berlin! Das ist ja cool, ich habe eine Freundin, die wohnt dort und ich will sie besuchen!*

Ich: *Ihr werdet auf jeden Fall euren Spaß haben. Ihr müsst unbedingt in diesen Club hoch über den Dächern Berlins gehen, ist auf einem Häuserdach. Von dort kann man zu genialer Musik unter Sternen tanzen!*

Sie: *Und wie heißt der Club?*

Ich: *Der Club ist illegal, er hat keinen Namen. Du musst dir das eher als Ort vorstellen, wo viele Veranstaltungen sind.*

Sie: *Echt? So was gibts? Wo finde ich den?*

Ich: *Ich bezweifle, dass du ihn alleine findest. Er ist versteckt in einem Hinterhof. Aber wenn du und ich in der Stadt sind, werde ich dich dorthin führen. Versprochen!*

Wenn du mit einer Frau deines Interesses kommunizierst, dann musst du ihr etwas bieten. Es muss nicht furchtbar originell sein - es muss sie nur ein bisschen zum Träumen bringen. Und in diesen Träumereien sollten mindestens drei Sachen vorkommen: erstens *du*, zweitens *sie* und drittens ein kleines **Abenteuer**. Es geht darum, sie aus ihrem tristen Alltag in ein aufregendes Erlebnis mir dir zu locken. Der Grundstein für dieses Unterfangen ist durch meinen letzten Satz gelegt: Er ist so formuliert, dass sie unterbewusst akzeptiert, dass ihr euch wiedersehen werdet. Und das *Versprochen* ist einfach nur ihr eigenes Wort, welches ich aufgegriffen habe. Ich spiegele ihre Sprache.

Ich: *Du machst etwas Kreatives... nein, warte ... du siehst aus wie eine Juristin!*

Sie: *Boa, woher weißt du das?*

Ich: *Ich kann es an deiner Nase sehen!*

Ihr fragt euch sicherlich, woher ich das wusste? Nun, ich hatte, bevor ich mich zu ihr stellte, einfach den Gastgeber gefragt. Es ist immer klug, ein paar Informationen über die Frau deiner Wahl einzuholen, falls möglich. Ein paar Fakten reichen. Diese gilt es natürlich klug zu einem passenden Zeitpunkt zu verwerten. Das ist natürlich nicht immer möglich. Zum Beispiel kann es sein, dass du die Frau gerade erst auf der Straße getroffen hast.

Ich wusste noch ein bisschen mehr über sie. Ich wusste zum Beispiel, dass ihr Exfreund (der später noch eine Rolle spielen wird) ebenfalls auf der Party war und dass sie vorhatte, ein Austauschjahr in Spanien zu verbringen.

Ich: *Ich will ehrlich zu dir sein: Wärst du einfach nur eine Juristin, hätte ich wahrscheinlich schnell das Interesse verloren. Denn ich habe böse Sachen über euch Juristen gehört, die natürlich alle Klischees sind... von meinem Anwalt mal abgesehen. Aber was soll's - ich begebe mich gern in die Höhle des Löwen! (lachend)*

Okay ... Was soll das denn jetzt? Erst sage ich dir, man soll jedem Konflikt aus dem Weg gehen, weil es Distanz zwischen euch schaffen würde, und jetzt mache ich genau das Gegenteil! Ich stelle das Mädchen in Frage?

Ja, stimmt. Doch hier gibt es einen Unterschied: Der Charakter der Interaktion ist ein gemeinsamer, kein gegenlaufiger. Es geht um das Miteinander, nicht Gegeneinander. Das heißt, wenn ich sie necke oder etwas, was sie betrifft, spielerisch in Frage stelle, fühlt sie sich nicht in ihrem Stolz verletzt, sondern versucht sich mir gegenüber zu rechtfertigen. Tut sie das, bin ich offenbar auf dem richtigen Weg, denn das bedeutet, dass sie mir gegenüber nicht schlecht dastehen will.

Sie: *Na ja, es stimmt schon - zum Teil. Bei uns gibt es schon so karrieregeile Tussies und Typen, die den Kragen hochstecken, aber ich bin anders, weil ...*

Ich mustere sie auffallend und kneife meine Augen zusammen.

Ich: *Weil du genauso aussiehst?*

Sie: *Nein, tu ich gar nicht!*

Ich: *Natürlich tust du das, wie hätte ich sonst wissen sollen, dass du eine Juristin bist?*

Die Unterhaltung setzt sich fort. Ein paar Minuten später:

Ich: *Aber mach dir keine Gedanken: Ich weiß, dass du mehr bist als ein Klischee. Ich werde auch immer in eine Schublade gesteckt. Siehst du, ich leide mit dir!*

Sie: *Du bist der Erste, der mir sagt, dass ich wie eine Juristin bin. Das hat mir noch niemand gesagt!*

Ich: *Na, dann wurde es mal Zeit!*

Sie: *Heey! Und mit welchem Klischee hast du zu kämpfen?*

Ich: *Ich? Ja ... die Leute denken oft, dass ich ein Geheimagent bin.*

Ich: *Nein, im Ernst - die Leute können mich oft nicht einschätzen, weil ich die Tendenz habe, von einer Schublade zur nächsten zu springen. Wenigstens bin ich immer für Überraschungen gut.*

Fassen wir zusammen: Zuerst habe ich Sie von den anderen isoliert, indem ich sie von dem Typ bzw. den anderen Gästen getrennt habe. Danach habe ich die Distanz zwischen uns verringert. Daraufhin habe ich durch Andeutungen ihre Neugierde geweckt und sie damit geködert. Im folgendem habe ich ihr Ego genutzt, um sie für mich zu begeistern. Dann habe ich sie - in einem kontrollierten Rahmen - provoziert und schließlich habe ich dafür gesorgt, dass sie meine Nähe sucht. Es fehlt nur noch ein Schritt, um die Dynamik in die richtige Richtung zu lenken! Ich muss ihr klarmachen, dass wir beide aufeinander stehen.

Ich: *Auch wenn du aussiehst wie eine Juristin, eine sehr schöne Juristin natürlich, finde ich dich definitiv nicht langweilig.*

Sie: *Danke.*

Ich: *Weißt du, ich hab lange als Barkeeper gearbeitet und ich kenne eine Menge sehr gut aussehender Frauen. Aber sie sind selten charmant und das macht sie langweilig. Ich bin froh, dich hier getroffen zu haben.*

Sie lacht, während sie eine übertriebene Pose einnimmt:

Sie: *Danke. Du kannst mir ruhig mehr erzählen.*

Ich lache.

Ich: *Ohh ... fishing for compliments!*

Sie: *Nein! Tue ich nicht!*

Ich: *Doch tust du, aber ich sage es dir gern... Du bringst mich zum Lachen! Und es ist mehr als fair, wenn ich das dir sage, denn ich bin dankbar dafür.*

Sie: *Warum? Lachst du so selten oder was?*[neckisch]

Ich: *Ich langweile mich schnell. Aber hat man einmal ein Stein bei mir im Brett, dann kann man es schwer bei mir verhauen!*

Mit diesen Worten gehe ich in eine ruhigere Ecke des Gartens, wo wir weniger gesehen werden. Während wir gehen, hake ich sie ein. Mit den Worten: *Warte mal. Beweg dich nicht. Du hast hier was!* entferne ich ihr eine Wimper aus dem Gesicht und lege anschließend eine Haarsträhne vorsichtig zurecht. Sie lächelt. Ich gucke ihr direkt in die Augen.

Plötzlich zerreißt eine Stimme unsere Zweisamkeit. Als ich aufblicke, steht ein Mann direkt neben uns. Sein Blick zielt in meine Augen und wandert dann zur ihr, um dort stehenzubleiben.

Na ihr zwei, störe ich? Du musst nicht Sherlock Holmes sein, um eins und eins zusammen zu zählen - es ist ihr Exfreund!

Wenn du viel Zeit mit Frauen verbringst, sind Exfreunde ein immer wiederkehrender Faktor. Immer wenn ein Exfreund die Spielfläche betritt, läufst du Gefahr, dass dir die Situation aus deinen Händen gleitet. Denn Exfreunde sind wie Familienmitglieder oder sehr gute Freundinnen: Sobald die Frau sich ihnen in irgendeiner Weise verpflichtet fühlt, können sie dir gewaltige Steine in den Weg legen. Generell kannst du Exfreunde in zwei Kategorien einteilen: harmlose und störende Exfreunde.

Die erste Kategorie ist der harmlose Exfreund. Zu diesen Exfreunden kannst du alle zählen, die dir keine Probleme bereiten werden, die schon lange Geschichte sind und die sich von der Frau emotional gelöst haben. Exfreunde, die sich sofort entschuldigen und euch einfach allein lassen.

Die zweite Kategorie ist der störende Exfreund. Zu dieser Kategorie gehören Exfreunde, die von der Frau verlassen worden sind und damit noch nicht zurechtkommen. Oft sind sie betrunken oder der Frau peinlich, was du ausnutzen kannst.

Wirklich gefährlich für dich ist nur ein einziger Typ von Exfreund: Es ist der Typ, mit dem die Frau noch nicht abgeschlossen hat. Allein seine Anwesenheit lässt ein Feuerwerk an Gefühlen in ihr los. Die Chancen gegen ihn stehen wahrlich schlecht. Ich würde sogar sagen, es ist einfacher, eine Frau aus einer eingeschlafenen Beziehung herauszulösen als gegen einen Exfreund zu bestehen, an dem die Frau noch hängt.

Doch zurück zu unserer Geschichte. Der Exfreund ist da. Das Wichtigste jetzt: Bleib relaxed und finde heraus, mit was für einer Art von Exfreund du es zu tun hast!

Ich reiche ihm die Hand und stelle mich lächelnd vor. Er zögert kurz und gibt mir sichtlich widerwillig die Hand. Das sagt schon sehr viel über ihn aus. Er sieht mich als Konkurrent, was bedeutet: Er hat ein Problem mit mir. Damit kann ich ihn sofort in die Kategorie störender Exfreund einordnen. Jetzt muss ich nur noch wissen, in welchem Verhältnis sie zu ihm steht.

Er ist offenbar angetrunken und seine unterschwellig aggressive Art ist nicht zu übersehen. Außerdem ist er sichtlich überfordert, denn er weiß nicht, was er machen soll. Ich stelle mich dicht neben sie und meine Hand sucht im Schutz unserer Rücken ihre. Ich finde sie und halte sie fest. Sie hält meine Hand, drückt sie leicht. Ich drücke zurück und lasse ihre Hand los. Ich lehne mich zurück.

Es ist eine angespannte Situation - sie, ihr Exfreund und ich. Als angehender Frauenversteher ist es wichtig, die Kunst der Konversation zu beherrschen, denn es ist ein einfacher Weg, eine Situation zu entspannen und nebenbei ein bisschen zu glänzen. Doch es gibt auch Momente, wo es von Vorteil ist, die Situation so zu belassen wie sie ist - wie zum Beispiel jetzt! Ich weiß, dass beide, wenn ich nicht anwesend wäre, über sich reden würden. Sie spüren das Unangenehme, das in der Luft liegt. Und ich will, dass diese Spannung unerträglich wird, denn die Frau wird dieses negative Gefühl nicht mit mir, sondern mit dem Exfreund in Verbindung bringen.

Exfreund: *Ich würde gern mit dir reden.*

Sie: *Ich weiß nicht, ob das so eine gute Idee ist.*

Du solltest immer vermeiden, sie allein mit ihm zu lassen. Denn ab diesem Zeitpunkt hast du keine Kontrolle mehr über die Situation, möglicherweise passiert etwas Unvorhersehbares. Verlasse also beide nur, wenn es gar nicht anders geht.

Ich: *Das ist wirklich keine gute Idee. Das hier ist eine Party und du bist, glaube ich, betrunken. Es ist einfach nicht der Moment für ein ernstes Gespräch. Wie wäre es damit: Ihr telefoniert die Tage einfach mal und gegebenenfalls trefft ihr euch? Dann könnt ihr in aller Ruhe alles besprechen. Doch hier führt das zu nichts. Habe ich nicht recht?*

Exfreund: *Ich will einfach nur mit ihr reden.*

Ich: *Ich weiß doch, aber warum willst du dir jetzt alles kaputt machen? Du hast ja schon was intus und sie läuft dir nicht davon! Schlaf aus, ordne deine Gedanken, telefoniere morgen in aller Ruhe mit ihr. Wir sind doch alle hier zum Feiern.*

Sie: *Er hat Recht. Lass uns später telefonieren, ja?*

Exfreund: *Okay. Ich ruf dich an.*

Mit diesen Worten entfernt er sich.

Sie: *Das tut mir Leid. Das hier. Das war mein Exfreund.*

Ich: *Er ist ein netter Typ, er wirkt nur ein bisschen verwirrt, aber das ist schon okay. Er meint es ja nur gut.*

Sie: *Für ihn ist es gerad' eine schwer Zeit.*

Ich: *Das glaube ich ihm gern. Du hast auch eine Art, Leuten den Kopf zu verdrehen. Ich glaube, ich muss mich sehr in Acht nehmen vor dir!*

Sie: *Vor mir?*

Ich: *Hör einfach auf damit.*

Sie: *Womit?*

Ich: *Warum kannst du nicht wie alle anderen Frauen sein, dann könnte ich mich einfach umdrehen und gehen!*

Sie: *Keiner zwingt dich, hier zu bleiben.*

Ich: *Okay.*

Ich gucke ihr tief in die Augen, aber mein Gesicht bleibt undurchdringlich. Ich gehe zur Bar. Ich hole mir einen Drink und ärgere mich über mich selbst. Wieder hat mir mein falscher Stolz dazwischen gefunkt.

Ich hatte keine Lust gehabt mich über ihren Exfreund zu unterhalten und wollte genau da weiter machen, wo uns ihr Typ unterbrochen hatte: Nämlich mittels Komplimenten zu eskalieren. Jedoch war die zuvor tranceähnliche, knisternde Dynamik nicht mehr dieselbe. Die *Du-und-Ich-Blase* war in einem lauten Knall geplatzt. Ich hatte es gespürt, wollte es nicht wahrhaben und tat genau das Falsche. Ich wollte es erzwingen, sie jetzt und sofort haben, aber wer Druck sät, der erntet Widerstände.

Nach kurzem, erfolglosem Grübeln entschließe ich mich meinem gutem Gefühl zu vertrauen. Ich rede eine bisschen mit dem einen und anderen. Dabei halte ich ab und zu Ausschau nach ihr.

Sie ist auf der anderen Seite des Raums und tanzt. Meine Augen zielen auf ihre. Sie treffen sich. Ich blicke nicht weg, sondern schaue sie durchdringend an. Sie guckt weg und tanzt weiter.

Die Karten liegen auf dem Tisch. Sie weiß, dass ich an ihr interessiert bin und in meinem Missgeschick von vorhin kann ich das Positive sehen: Sie weiß, dass ich nicht zögere, sie stehen zu lassen. Ich habe ihr ein gutes Gefühl gegeben und dann unbeabsichtigt, es ihr wieder entzogen. Und wer weiß, vielleicht will sie das ja wieder haben? Jetzt muss ich warten. Ich lächle.

Die Zeit vergeht. Manchmal kreuzen sich unsere Blicke. Ich pokere hoch. Denn je mehr Zeit vergeht, umso mehr laufe ich Gefahr, die Kontrolle über die Situation zu verlieren - vielleicht sogar an jemand anderes. Ich beschließe, wieder ihre Nähe zu suchen.

Sie steht da mit einem Typ und redet. Ich lehne mich etwa vier Meter entfernt von ihr an die Wand. Sie sieht mich allein und kommt zu mir. Jackpot!

Sie: *Du stehst ja ganz allein hier?*

Ich: *Die anderen langweilen mich gerade ein bisschen. Das klingt vielleicht doof, aber ist einfach so.*

Sie: *Lass mich dich ablenken!*

Ich: *Es ist einfach, mich zufrieden zu stellen, du brauchst mich nur zum Lachen zubringen ... und mich zu bekochen und zu massieren und meine Miete zu bezahlen! (ironisch)*

Sie: *Haha! Davon träumst du!*

Ich: *Ich träume von anderen Sachen!*

Sie: *Wovon denn?*

Ich: *Sag ich dir! Komm!*

Ich nehme sie an die Hand und führe sie in einen Teil des Flurs, wo wir allein sind. Als wir unser Ziel erreichen, ziehe ich sie an mich, drehe sie einmal um ihre Achse, drücke sie gegen die Wand und küsse sie leidenschaftlich.

Die Notwendigkeit des Ansprechens

Viele Menschen lassen sich ihr Leben durch Beschränkungen und Grenzen einzäunen. Der überwiegende Teil von uns lebt ein Leben, das von Ängsten diktiert ist, von einem ständigen Gefühl des Nichterfülltseins. Es sind unsere eigenen Mauern unserer eigenen Unzulänglichkeiten, die uns unser Potential nicht ausschöpfen lassen. Manchmal meint das Leben es gut mit uns und für einen kurzen Moment blitzt das Glück in unserer Reichweite auf und wir laufen zu Höchstform auf. Doch leider ist dieser Zustand selten von Dauer und nach kurzer Zeit fallen wir wieder in unsere alten Ängste und Zweifel zurück.

Viele Männer sehen eine attraktive Frau - und sie kommen nicht einmal auf die Idee eine Chance bei ihr zu haben. Sie haben einfach das Gefühl, dass die Frau in einer zu hohen Liga spielt. Und während der Mann sie betrachtet, gleitet er ab in seine Phantasie: Er sieht die Frau an seiner Seite - in einer Villa irgendwo am Meer. Er trägt Leinen und sie ein wunderschönes Seidenkleid, fast so erlesen wie ihre Rundungen. Er ist ein reicher Geschäftsmann oder, besser noch, ein bekannter Filmstar. Sie lacht und schmiegt sich in seinen Armen... Während die Frau aus seinem Blickfeld verschwindet, verschwimmt das Bild vor seinen Augen. Der Traum wird langsam undeutlich, bis er sich in den harten Konturen der Realität aufgelöst hat. Sie ist verschwunden.

Es war ein schöner Gedanke, weil Träumen etwas Schönes ist. Doch der Schritt hin zur Wirklichkeit ist für viele ein unüberwindbares Hindernis. Doch ist dieser Traum wirklich so weit von der Realität entfernt? Gibt es niemanden auf der Welt, der dieses Leben als Mann in Leinen und Villa am Meer lebt?

Wo liegt der Haken in diesen Gedankengängen?

Der Haken ist, dass der Mann glaubt, jemand anderer sein zu müssen, als er ist, um eine solche Frau an seiner Seite haben zu können. Was kann er ihr schon bieten, dass eine Frau wie sie sich in ihn verliebt? Es sind solche falschen Fragen und negativen Selbstbewertungen, die (meist unausgesprochen) in den Köpfen vieler Männer herumspuken. Sie sorgen dafür, dass sie lieber gar nicht erst handeln - denn es macht ja alles sowieso keinen Sinn.

Aber denkst du wirklich, dass du der attraktiven Frau aus diesem Traum nicht genügst? Bist du nicht etwas Besonders und in der Lage, sie mit all deinem Sein zu lieben? Und denkst du, dass deine Liebe sie nicht glücklich machen kann?

Ich denke schon, dass du das kannst - weil jeder Mensch das kann. Nicht zu handeln, weil die Erfolgsaussichten angeblich zu gering sind, ist keine Alternative. Denn wohin führt dich das Nicht-Handeln? Führt es dich in die Arme deiner Liebe? Oder führt es dich nicht vielmehr in die Leere, ins Nichts?

Meine Erfahrung hat mir gezeigt, dass von nichts nichts kommt. Es wird einfach das passieren, was immer passiert - wenig bis gar nichts. Die Frau deiner Träume wird nicht da sein und auch sonst wirst du allein sein.

Du siehst: Es ist nicht einmal die Frage, ob du diese Frau kriegen wirst oder nicht, sondern folgende: Lebst du frei, weil du in der Lage bist, die Mauern deiner geistigen Festung einzureißen? Oder bleibst du ein Gefangener deiner Ängste, deiner negativen Selbstbilder, deiner Zweifel?

Stelle dir selbst die Frage oder besser noch, probiere es aus: Bist du in der Lage, eine freie Entscheidung zu treffen und beim nächsten Mal die attraktive Frau an der Supermarktkasse oder im Fahrstuhl anzusprechen? Es ist ein Test, der dir auf diese Frage eine ehrliche Antwort geben wird!

Ich kann an dieser Stelle zwei Dinge für dich tun: Ich kann dir speziell entworfene Übungen an die Hand geben, damit du die Mauern, die dich einengen, Schritt für Schritt abbauen kannst. Doch das würde den Rahmen dieses Buches sprengen und soll an einer anderen Stelle geschehen.

Ich kann dir aber auch die Angst vor dem Unbekannten nehmen, indem ich dir einen Einblick in die Techniken, Taktiken und Strategien der Verführung gebe, sodass du nicht mehr das Gefühl hast, nicht zu wissen, was du tun sollst, sobald du eine Frau ansprechen willst. Die Methoden werden dir das Gefühl von Hilflosigkeit nehmen und eine Handlungsanweisung geben, die richtig eingesetzt, dein attraktives Wirken auf Frauen explodieren lassen wird. Und genau das gedenke ich jetzt für dich zu tun.

Die drei Methoden im Überblick

Im Kennenlernen und Gewinnen schöner Frauen kannst du auf drei grundlegende Strategien zurückgreifen: *Die Direkte Methode, die Indirekte Methode* und *die Situative Methode.* Jede Herangehensweise ist eine Kunst für sich und du kannst Jahre damit zubringen sie zu perfektionieren. Es kann geschehen, dass du mit der Zeit eine der drei Methoden bevorzugst, weil sie dir am meisten liegt. Doch sollte dir genau das egal sein, denn es führt kein Weg daran vorbei, alle Methoden zu beherrschen und keine zu bevorzugen. Der Grund, warum du keine favorisieren solltest, hat nichts mit Perfektionismus zu tun, sondern ergibt sich aus ihren Vor- und Nachteilen. Die Wahl der Methode hängt nämlich von der Situation ab und nicht von einer ideologischen Betrachtung. Ein Verführer ist ein Allrounder, kein Spezialist. Er muss in vielen Situationen agieren können und das setzt ein breites Spektrum an Können und Wissen voraus. Es bringt nichts, immer mit einer speziellen Masche zu arbeiten, denn eine Masche ist nie auf verschiedene Situationen übertragbar. Es ist die Vielfalt, die dich interessant macht. Souveränes Handeln ist anziehend - nicht ein ausgefeilter Plan.

Über die Direkte Methode

Unter *der Direkten Methode* versteht man, dass du dein Interesse an der Frau nicht verbirgst, sondern sie von Anfang an wissen lässt, dass du an ihr interessiert bist. Es gibt unterschiedliche Varianten der direkten Herangehensweise, zum Beispiel ein Kompliment als Einstieg in eine Interaktion oder irgendein Statement von Interesse innerhalb kurzer Zeit in der Dynamik. Die Direkte Methode ist, richtig ausgeführt, eine höchst effektive Herangehensweise, die schnell und unkompliziert gute Ergebnisse liefert.

Ein Beispiel für ein Direktes Ansprechen:[5]

Entschuldige, dass ich dich einfach so anspreche, aber ich hab dich gerade gesehen... und ich wollte dir einfach nur sagen, dass du mir aufgefallen bist! Hi, mein Name ist ...

Die Direkte Methode lebt von ihrer Authentizität. Wenn du eine Frau auf diese Art und Weise ansprichst, darf sie nie und unter keinen Umständen an deiner Ehrlichkeit oder deiner Motivation zweifeln. Denn falls sie das tut, funktioniert diese Herangehensweise nicht! Sie wird denken, dass du das nur sagst, weil du in Wirklichkeit etwas anderes willst.

Der Fokus der Direkten Methode liegt auf Mut, Selbstbewusstsein, Verletzlichkeit und manchmal sogar Dreistigkeit. Hinter dieser Methode steht weniger Technik als eine bestimmte Einstellung. Es geht darum, dass du mit deiner Person innerhalb kürzester Zeit überzeugst.

Mit zunehmender Erfahrung bekommt dein Direktes Ansprechen immer mehr Kraft und Dynamik, sodass du die Frau nach ein bisschen Übung oft völlig von den Füßen haust.

Wenn du dich so entwickelt hast, dass du die Frau mit innerer Ruhe und Selbstsicherheit ansprichst, kannst du auch Unsicherheiten zeigen. Sie werden dir dann nicht als Schwäche ausgelegt, sondern schaffen ein gemeinsames Gefühl zwischen dir und ihr. Ich gehe darauf später im Detail ein. Das Beherrschen der Direkten Methode ist

---

[5]Im Folgendem verwende ich zur sprachlichen Vereinfachung den Begriff Direkt für die Anwendung der Direkten Methode und, analog dazu, Indirekt und Situativ für die jeweils andere Methode.

unerlässlich, wenn du gut im Umgang mit Frauen werden willst. Sie ist das Fundament und das nicht nur technisch, sondern auch in Bezug auf die Einstellung, die du brauchst, um auf Frauen magnetisch zu wirken.

Die Direkte Methode bietet einige Vorteile. Sie ist sehr zielgerichtet, das heißt, sie bietet keinen Raum für Fehlinterpretationen. Die Frau weiß sofort, was du von ihr willst. Das hat ein paar Vorteile. Erstens: Du benötigst nicht viel Zeit. Wenn du oder die Frau keine Zeit habt, ist das Direkte Ansprechen oft die einzige Möglichkeit, schnell und effektiv zu ihrer Telefonnummer zu kommen, um sie überhaupt ein weiteres Mal zu treffen. Auch ist die Qualität ihrer Telefonnummer eine andere: Sie gibt dir ihre Nummer, weil sie weiß, was du von ihr willst - nicht, damit du ihren Computer reparierst oder ihr ein Buch leihst. Zweitens: Die Direkte Methode ist universal einsetzbar. Du musst nichts auswendig lernen oder besonders kreativ sein, es reicht, dass du die Frau siehst und sie ansprichst.

Der Nachteil der Direkten Methode ist, dass sie bei Gruppen nur bedingt geeignet ist, wie das folgende Beispiel zeigt.

Stell dir vor, du sprichst eine Frau an, die neben ein paar Freunden in einer Bar sitzt. Durch die direkte Herangehensweise legst du sofort die Karten auf den Tisch! Es entsteht sozialer Druck. Viele Frauen folgen ab diesem Moment dem Drang, den sozialen Druck zu mindern, die Situation zu entspannen. Der für sie einfachste und nächstliegende Weg ist, dich einfach abzuschießen. Das ist nicht gegen dich persönlich gerichtet.

Was ist passiert? Obwohl Ort und Zeit passend waren, war das *wie* schlecht gewählt. Die Frau fühlt sich in diesem Moment überfordert. Du erwartest von ihr eine Reaktion. Die Leute um sie herum erwarten ebenfalls eine Reaktion. Alle Augen sind auf sie gerichtet. Aus Unsicherheit, was ihre Freunde von dem Flirt mit einem Unbekannten halten, wird sie das tun, was in diesem Moment als die sicherste Handlungsoption erscheint: Sie zieht sich aus der Dynamik zurück und lässt dich stehen. In dieser Situation wäre eine Indirekte Herangehensweise Erfolg versprechender gewesen.

Über die Indirekte Methode

Im Gegensatz zur Direkten Methode beruht die *Indirekte Methode* auf dem anfänglichen Verbergen deines Interesses an der Frau. Der leitende Gedanke dahinter ist, dass du dein Interesse an ihr erst offenbarst, nachdem sie dir schon Signale ihres Interesses gesendet hat. Ziel ist es, die klassische Dynamik umzudrehen, so dass sie am Ende versucht, dich herumzukriegen, nicht du sie! Die Indirekte Methode ist die taktisch komplizierteste und strategisch anspruchsvollste Herangehensweise, da sie darauf ausgelegt ist, verschiedene Faktoren (beste Freundin, Gruppe usw.) in dein Handeln einzubeziehen und gegebenenfalls für dich nutzbar zu machen, im Gegenteil zur Direkten Methode, die eher die Strategie verfolgt, alle zusätzlichen Faktoren neben der Frau auszuschalten.

Die Indirekte Methode kommt unter dem Radar: Die Frau weiß einfach noch nicht, dass du auf sie stehst. Und sie soll es auch nicht wissen! Deswegen verwendest du in der Indirekten Methode bewusst unverfängliche, nichtsexuelle Sätze um sie anzusprechen. Du kannst ihr zum Beispiel eine Frage stellen, ihre Meinung einholen oder auch irgendeine Aussage, was sie betrifft, in den Raum stellen.

Entschuldigung! Habt ihr zufällig meinen Kumpel gesehen, kaum zu übersehen, zwei Meter groß mit einem riesigen Cowboyhut?

Puh ... Wenn man hier in diesem Laden einmal jemanden kurz verliert, nur weil man mit einer Freundin redet, dann findet man hier niemanden wieder! Ich muss eigentlich gleich wieder weiter, aber es wäre ja unhöflich, sich nicht vorzustellen. Hallo, mein Name ist Béla. Und mit wem seid ihr hier?

Die Vorteile der Indirekten Methode liegen auf der Hand: Da du die Frau über deine wahren Absichten im Unklaren lässt, hast du mehr Zeit, Informationen zu sammeln, dich auf sie einzustellen und einen Plan auszuarbeiten. Indirekt bietet sich daher immer an, wenn du dir sicher sein kannst, dass die Frau ausreichend Zeit hat, wie zum Beispiel in der Bahn, im Bus, an Bushaltestellen (ein Blick auf den Fahrplan genügt!), in Einkaufszentren und in allen *geschlossenen Interaktionsräumen.*

Unter geschlossenen Interaktionsräumen verstehe ich alles, was ein in sich geschlossenes System bildet. Dazu zählen zum Beispiel Privatparties, Bars, Clubs oder auch der Arbeitsplatz. Im Gegensatz zur Straße, die ein *offener Interaktionsraum* ist, haben meine Handlungen in einem geschlossenen Interaktionsraum Auswirkung auf meine zukünftigen Interaktionen. Ich möchte ein Beispiel geben, um dies zu verdeutlichen: Spreche ich auf der Straße mehrere Frauen direkt hintereinander an, so hat das keine Auswirkungen aufeinander, da die Frauen nach der Interaktion ihren Weg fortsetzen und aus meinem Handlungsraum verschwinden. Spreche ich die Frauen aber nacheinander in einem Club an, kann es sein, dass ich von anderen Frauen dabei beobachtet werde! Sie könnten denken, dass ich eine Masche verwende und es einfach bei jeder probiere. Ein anderes Beispiel sind Privatpartys: Spreche ich hier eine oder zwei Frauen mit der Direkten Methode an und es spricht sich herum, dann kann ich keine weitere Frau Direkt ansprechen, ohne meine Glaubwürdigkeit zu verlieren.

In geschlossenen Interaktionsräumen stehen die einzelnen Faktoren immer in Beziehung zueinander. Die indirekte Herangehensweise versucht, diese Faktoren für sich zu nutzen. Darin liegt ihre Stärke. Gekonnt ausgeführt, ist die Indirekte Methode eine sehr wirkungsvolle Strategie, die auch komplexe Situationen zu deinen Gunsten entscheiden kann.

Ein Nachteil der Indirekten Methode liegt in ihrem Wesen. Sie ist von Natur aus sehr kopflastig. Durch die Planungen und den Versuch, alle Faktoren in deine Herangehensweise einzubeziehen, kann es passieren, dass du am Ende den Blick für den Moment verlierst und nicht handelst, wenn du eigentlich handeln müsstest. Ein Beispiel ist, dass jemand schneller ist als du und dich so aus dem Rennen kickt. Dieser jemand hat dann den Augenblick am Schopf ergriffen und dir vielleicht mit einem *Situativen Einstieg* die Show gestohlen.

Über die Situative Methode

Die *Situative Methode* erfordert ein hohes Maß an Spontanität und Kreativität. Hast du schon mal die Situation erlebt, dass du eine Frau gesehen hast und dir einfach nicht einfiel, wie du sie ansprechen solltest? Und ist dir dann im Nachhinein etwas Gutes eingefallen, das vielleicht Erfolg gehabt hätte? Glückwunsch, du hast deine Chance immerhin gesehen, auch wenn du sie noch nicht nutzen konntest!

Das Besondere an der Situativen Methode ist, dass sie innerhalb eines bestimmten Zeitfensters ausgeführt werden muss. Verpasst du es, dann verpasst du die Bewegung der Dynamik, auf die du aufspringen musst wie ein Surfer auf die Welle.

> Ende 2006 bin ich in Stuttgart und gebe dort ein Coaching. Auf der Straße sehe ich plötzlich eine attraktive Frau mit blonden Locken, wie sie direkt neben mir mit ihrem Schuh in einer Ritze im Gehsteig hängen bleibt. Während sie stolpert, treffen sich unsere Blicke. Ich sage lachend: *Gefährliche Schuhe!* Sie erwidert schlagfertig: *Nein, gefährliches Pflaster!*
> *Wow! Was für eine Antwort! Hallo mein Name ist Béla!*

Interessanterweise war die Assoziation, warum ich *gefährliche Schuhe* zu ihr sagte, gar nicht ihr Pfennigabsatz, welcher sie beinahe zum Stürzen brachte, sondern der **gefährlich** spitz zulaufende Teil ihres Schuhs. Aber das war egal, denn das *Was* ist zweitrangig. Ich hatte einfach nur *etwas* im richtigen Moment gesagt. Es geht um Geschwindigkeit!

Die Situative Methode zieht ihre Kraft aus dem Zauber der Situation. Je außergewöhnlicher die äußeren Umstände eures Kennenlernens sind, umso einfacher bekommst du Zugang zu ihr. Dessen ungeachtet bedeutet das nicht, dass du nicht auch mit Banalitäten erfolgreich sein kannst. Planung und Taktik entfallen hier; natürlicher Witz und Charme, weniger Denken als Bauchentscheidungen sind die Basis der situativen Herangehensweise.

Die Grenze zwischen den verschiedenen Methoden ist eher theoretisch und lässt sich in der Praxis nicht immer klar ziehen.[6] Das ist aber auch gar nicht notwendig. Denn Regeln sind Hilfen, keine absolutistischen Handlungsgebote. Experimentieren ist nicht nur erwünscht, sondern unumgänglich, um dir ein breites Level an Können zuzulegen. Wie schon gesagt: Ein Verführer ist ein Allrounder, kein Spezialist, denn die Verschiedenartigkeit der Situationen, in denen er sich immer wieder findet, erfordert Flexibilität. Das Leben ist immer gut für eine Überraschung. Lerne, sie zu genießen!

---

[6] Kleine Denkaufgabe: Das Mädchen im Garten? Welche Methode?

Teil 2 - Über den Richtigen Moment

Gibt es eigentlich den besten Moment um eine Frau anzusprechen? Ja, den gibt es. Können wir je wissen, wann dieser Moment ist? Nein. Hat das irgendwelche Auswirkungen auf unser Handeln? Nein! Denn wir folgen unserem Bauchgefühl. Und wenn dieses Gefühl noch nicht da ist, dann zumindest unserem Kopf.

Dieser kleine Gedankengang erfordert ein wenig Erklärung. Theoretisch gibt es den besten Moment - doch praktisch kannst du nie wissen, ob er da ist. Letztlich kannst du nur eines tun: dir einen Moment heraussuchen und aus ihm das Beste machen, was in deinen Möglichkeiten liegt. Deswegen spielt es nur eine untergeordnete Rolle, ob es theoretisch einen besten Moment gibt oder nicht. Du spielst immer die Karten, die du hast - nicht die, die du nicht hast. Mit der Zeit entwickelst du durch Erfahrung einen Instinkt für Situationen, denn dann hast du verschiedene Dynamiken in ähnlicher Variation schon erlebt. Du denkst nicht mehr darüber nach, sondern folgst einfach deiner Intuition. Wenn du diesen Instinkt noch nicht entwickelt hast, musst du Logik und gesunden Menschenverstand einsetzen, um den Moment zu nutzen.

Aber was ist, wenn du dich gerade nicht wohlfühlst? Wenn du gute Laune hast, scheint es wie von allein zu laufen. Aber wenn du nicht in Stimmung bist, kommst du oft nur schwer mit anderen ins Gespräch. Ich selbst kenne dieses Problem. Wir Menschen sind absolut stimmungsabhängig. Wenn du gute Laune hast, bist du weniger reaktiv. Das heißt, du misst deiner Umwelt weniger Bedeutung bei und machst dir daher weniger daraus, was andere Leute über dich denken. Folglich gehst du mehr aus dir heraus, bist offensiver. Dieses Gefühl ist jedoch häufig recht fragil. Schon ein paar negative Erfahrungen können deine gute Laune belasten. Um ihre Laune zu verbessern, eine bestimmte Euphorie zu erleben und über das damit verbundene Selbstbewusstsein zu verfügen, trinken viele Menschen Alkohol oder nehmen anregende Drogen. Das ist jedoch auf lange Sicht schädlich, denn durch den Konsum von Aufputschmitteln verbindet dein Körper mit der Droge nicht nur die gute Laune, sondern auch alle Zustände deines Erlebens. Mit der Zeit wird aus Alkohol = guter Gefühlszustand und aus guter Gefühlszustand = Erfolg. Daraus folgt Erfolg = Alkohol. Das ist der Grund, warum du nicht trinken solltest - zumindest nicht am Anfang deiner Entwicklung. Später, wenn du ohne Alkohol erfolgreich bist, mag es legitim sein, etwas zu trinken und zu feiern. Wichtig ist, den Unterschied zu kennen: Trinke Alkohol um des Genusses Willen, nicht um dir irgendetwas zu erleichtern!

Die menschliche Psyche verfügt über einen Schutzmechanismus. Er hilft uns, schlechte Erfahrungen zu verarbeiten, das heißt, sie zu verdrängen, sie in einen neuen Kontext zu setzen und plausible Erklärungen zu finden, um unser (falsches) Handeln im Nachhinein zu rechtfertigen. Dieser Schutzmechanismus ist sinnvoll, insofern es sich um einen wirklichen Bewältigungsprozess handelt. Doch das ist nicht immer der Fall. Der Mechanismus wirkt auch schon bei ganz banalen Dingen, ja er setzt manchmal auch dann ein, wenn dafür eigentlich kein Grund besteht. Ein Beispiel ist der angstbesetzte Satz *Ich interessiere mich mehr für den Charakter als für das Aussehen von Frauen.* Der Satz wäre an sich völlig legitim, denn der Charakter einer Frau ist in der Tat wichtiger als ihr Aussehen. Er wird aber immer wieder im Zusammenhang mit der seltsamen Behauptung *hübsche Frauen haben einen schlechten Charakter* verwendet. Dass weniger gut aussehende Frauen einen besseren Charakter haben sollen als schöne, ist ein weitverbreitetes Klischee. Nun, meiner Erfahrung nach besteht zwischen attraktivem Aussehen und schlechtem Charakter nicht der geringste Zusammenhang. Dennoch können diese Sätze, trotz ihres irrealen Charakters, das Handeln eines Mannes so weit prägen, dass er es am Ende gar nicht mehr wagt, sich einer schönen Frau zu nähern - angeblich, weil ihr Charakter fragwürdig sei. In Wirklichkeit ist jedoch, dass sein angstbesetzter Schutzmechanismus ihn vor negativen Erfahrungen schützen will!

Doch zurück zu unserem Ausgangspunkt - dem Einfluss von Stimmungen auf dein Potential als Verführer. Du willst gerade eine Frau ansprechen... Und plötzlich ist dir unwohl. Es soll in diesem Fall keine Ausrede sein, du fühlst dich wirklich nicht gut: In deinem Magen rumort es, deine Hände schwitzen, und plötzlich spürst du sogar so etwas wie einen Kloß im Hals. Was steckt dahinter?

Deine Wahrnehmung - auch die deiner körperlichen Funktionen - ist emotions- und situationsabhängig. Sobald auch nur die Möglichkeit einer unangenehmen Emotion (zum Beispiel die Ablehnung durch eine Frau!) aufkommt, färbt sich die Situation für dein subjektives Empfinden negativ. Dein Schutzmechanismus signalisiert dir „Vorsicht Gefahr", indem er deinen Körper verrückt spielen lässt. Du zögerst und spürst plötzlich Widerwillen, während du zuvor noch interessiert und motiviert warst. Einen kurzen Moment lang kämpft dein Inneres zwischen der einen und der anderen Handlungsalternative. Doch letztlich siegt am Ende die (falsche) Vorsicht und du entscheidest dich für die bequemere Alternative: Du sprichst die Frau nicht an.

Was geschieht nun? Du wirst nicht verletzt, aber auch sonst geschieht... nichts. Vielleicht spürst du einen Augenblick lang ein stechendes Gefühl, weil die Frau, die dich gerade angelächelt oder sogar ein nettes Wort an dich gerichtet hat, für immer in die weite Welt verschwindet. Du hast verloren, du warst feige. Aber sofort klopft dir dein innerer Schutzmechanismus auf die Schulter und raunt dir zu: „Kein negatives Gefühl verspürt. Also alles richtig gemacht!"Du atmest auf und ein wenig später hast du auf wundersame Weise eine Rechtfertigung für dein Nichthandeln gefunden. Die Frau hatte ja bestimmt zu tun, außerdem war heute eh nicht dein Tag oder etwas ähnliches Abstruses. Aber nicht nur das. Sobald du wieder in eine ähnliche Situation gerätst, meldet sich dein Schutzmechanismus erneut, weil du ja zuvor richtig gehandelt hast. Und mit fortschreitender Zeit entsteht ein Automatismus. Willkommen in deinem persönlichen Gefängnis!

Um beim Verführen schöner Frauen erfolgreich zu sein, musst du lernen, deine innere Gefühlswelt, deinen übersensiblen Schutzmechanismus zu kontrollieren. Du kannst nämlich erstaunlicherweise lernen, dich gegenüber negativen Gefühlen so weit zu desensibilisieren, dass du verinnerlichst, dass deinem wirklichen *Sein* aus ihnen keinerlei Nachteil entsteht. Daraufhin verschwindet das negative Gefühl; die Angst und der Zweifel lösen sich auf. Wenn du etwas zehnmal tust, fällt es dir beim zehnten Mal leichter als beim ersten Mal. Und wenn du etwas hundertmal tust, fällt es dir noch leichter. Ein gutes Beispiel ist der Sprung vom Zehnmeterturm: Beim ersten Mal wirst du lange zögern, bis du dich wirklich in die Tiefe stürzt. Aber je häufiger du den Sprung wagst, umso einfacher fällt er dir und am Ende macht er sogar Spaß!

Darüber hinaus musst du deinen gedanklichen Fokus auf das Positive lenken. Denke nicht an das Scheitern, sondern an den Erfolg! Auch wenn bei einem Flirt am Ende kein greifbares Resultat (zum Beispiel eine Telefonnummer) herauskommt, hast du dich doch überwunden und deinen inneren Schweinehund besiegt. Das ist im Grunde ein noch größerer Erfolg, denn du hast den schwierigsten Gegner überwunden, den du haben kannst - dich selbst!

Wenn es dir gelungen ist, dich zu desensibilisieren, also den negativen Gefühlen deines Schutzmechanismus´ weniger Bedeutung beizumessen, kannst du den Schritt, eine schöne Frau anzusprechen, auf einen Willensakt reduzieren. Es gibt dann kein Zögern und keine negativen Gefühle mehr, sondern nur noch dein Handeln. Und dann... genieße es! Genieße die unendlich vielen Möglichkeiten, die sich dir nun bieten und freue dich über deine neugewonnene Souveränität!

Nach der Phase der Desensibilisierung ist es jedoch von großer Wichtigkeit nicht abzustumpfen, also in ein mechanisches Handeln zu verfallen, sondern immer wieder positive Gefühle für jeden einzelnen Flirt zu entwickeln. Denn das Pochen, dieses scheinbar unangenehme Gefühl, das du anfangs hattest, ist nicht wirklich unangenehm bzw. negativ, sondern dieses Kribbeln zeigt dir, dass du ein fühlendes Wesen bist. Du bist aufgeregt, weil es etwas zu gewinnen gibt, da du dich einer Herausforderung stellst. Du bist lebendig. Nichts zu empfinden, während du eine Frau ansprichst, ist sogar fast noch armseliger als sie gar nicht erst anzusprechen. Jede Möglichkeit, jede Frau ist einzigartig. Beherzige das!

Von jetzt an befindest du dich in einer Aufwärtsspirale. Du entwickelst Spaß an der Sache. Dadurch bist du selbstsicherer und je selbstsicherer du wirst, umso mehr bist du du selbst. Je weniger du dich verstellst, umso attraktiver empfindet dich die Frau und umso mehr Erfolg genießt du am Ende. Erfolg wiederum bedeutet Spaß an der Sache... Und der Kreis schließt sich.

Wie ist die Lage?

Bevor wir die Frau unserer Träume ansprechen, kann es sinnvoll sein, kurz innezuhalten und (falls zeitlich möglich) einen kurzen Plan zu entwerfen. Dieser Plan soll dir dazu dienen, Fragen bezüglich des *Wann* und *Wie* zu beantworten. Diese können zum Beispiel sein:

> *1. Gibt es in naher Zukunft einen besseren Moment?*

Die Frage zielt darauf, dir deinen Flirt nicht durch Unaufmerksamkeit zu ruinieren. Ein einfaches Beispiel: Du sprichst eine Frau im Club auf dem Weg zur Toilette an. Egal, wie charmant du bist - sie wird trotzdem ihrem Bedürfnis folgen müssen. Lösung: Sprich sie einfach an, nachdem sie auf der Toilette gewesen ist.

Der zweite Fragenkomplex ist schon etwas taktischer:

> *2. Welche Herangehensweise verspricht am meisten Erfolg?*

Diese Frage ist sehr breit gestellt - und eine ebenso große Bandbreite an Antworten ist möglich. Eine Allzwecklösung, die für jede Situation passt, gibt es nicht. Wie so oft im Leben führen viele Wege zum Ziel. Trotzdem ist es von Vorteil, deine Strategie zumindest grob festzulegen. Die Frage lautet also: Soll ich einen direkten, indirekten oder einen situationsbezogenen Einstieg wählen?

Damit klarer wird, was ich meine, hier ein paar Beispiele:

• Eine Frau, die du auf der Straße ansprichst, läuft schnell. Möglicherweise hat sie einen dringenden Termin. Ein indirektes Vorgehen könnte jetzt zu viel Zeit in Anspruch nehmen, da sie sich jetzt wahrscheinlich nur schwer auf ein längeres Gespräch einlassen würde. Deswegen sprichst du sie Direkt an, denn so ist es dir vielleicht möglich, innerhalb kürzester Zeit ihre Nummer zu bekommen.

- Die Frau ist in einer Clique unterwegs. In diesem Fall sprichst du die ganze Gruppe mit einem indirekten oder situationsbezogenen Einstieg an, weil du die Gruppe erst auf deine Seite ziehen musst, damit sie dir keine Steine in den Weg legt, wenn du dich auf deine Auserwählte fokussierst.

- Du siehst eine Gruppe von hübschen Frauen und dir ist noch unklar, welche von ihnen deine Auserwählte sein soll. Du sprichst sie mit einem Gesprächsaufhänger an, der sich an alle zugleich richten lässt und entscheidest dich später für eine Frau. Damit scheidet die Direkte Methode aus.

- Eine Frau schlendert durch eine Einkaufspassage. Du kannst davon ausgehen, dass sie Zeit hat. Gibt es eine Möglichkeit, situativ vorzugehen? Oder sollst du sie Direkt ansprechen, weil sie allein unterwegs ist? Du kannst sie auch über einen indirekten Einstieg in ein Gespräch verwickeln.

- Du sitzt in der U-Bahn, vor dir eine schöne Frau. Sollst du sie Direkt ansprechen oder ist der soziale Druck hier zu groß, weil alle Mitfahrer deine Umwerbung mitbekommen? Vielleicht honoriert sie aber auch deinen Mut!

Optional machst du noch ein kurzes Brainstorming um dir das *was*, das heißt ein bisschen Gesprächsinhalt zurechtzulegen, aber das ist Luxus. Sobald du deinen Einstieg gewählt hast, dir über die Situation im Klaren geworden bist, handelst du!

Die drei Methoden im Fokus

Wir wollen uns jetzt mit den drei verschiedenen Methoden, der Direkten, der Indirekten und der Situativen Methode, gründlich auseinandersetzen. Ich habe ja bereits den Charakter und die hinter den Methoden steckenden Einstellungen angerissen. Jetzt möchte ich dich noch tiefer in die Materie einführen und sie um praktische Komponenten erweitern.

Die Direkte Methode

Wenn du eine Frau stoppst und sie *Direkt* ansprichst, vermittelst du ihr ein paar Dinge, ohne es in Worte zu fassen. Die Tat allein spricht Bände. Erstens: Du zeigst keine Furcht eine Frau anzusprechen - im Gegenteil, du hast Mut. Zweitens: Du zeigst ihr, dass du jemand bist, der von sich glaubt, es mit ihr aufnehmen zu können, sprich: Erfolg zu haben. Drittens: Du vermittelst ihr, dass du ein Mann bist, der genau weiß, was er will - und zwar sie. Du willst nicht ihr bester Freund sein, sondern ihr Liebhaber.

Wechseln wir jetzt die Perspektive. Versetzen wir uns in die Situation der Frau! Sie ist vielleicht gerade beim Einkaufen und sie hat, weiß Gott, nicht damit gerechnet, von einem fremden Mann angesprochen zu werden. Sprachlos und ein wenig überrumpelt, steht sie vor ihm. Der Mann erklärt ihr, dass er sie gerade gesehen habe und einfach nicht anders konnte, als über die Straße zu laufen, um sie kennenzulernen. Sie sieht ihn ein bisschen skeptisch an, aber er blickt ihr gerade in die Augen und lächelt. Er stellt sich ihr vor. Sie fühlt sich unwohl, weil sie nicht weiß, was er von ihr erwartet. Doch er redet sanft auf sie ein, erzählt ihr, dass er gerade dies und jenes gemacht hat. Dann fragt er sie, was sie gerade tut und sie erzählt ihm, dass sie auf der Suche nach ein paar neuen Schuhen ist und dass sie sich gleich mit einer Freundin treffen will. Sie kommen ins Gespräch.

Als sie die Geschichte später ihrer Freundin erzählt, ist diese gleich Feuer und Flamme. Sie will alles wissen.

Wie sah er denn aus?

Ach, eher durchschnittlich, aber er hatte guten Geschmack, was Kleidung angeht. Sein Gesicht war nicht gerade hübsch, aber markant ... Seine Augen sind mir aufgefallen, die haben so eine Intensität ausgestrahlt...

Und worüber habt ihr geredet?

Über nichts Besonderes, eigentlich. Er hat mir nur ein bisschen von sich erzählt, von seinen Hobbies, und was er als Nächstes machen will. Wir haben auch gar nicht lange geredet, weil er gleich weiter musste, fünf oder zehn Minuten vielleicht...

Und?

Na ja, ich hab ihm meine Nummer gegeben. Er will mit mir zu einem Konzert gehen. Irgendwas hat er. Er ist süß.

Zu Hause angekommen, lässt die Frau ihren Tag noch einmal Revue passieren - eher gesagt das einzige Interessante. Sie denkt an den Mann von heute Mittag. Sie hat ihm ihre Nummer gegeben und er wollte anrufen. Sie guckt auf ihr Handy; nichts.
Naja, bestimmt ruft er nicht an. Und genau in diesem Moment kommt eine SMS. Er schreibt, dass er es heute leider nicht mehr schafft, sie aber morgen anrufen wird. Sie lächelt. *Da habe ich wohl bald ein Date,* denkt sie.

Die Direkte Methode ist nicht nur eine Herangehensweise, sie ist eine Lebensphilosophie. Sie steht dafür, klar für deine Ziele einzustehen und um sie zu kämpfen. Mit ihr zeigst du, dass du gewöhnt bist, zu bekommen, was du willst und dass du mit deinem Verlangen im Reinen bist und mit beiden Füßen auf dem Boden stehst. Die zwei wichtigsten Punkte, die du einer Frau mit der Direkten Methode in den ersten Minuten vermitteln musst, sind Glaubwürdigkeit und Ruhe. Wenn du keine Glaubwürdigkeit ausstrahlst, kannst du auch kein Vertrauen wecken. Die Frau wird alles, was du tust, in Frage stellen und jede deiner Handlungen auf die Goldwaage legen.

Sollte eine Frau deine Handlungen und deine Glaubwürdigkeit anzweifeln, musst du ihr diese Zweifel auf jeden Fall nehmen. Zum Beispiel könnte sie fragen:

Versuchst du das bei jeder?

Wenn eine Frau dir auf diese Art antwortet, hegt sie Zweifel über deine Ernsthaftigkeit. Das kann zwei Ursachen haben: Entweder sie zweifelt an dir und deiner Motivation oder sie zweifelt an der Motivation der Menschen generell, also nicht spezifisch an dir. Sie überträgt nur ihr allgemeines Misstrauen auf dich. Dir dieser möglichen Ursachen bewusst zu sein, kann dir helfen, eine angemessene Reaktion zu wählen. Wenn sie dich und deine Motivation in Frage stellt, blicke ihr direkt in die Augen und entgegne entwaffnend:

Nein! Ich mache so was normalerweise nicht!

Doch Vorsicht! Die Erfahrung hat mich gelehrt, dass diese Reaktion nur bedingt funktioniert. Ein Club zum Beispiel ist ein Ort, an dem eine Frau dir eine solche Antwort möglicherweise nicht abkaufen wird, besonders wenn du zu routiniert wirkst. Bleibe ehrlich, jedoch ziehe im Club ihre Antwort einfach ins Lächerliche, indem du sie ihr zurückgibst und übertreibst:

Ja, das mache ich schon den ganzen Tag. Von morgens bis abends!

Manchmal stellt die Frau zwar deine Motivation in Frage, aber das soll nicht die bedeuten, dass sie dir nicht traut, sondern sie will dich testen. Ihre Reaktion hat dann eher den Charakter einer Herausforderung, als den Zweck dich abzuschießen. In einem solchen Fall kannst du ruhig leicht unverschämt antworten:

Wenn ich das bei jeder versuchen würde, hätte ich dann nicht schon eine?

Wenn du das Gefühl hast, dass sie an der Motivation der Menschen generell zweifelt, dann nimm ihre Antworten nicht zu persönlich. Solche Frauen versuchen oft, Männer auf Distanz zu halten, während sie gleichzeitig ein großes Bedürfnis nach Zuneigung verspüren, was jedoch für dich arbeitet. Bleibe hartnäckig und lass dich nicht auf eine Diskussion über mangelndes Vertrauen ein! Stelle sie und ihr Verhalten aber auch nicht in Frage. Die Zeit arbeitet für dich, irgendwann fällt ihre Verteidigung von allein. Sei einfach nur da und gib ihr ein gutes Gefühl.

Wenn du dich außerhalb eines Clubs bewegst, zum Beispiel auf der Straße, versuche in dem Chaos um euch herum einen Ruhepol zu bilden, sodass sich die Frau auf dich fokussieren möchte. Du bildest mit ihr zusammen dann eine Blase, in der ihr euch von der Außenwelt abkapselt. Wenn sie ihre Umwelt nur noch schattenhaft wahrnimmt, hast du es geschafft, sie aus ihrem Alltag in eine Welt nur mit dir zu ziehen.

Achte darauf, eine offene Ausstrahlung an den Tag zu legen. Diese Empfehlung ergibt sich aus der Erkenntnis, dass sich ein Zustand von einem Menschen direkt auf den anderen überträgt. Nicht umsonst gibt es das Sprichwort *Gute Laune ist ansteckend*. Positive Emotionen übertragen sich. Noch stärker verhält es sich übrigens mit negativen Emotionen. So erzeugt Nervosität bei dir, Unruhe bei ihr, was du natürlich vermeiden solltest. Ich liste dir jetzt ein paar typische Verhaltensweisen auf, die dich nervös erscheinen lassen. Versuche, diese Dinge zu vermeiden!

- Abrupte und abgehackte Bewegungen

- Schnelle Bewegungen in ihre Richtung

- Treten auf der Stelle

- Jegliche Arten von Ersatzhandlungen wie Kratzen am Kopf oder an der Nase

- Spielen mit Gegenständen wie Schlüssel, Strohhalm usw.

- Erzwungenes Lachen, um die Situation zu entspannen

- Tollpatschigkeit, unkoordinierte Bewegungen

- „Ähs" und „Mhs" im Satz

Wenn du diese Verhaltensweisen vermeidest und festen Augenkontakt hältst, wird es dir gelingen, selbst im Chaos der Straße einen Ruhepol zu bilden und sie langsam in deine Welt zu ziehen. Anders verhält es sich im Club: Hier ist die Atmosphäre energiegeladen und du als Ruhepol wirst wahrscheinlich einfach untergehen. Aufmerksamkeit ist hier schnell erlangt und noch schneller wieder verloren. Vor allem Partymädchen sind dort zu finden, wo Bewegung herrscht. Im Club ist der Rhythmus viel schneller und dem musst du Rechnung tragen. Das heißt, wenn du von Natur aus ruhiger bist, musst du mehr aus dir herauskommen.

Blaupause der Direkten Methode

Im Folgenden gehe ich auf einige praktische Aspekte der Direkten Methode ein.

- Von vorn ansprechen

Sprich eine Frau immer von vorn an, nie von der Seite[7]. Es ist besonders vorteilhaft, wenn sie dich kommen sieht, denn dann hat sie Zeit, sich auf dich einzustellen. Auf der Straße verspricht das folgende Schema Erfolg:

Schritt 1: Wenn du die Frau gesehen hast, laufe so, dass du mit ihr auf einer Linie stehst. Laufe auf dieser imaginären Linie bis zu dem Punkt, an dem sie nur noch ein paar Meter von dir entfernt ist. Sieh ihr währenddessen direkt in die Augen! Sobald du Augenkontakt hast, verlangsame stetig deinen Gang, bis du etwa einen bis zwei Meter vor ihr zum Stehen kommst. Lächle! Wenn du alles richtig gemacht hast, bremst sie sanft ab bis sie direkt vor dir steht und sieht dich fragend an.

Schritt 2: Wenn sie nicht abbremst, hast du entweder keinen oder nicht ausreichenden Augenkontakt gehabt. Weicht sie dir hektisch

---

[7]Dies gilt jedoch nicht für die indirekte oder situative Herangehensweise!

aus, bist du wahrscheinlich zu nah an sie herangetreten. Besonders, wenn du groß oder massig bist, solltest du einen etwas größeren Abstand halten, denn du wirkst einschüchternder als jemand, der nur 70 Kilo wiegt.

Schritt 3: Sobald sie allmählich zum Stehen kommt, sprich sie an. Als Einstieg bietet sich ein sozialkonformes Kommando an, wie „Entschuldige!" oder „Verzeihe!". Die Menschen sind darauf trainiert, auf derartige Floskeln positiv zu reagieren. Achte darauf, dass du laut und bestimmt sprichst. Du musst es in einer Weise sagen, die keinen Raum für Zweifel lässt, aber auch nicht unfreundlich wirkt.

Schritt 4: Lege auf den ersten Teil des Satzes keinen zu großen Fokus. Sie hört dir sowieso nicht zu, denn sie ist noch zu sehr damit beschäftigt, dich einzuschätzen. Verwende deswegen Füllmaterial:

Entschuldigen Sie (bestimmend), dass ich Sie so einfach anspreche (Füllmaterial), aber ich habe Sie gesehen (betonen, weil wichtig) und ich wollte Ihnen nur sagen, dass Sie mir aufgefallen sind! (lächeln und mit den Augen strahlen)

Es spielt kaum eine Rolle, ob du *Du* oder *Sie* verwendest. Das *Du* ist persönlicher, jedoch kann das *Sie* durch seine künstliche Distanz auch einen sehr erotischen Effekt haben. Die Wahl des Pronomens hängt letztendlich von deiner Vorliebe und dem Milieu, in dem du dich bewegst, ab.
Die Direkte Methode geht von dem Gedanken aus, dass du gerade deine Traumfrau getroffen hast. Deswegen ist es in Ordnung, ihr ein Stückchen hinterherzulaufen. Sie darf ruhig wissen, dass du sie attraktiv findest - so sehr, dass du ihr extra nachgelaufen bist. Dies ist aber nur in der Direkten Methode anwendbar. Bei der Indirekten Methode macht es keinen Sinn, ihr zu folgen, da diese Handlungsweise mit dem Konzept, anfangs kein Interesse zu zeigen, im Konflikt stehen würde. Auch in der Situativen Methode bietet es sich

selten an, weil der Moment meist sofort genutzt werden muss und nicht die Zeit besteht, ihr hinterherzulaufen und dann auf die Situation einzugehen. Einzige Ausnahme: Es gibt einen triftigen Grund, ihr nachzulaufen, weil sie zum Beispiel etwas verloren hat.

Natürlich ist es auch möglich, eine Frau von hinten anzusprechen. Das erfordert erfahrungsgemäß aber ein bisschen Übung.

- Von hinten ansprechen

Schritt 1: Wenn die Frau an dir vorbeigelaufen ist, drehe dich um und folge ihr schnell. Hole sie ein und lege sanft, aber bestimmt deine Hand auf ihre Schulter. Drehe sie zu dir. Gib ihr einen Moment und sage:

Entschuldige, dass ich dich aufhalte, aber ich habe dich gerade an mir vorbeilaufen gesehen und wollte mich dir einfach vorstellen.

Schritt 2: Wenn du eine starke Anspannung in ihrer Schulter spürst, wird sie sich sofort erschrecken. In diesem Fall sage Folgendes:

Habe ich dich erschreckt? Gut, dann bin ich ja nicht der einzige, der aufgeregt ist![8]

Eine weitere Technik, die jedoch ein wenig anspruchsvoller ist, besteht darin, dass du ihr Erschrecken spiegelst[9] oder dich einen Augenblick, bevor sie sich erschrickt, selbst erschrickst - du nimmst ihr Erschrecken sozusagen vorweg. Diese Technik ist wirksam, weil du eine Emotion mit ihr teilst und ihr subkommunikativ vermittelst, dass keine Gefahr droht. Es entspannt die Situation, erfordert aber auch ein wenig schauspielerisches Talent und Einfühlungsvermögen.

Nachdem du sie angesprochen hast, hast du verschiedene Möglichkeiten, weiterzumachen. In der Direkten Methode verwendest du im Anschluss an das Ansprechen tendenziell vertrauensauf-

---

[8]Rolf T.
[9]Nach Pascal Levin.

bauende Techniken, denn der Großteil der Anziehung entsteht durch das Handeln bzw. Ansprechen.

Technik der ausgeglichenen Gesprächsanteile

Du kannst und solltest der Frau, die du angesprochen hast, von dir erzählen. Der Gedankengang dahinter ist folgender: Gibst du etwas von dir preis, dann zeigst du ihr, dass du ihr vertraust und es wird wahrscheinlicher, dass sie auch etwas von sich preisgibt. Geben und nehmen! Du fängst mit kleinen Teilen an, drei Sätze, und gibst ihr den Ball zurück. Nachdem sie sich etwas in das Gespräch eingebracht hat, erzählst du wiederum sechs Sätze und wartest. Erzählt sie etwa auch sechs Sätze, reagierst du mit neun Sätzen. Das setzt sich dann fort, bis ihr in ein tiefes, beiderseitig ausgeglichenes Gespräch verstrickt seid.

Antwortet sie tendenziell knapp, kann das zwei Gründe haben. Erstens: Sie fühlt keine Anziehung! Dann wird sie das Gespräch bald beenden. Zweitens: Sie fühlt sich überfordert. Dann lass dich davon nicht aus der Ruhe bringen und mache einfach in kleinen Schritten weiter.

Technik der offenen Frage

Diese Technik zielt darauf, die Frau in ein Gespräch zu verwickeln, indem du Fragen stellst, die sich nicht durch einen Satz beantworten lassen. Dabei zu beachten ist jedoch, dass die Frage vor allem am Anfang des Gesprächs nicht zu breit gestellt werden sollte, da sonst der Aufwand sie zu beantworten, zu groß ist - entweder, weil eine angemessene Antwort zu umständlich oder zu persönlich ist. Außerdem musst du versuchen, die Frage nicht einfach so in den Raum zu werfen, sondern sie aus dem Gespräch heraus zu entwickeln.
Zwei Beispiele für Aussagen, die zur Frage führen:

Du: *Ich komme ursprünglich aus Berlin!*

Sie: *Ich mag Berlin!*

Du: *Echt? Was gefällt dir an der Stadt?*

Du: *Du siehst aus, als würdest du viel Sport machen!*

Sie: *Ich habe früher mal viel Tennis gespielt. Jetzt ist es aber weniger geworden.*

Du: *Warum hast du aufgehört? / Was hat dir daran gefallen?*

Am Anfang hangelst du dich durch eher oberflächliche Themen, um nach ein paar Minuten zu emotional immer anspruchsvolleren Themen zu kommen:

Du: *Ich habe manchmal das Gefühl, dass ich auf der Stelle trete. Kennst du das, wenn du hoffst, dass jetzt irgendwas passiert?*

Bestimmte Arten von Fragen solltest du vermeiden, wie die folgende:

Jetzt erzähl mal was Interessantes über dich!

Diese Art von unspezifischer Frage ist ungeeignet, die Frau in ein Gespräch zu verwickeln. Erstens überfordert diese sie, und zweitens hat die Frau keinerlei Bezug zu dir, nicht gerechnet, dass dieses „Fragen bzw. Auffordern"dich unnatürlich und desinteressiert wirken lassen. Vermeide es also.

Technik des emotionalen Beschreibens

Lasse die Frau, nachdem du sie angesprochen hast, an deiner inneren Emotionswelt teilhaben. Beschreibe die Art, wie du sie gesehen hast, welche Gefühle dich übermannt haben, beispielsweise den Moment, als du sie sahst und die Weise, wie sie dir den Kopf verdreht hat. Gehe ruhig ins Detail, male die Aufregung aus, die du gespürt hast, als du, nicht wissend was du tatest, einfach nicht anders konntest, als sie anzusprechen. Der Fokus dieser Technik liegt auf dem Teilen des Momentes durch das Plastischmachen der Emotion. Sie funktioniert, weil du auf eine gefühlsbetonte Weise ehrlich bist. Es handelt sich um eine typische verbindungsaufbauende Gesprächstechnik. Alle drei beschriebenen Techniken, die Technik der ausgeglichen Gesprächsanteile, die Technik der offenen Frage und die Technik des emotionalen Beschreibens, können in der Praxis kombiniert und gemischt werden.

Variationen der Direkten Methode

Sehen wir uns im Folgenden drei Szenarien an, in denen jeweils eine andere Variation der Direkten Methode zum Einsatz kommt. Ich möchte dir mit ihnen veranschaulichen, dass die Direkte Methode sich nicht auf einen netten Spruch am Anfang reduzieren lässt, sondern viele verschiedene Facetten haben kann.

Variation 1

Du gehst auf der Straße und siehst eine wunderschöne Frau, die gerade an dir vorbeigelaufen ist. Noch einen Moment und sie wird hinter der Ecke verschwunden sein! Folglich musst du schnell handeln! Du entscheidest dich für einen direkten Einstieg: Du gehst ihr hinterher und sprichst sie an. Sie lächelt, sagt aber, dass sie keine Zeit hat. Was jetzt?

Wenn du eine Frau auf der Straße ansprichst und sie dir antwortet, dass sie keine Zeit hat und sie wirklich in Eile zu sein scheint, bleibt dir nicht viel übrig, als sofort deine Trümpfe auszuspielen. Das bedeutet: Erhöhe deinen Einsatz!

Tut mir leid, aber ich habe keine Zeit! Ich muss zur [...].

Bleibe ruhig und vor allem entspannt:

Du bist nicht die Einzige, die irgendwohin muss. Wir alle haben ein Leben! Doch ich habe dich gesehen und ich musste mich entscheiden, was mir wichtiger ist, dich gehen zu lassen und pünktlich zu meinem Vorstellungsgespräch zu kommen oder dich kennenzulernen und zu spät zu kommen. Ich bin meinem Gefühl gefolgt, nicht meinem Kopf. Und jetzt stehe ich vor dir ... und werde zu spät kommen!

In einer solcher Situation, in der Zeit ein entscheidender Faktor ist, hast du nur ein paar Sätze, um dich von deiner Schokoladenseite zu präsentieren. Gemein wie du bist, nutzt du diese Gelegenheit, um (Entscheidungs-)Druck zu erzeugen. Eine gute Möglichkeit, die Dynamik zu deinen Gunsten zu wenden, ist, ihr zum einen ein positives Gefühl zu geben und ihr zum anderen zu suggerieren, dass sie dir etwas schuldig sei. In diesem Fall besteht das positive Gefühl darin, dass du ihr Ego bedienst, indem du ihr sagst, dass du Prioritäten setzt und sie bei dir an oberster Stelle steht. Das Gefühl, dir etwas schuldig zu sein, ergibt sich daraus, dass du wegen ihr in eine missliche Lage geraten bist, immerhin verpasst du ein Vorstellungsgespräch. Auch wenn du das, wie in diesem Fall, einfach nur behauptet hast. Kleine Schummeleien sind unter solchen Umständen erlaubt, sofern du sie beizeiten korrigierst.

Variation 2

An einem tristen Tag im Herbst besuchte ich einen Club. Ich bewegte mich auf der Tanzfläche und beobachtete schon seit geraumer Zeit eine hübsche dunkelhaarige Frau, die mit ihrer Freundin nicht weit von mir entfernt tanzte. Sie tanzten mal eng, mal sich küssend, mal allein. Die Männer bildeten um sie einen Kreis und tanzten sie ständig an. Die Dunkelhaarige wurde von einem Typen angesprochen und schien offen zu sein, als ihre Freundin sie plötzlich wegzog und wieder anfing, ausladend mit ihr zu tanzen. Ähnlich hatte sie sich schon vorher verhalten.

Der Grund, warum Frauen so etwas tun, ist nicht immer klar. Oft wollen sie ihre Freundin vor einem „Idioten" retten, manchmal jedoch sind sie auch eifersüchtig oder gelangweilt. Hin und wieder wollen sie einfach nur Aufmerksamkeit. Das Ergebnis ist in allen Fällen gleich: Wenn die Frau sich von ihrer Freundin wegziehen lässt, ist der Flirt erst einmal zu Ende. Falls sie sich nicht wegziehen lässt, kannst du das als Zeichen von Interesse werten. Das Problem ist jedoch oft, dass dir die Autorität fehlt, sie festzuhalten. Denn die Frau fühlt sich ihrer Freundin mehr verpflichtet als einem Typen, den sie erst seit drei Sekunden kennt.

Die Dunkelhaarige verließ die Tanzfläche mit ihrer Freundin und ich entschloss mich, zu handeln. Ihre Freundin lief ein Stück hinter der Dunkelhaarigen und so sprach ich sie zuerst an. Ich erzählte ihr, dass ich ihre Freundin sehr attraktiv fände, diese aber den Eindruck mache, dass sie Leuten gern den Kopf abreißen würde. Ohne ihre Antwort abzuwarten, sagte ich, dass ich keine Angst hätte, meinen Kopf zu verlieren, zwinkerte ihr lächelnd zu und ging schnurstracks auf die Dunkelhaarige zu. Sie sah mich kommen und ich hielt Augenkontakt. Angekommen sagte ich zu ihr:

Ich: *Deine Freundin meinte, wenn ich zu dir hingehe, dann reißt du mir den Kopf ab! Ich sagte ihr, dass ich mich nicht fürchte, meinen Kopf zu verlieren!*

Ich: *Aber so gefährlich wirkst du von nahem gar nicht. Hi, ich bin...*

Sinn und Zweck dieser Variation eines Direkten Ansprechens ist es, durch den Umweg über die Freundin diese auf deine Seite zu ziehen, sodass sie sich nicht mehr zwischen euch stellen möchte. Nebenbei vermittelst du deiner Auserwählten subkommunikativ, dass ihre Freundin dich akzeptiert, weil ihre Intervention ausbleibt. Ich hatte beobachtet, dass die Dunkelhaarige offen ist, daher wählte ich eine lustige, humorvolle Herangehensweise. Solange die Freundin mir nicht dazwischenfunkte, rechnete ich mir gute Chancen aus. Kern dieser Herangehensweise ist es, durch Offenheit und ehrliche Absichten Sympathie zu wecken. Außerdem ist es wichtig, dass du deiner Auserwählten das Gefühl gibst, dass ihre Freundin dich sogar noch bestärkt hat, sie anzusprechen.

Variation 3

Ich sehe eine hübsche Frau an der Bar. Sie steht dort mit einem Mann und unterhält sich. Ich kann leider auch nach ein paar Minuten Beobachtung nicht genau sagen, ob er ihr Freund ist oder nicht. Deswegen gehe ich zu ihr hin und spreche sie Direkt an. Ich sage ihr, dass sie mir aufgefallen ist und dass ich mich ihr vorstellen möchte. Ich drücke ihm die Hand und entschuldige mich, während ich ihm gleichzeitig sage, dass er seine Konversation in ein paar Minuten fortsetzen kann. Ich rede weiter mit ihr. Wenn sie mir in der nächsten Zeit nicht mitteilt, dass er ihr Freund ist, stelle ich mich entweder mit dem Rücken zu ihm oder drehe sie so, dass sie mit dem Rücken zu ihm steht und mache einfach weiter, als ob er nicht da wäre. Meist verlieren die Männer dann die Geduld und verschwinden, sobald sie längere Zeit aus der Konversation ausgeschlossen werden.

In einer derartigen Situation binde ich den Mann nur so weit ein, dass es nicht unhöflich ist, jedoch nie genug, damit er sich selbst darstellen kann. Eine Ausnahme sind Familienmitglieder, wie zum Beispiel ihr Bruder. In einer solchen Situation solltest du dich mit beiden in gleichen Teilen auseinandersetzen, denn es ist von großem Vorteil, ihn für dich zu gewinnen.

Sollte es sich herausstellen, dass der Mann neben der Frau, die ich gerade angesprochen habe, wirklich ihr Freund ist, dann muss ich ihn beruhigen. Denn wenn ich mit meiner Freundin unterwegs wäre und dann käme so ein Typ und würde auf sie einreden, würde ich ziemlich böse oder sogar aggressiv werden. Um die Situation zu entschärfen, ist es notwendig, ihm meinen Respekt zu zollen, indem ich ihm ein Kompliment zu seiner Freundin mache und ihm sage, dass ich nicht die Absicht hätte, mich in eine funktionierende Beziehung zu drängen. Je nach Charakter der Situation kann ich mich danach aus der Dynamik heraus verabschieden oder mit ihnen gemeinsam weiterfeiern. Ich habe schon lustige Abende erlebt, die genauso angefangen haben und die dann in einer typischen Dreieckskonstellation bis in den Morgen weitergegangen sind.

Der Kern der Indirekten Methode[11]

Eine Frau zieht ihr Selbstbewusstsein zu großen Teilen aus ihrer Attraktivität und ihrer Anziehung auf das männliche Geschlecht. Diesen Umstand machen wir uns in der Indirekten Methode zunutze. Das Grundkonzept der Indirekten Methode ist Folgendes:

Schritt 1: Erzeuge Interesse, ohne dass du offen Interesse an ihr zeigst.

Schritt 2: Sobald sie Interesse an dir zeigt, gib ihr Gründe, warum du jetzt Interesse an ihr entwickelst.

Schritt 3: Zeige dein Interesse und eskaliere.

Es ist schwierig, eine Orientierung dafür zu geben, in welchen Zeitabständen die drei Schritte aufeinander folgen sollten. Du kannst alle drei Schritte unter zehn Minuten absolvieren, du kannst dir aber auch eine Stunde oder länger Zeit lassen. Wichtig ist nur, dass du die Reihenfolge einhältst. Außerdem musst du darauf achten, dass deine Auserwählte nicht zu nah, aber vor allem nicht zu weit weg von dir ist. Ich rede hier nicht über physische, sondern psychische Nähe. Halte sie nah an dir, um die Dynamik zu fühlen und insbesondere zu führen! Die drei Schritte jetzt noch mal im Detail:

Über Schritt 1

Der Fokus der Indirekten Methode liegt nach dem Ansprechen auf sogenannten anziehungserzeugenden Techniken. Es gibt unzählige Techniken, um Interesse zu wecken bzw. zu verstärken. Auf einige werden wir später noch ausführlich zu sprechen kommen.

Im Prinzip präsentierst du dich in der Indirekten Methode (meist mehreren Personen) in dem bestmöglichen Licht. Das kann zum Beispiel durch kurze Geschichten geschehen, die du erzählst. In diesen Stories vermittelst du Eigenschaften, die von der Frau als attraktiv wahrgenommen werden. Sie beinhalten etwa, dass du von Frauen begehrt wirst, dass du ehrgeizig bist und dass du dich für

---

[11]Dieser Abschnitt greift auf ein Konzept von Erik van Markovich zurück.

Menschen einsetzt, die du schätzt. Während du diese Geschichten erzählst, bindest du alle Gesprächspartner in deine Konversation ein, bis auf deine Auserwählte. Sie lässt du ein wenig links liegen, um sie in regelmäßigen Abständen entweder zu fordern, zu ärgern oder zu überfordern:

Und? Lässt du uns auch an deiner Meinung teilhaben?

Sag mal, du bist eher von der schüchternen Sorte, oder? Das heißt, ich muss mich vor dir in Acht nehmen - stille Wasser sind tief!

Und/oder zu ihrer Freundin:
Deine Freundin wirkt so nett, aber warum ist sie bloß so zurückhaltend?

Wenn du deiner Auserwählten in der Gruppe Bestätigung vorenthältst, kann es sein, dass sie anfängt, sich in den Vordergrund zu drängeln. Diese Art von Frauen reden dann meist sehr viel oder fangen an, irgendetwas zu tun, damit man ihnen Aufmerksamkeit schenkt. Doch Vorsicht! Hier gilt es zu unterscheiden, ob die Frau einfach von Natur aus ein redseliger oder zappeliger Mensch ist oder ob es eine Reaktion auf fehlende Aufmerksamkeit ist. Bei Letzterem verunsichere ich sie damit, dass sie gerne viel redet. Im anderen Fall unterhalte ich mich einfach ausgiebig mit ihr und springe sofort zu Schritt zwei. Diese Art von Frauen brauchst du in der Regel nicht mit Desinteresse zu ködern, du musst dich nur mit ihnen auseinandersetzen.

Der Begriff Desinteresse zeigen könnte Missverständnisse auslösen. Desinteresse zeigen bedeutet hier nicht, dass du eine Frau ignorierst oder gar abwertest. Er meint eher ein Desinteresse im Sinne von sexuellem Interesse. Du setzt dich aktiv mit der Frau auseinander, mit der Ausnahme, dass du auf ihre Reize in keiner Weise reagierst. Um dir die Rolle, die ich meine, vorzustellen, stell' dir folgende Situation vor: Du hast eine Freundin und lernst eine andere Frau kennen. Du findest sie sehr attraktiv, aber du erlaubst dir mit ihr nicht mehr, als eine gute Zeit zu haben, d.h. ihr reißt Witze, habt gute Gespräche usw. In einer derartigen Situation wird die Frau früher oder später bedauern, dass du nicht zu haben bist. So subtil funktioniert es, Interesse durch Desinteresse zu erzeugen. Mit banalem Ignorieren kommst du in der Regel nicht weit.

Ab wann du vom ersten Schritt zum zweiten springen solltest, ist nicht ganz einfach. Es gibt keinen festen Zeitpunkt. Du kannst nur aufmerksam ihr Verhalten beobachten und aus diesem Schlussfolgerungen ziehen. Wichtige Indikatoren für ein beginnendes Interesse sind das Qualifizieren (vgl. Teil 3) oder ihre Körpersprache. Auch deine Intuition liefert dir hier wertvolle Hinweise.

Über Schritt 2

Der zweite Schritt folgt direkt aus der Philosophie der Indirekten Schule. Wenn du von Anfang an bewusst ein gewisses Desinteresse gegenüber ihren Reizen demonstrierst, benötigst du Gründe, warum du plötzlich umschwenkst und doch an ihr interessiert zu sein scheinst. Lieferst du der Frau diese Gründe nicht, dann könnte sie eine Diskrepanz zwischen deinem Handeln und deinen Einstellungen vermuten und das ist charakterlich nicht unbedingt schmeichelhaft. Versetze dich in die Position deiner Auserwählten! Stell dir vor, da ist so ein Typ, der die ganze Zeit kein Interesse an dir zeigt und so tut, als wisse er genau, was er will. Und plötzlich dann, von einer Sekunde auf die andere, fragt er nach deiner Nummer. Die Chancen, dass du ihm deine Telefonnummer gibst, sind wahrscheinlich immer noch höher, als wenn er dich nie gefragt hätte. Trotzdem wirst du an seiner Oberfläche jetzt so etwas wie einen Kratzer spüren. Du fragst dich, warum dieser Mann auf einmal Interesse an dir hat. Es wirkt unnatürlich. Und der Typ wird für dich genauso schnell an Attraktivität verlieren, wie seine Inkonsequenz zu Tage tritt.

Die Konsequenz aus diesem Gedankenspiel ist, dass du der Frau zu einem Zeitpunkt, nachdem sie Interesse an dir signalisiert hat, dein aufkommendes Interesse begreiflich machen musst. Du musst es ihr begründen, damit dein Handeln für sie nachvollziehbar wird. Das erfolgt über eine Technik, die sich *Qualifizieren* nennt und die wir später genauer behandeln wollen. Doch im Folgenden möchte ich dir die ebenso wirksame, wie simple Eigenschaft der Wertschätzung näherbringen.

Du erkennst eine Frau am Besten, wenn du sie wertschätzt, wenn du ihre Träume respektierst, ihre Leistungen anerkennst und sie zu positiven Veränderungen in ihrem Leben ermunterst. Je mehr du ihre Art und ihr Handeln akzeptierst, umso natürlicher ist es, dass sich dein anfängliches Desinteresse in Anziehung wandelt. Zwei einfache Beispiele, wie du Wertschätzung zum Ausdruck bringst:

Ich mag es, dass du kein Blatt vor dem Mund nimmst. Das unterscheidet dich von den meisten Menschen! [wenn sie viel redet]

Hey ... du kannst ja richtig lustig sein. Das mag ich!

Über Schritt 3

Sobald du der Frau dein Interesse nachvollziehbar gemacht hast, endet die Phase, in der du dein Interesse verborgen hälst. Ihr ist jetzt klar, dass du an ihr interessiert bist und du verschwendest keine Zeit, um das zum Eskalieren zu nutzen.

Ich persönlich mag es, der Frau direkte Komplimente zu machen und diese einfach mit der veränderten Dynamik zu erklären:

Es ist schon komisch, mir ist bis jetzt gar nicht aufgefallen, wie schön du eigentlich bist!

Es macht die Sache spannender, die sich drehende Dynamik gemeinsam zu durchleben. Es schadet nichts dies offen zu betonen:

Ich muss dir gestehen... Am Anfang dachte ich mir erst nicht viel bei dir. Aber irgendwie hast du es mit deiner Art geschafft, dass du mir plötzlich im Kopf herumspukst!

Das zweite wichtige Element des dritten Schrittes ist das Eskalieren. Ab einem gewissen Punkt in der Interaktion musst du eure Dynamik auf eine qualitativ intensivere Ebene heben. Jede Dynamik hat bestimmte Zeitfenster, in denen sich das Eskalieren anbietet oder sogar unumgänglich geworden ist. Du musst sie also erst berühren und letztendlich küssen.

Blaupause der Indirekten Methode

Weil bei der Indirekten Methode dein Interesse zunächst im Verborgen bleibt, ergibt sich daraus, dass die Art und Weise deiner Begegnung mit der Frau andere Gründe haben muss als offenes Interesse - der indirekte Einstieg. Zweitens musst du dieses Spiel konsequent spielen. Dein Verhalten muss deine dahinter erkennbare Motivation spiegeln.

Das Ansprechen bei der Indirekten Methode unterscheidet sich vom Ansprechen der Direkten Methode. Laufende bzw. sich auf der Straße bewegende Frauen sind weniger geeignet, um sie mit der indirekten Herangehensweise anzusprechen, weil du der Frau oft keinen plausiblen Grund liefern kannst, um sie lange genug zum Stehenbleiben zu bewegen. Meist haben die Frauen einen gewissen Zeitdruck und solange du dich ihr unverdächtig näherst, muss dein Einstieg stärker als der Zeitdruck sein, damit sie stehen bleibt und nicht weitergeht. Besteht auf der anderen Seite kein Zeitdruck, besteht auch weniger Handlungsdruck. Achte deswegen auf Frauen, die schlendern, warten oder sitzen!

Du hast Mittagspause und keine Lust auf die Kantine. Du hast von einem kleinen netten Bistro in der Nähe gehört und beschließt, es einmal auszuprobieren. Überall, wo es viele Büros oder Firmen gibt, existieren in der Regel kleine Restaurants, die von den in der Nähe Arbeitenden frequentiert werden. Sie eignen sich ideal, um Frauen aus der Umgebung kennenzulernen. Im Bistro angekommen, entdeckst du zwei attraktive Frauen an einem Stehtisch, die einen Cappuccino trinken. Eine weitere Frau sitzt allein an einem Tisch am Fenster und liest Zeitung. Da du davon ausgehen kannst, dass du bei regelmäßigen Besuchen die eine oder andere Frau hier wiedertreffen wirst, entscheidest du dich, diesen Umstand für dich zu nutzen. Du wählst die Indirekte Methode.

Es bieten sich für dich zwei Handlungsoptionen. Erstens: Du gesellst dich zu den Frauen am Stehtisch. Zweitens: Du entscheidest dich für die Frau am Fenster. Menschen, die sitzen, bleiben in der Regel für längere Zeit, während solche, die stehen, oft nur auf einen Sprung da sind.

Kurzentschlossen bewegst du dich auf die beiden stehenden Frauen zu, wobei du lächelnd ihre Augen anvisierst. Am Tisch angekommen, wartest du einen Augenblick, bis beide dich anschauen. Dann sagst du mit kräftiger Stimme:

Entschuldigung! [Pause] *Mein Anliegen ist vielleicht etwas ungewöhnlich, doch ich brauche einen Rat! Manchmal ist ein Geheimnis bei einem Fremden ja besser aufgehoben als bei einem Freund. Es geht um folgende Geschichte: Da sind zwei Freunde und eine Frau. Der eine Freund steht auf die Frau. Die Frau jedoch steht wiederum auf den anderen. Das weiß der erste Freund aber nicht, weil der andere es erst gestern Abend erfahren hat. Wie soll sich dieser jetzt verhalten?*

Du hättest auch einen anderen indirekten Gesprächseinstieg wählen können. So hättest du dich einfach dazustellen können und sagen, dass du nicht gerne allein isst und dass du dich über ihre Gesellschaft sehr freuen würdest. Ein weiterer Einstieg wäre, dass du deine Tasche zu ihnen gestellt und sie gebeten hättest, kurz auf sie aufzupassen. Du wärst dann auf die Toilette gegangen, um zurückzukehren, dich zu bedanken und sie in ein Gespräch zu verwickeln. Du benötigst also keine Originalität.

Allen diesen Gesprächseinstiegen ist es gemein, dass du eine Motiv vorschiebst, warum du eine Konversation beginnst. Der Grund, warum du hier den Einstieg mit der kleinen Geschichte gewählt hast, ist der, dass es ein spannendes Thema ist und Frauen fast immer Feuer und Flamme sind, wenn es um das Thema Beziehungen geht. Das spiegelt sich auch in der Literatur wieder: Die Konstellation einer Dreiecksbeziehung ist dort ein beliebtes Motiv. Kehren wir aber zu unserer Situation zurück:

Frau 1: *Also habe ich das richtig verstanden, es sind zwei Freunde? Und der eine Freund weiß nicht, ob er es dem anderen sagen soll?*

Du: *Ja, genau so ist es.*

Frau 2: *Das ist ja eine Geschichte! Ist es bei Ihnen immer so kompliziert?*

Du: *Es ist sogar noch komplizierter! Es handelt sich nicht nur um zwei gute Freunde, sondern eigentlich um drei. Die Frau, um die es geht, gehört nämlich dazu! Ich bin wirklich in einer Zwickmühle!*

Frau 1: *Dann handelt es sich bei dem einen Freund um Sie?*

Du: *Wer sagt, dass ich nicht der andere bin?*

Frau 1: *Dann würde sie es ja nicht wissen!*

Du: *Touché! Da habe ich mich wohl verraten!*

Eine Geschichte ist spannender, wenn sie interaktiv ist. Du versuchst deshalb, die Frauen für dich und deine Geschichte einzunehmen, indem du an ihre Neugier appellierst. Du willst, dass sie die Spur aufnehmen.

Generell kannst du dir merken, dass Menschen oft annehmen, dass hinter dem Pseudonym *ein Freund* du selbst steckst. Möchtest du diese Identifikation bewusst verhindern, dann nenne den Namen deines Freundes: *Mein Freund Tomas ist neulich ...* Nicht zuletzt möchtest du die Frauen mit dieser Geschichte natürlich wissen lassen, dass du ein Mann bist, der begehrt wird. Du behältst jedoch noch ein Ass im Ärmel, auf das wir gleich zu sprechen kommen.

Frau 2: *Ich finde, Ihr Freund sollte Ihrem Glück nicht im Weg stehen. Ich meine: Was können Sie beide dafür?*

Du: *Egal, was zwischen mir und ihr sein sollte: Wenn ich es ihm sage, wird es nie wieder so sein, wie es jetzt ist!*

Frau 1: *Ich denke auch, dass sie ihm es sagen müssen. Sie sind Freunde.*

Du: *Ich tendiere im Moment dazu, es ihm nicht zu sagen und es einfach nicht zwischen uns stehen zu lassen.*

Frau 1: *Aber solche Geschichten hinter dem Rücken eines Freundes sind immer schlecht! Und wenn es dann rauskommt, ist genau das eingetreten, was Sie verhindern wollten!*

Du: *Sie kennen sich ja aus! Waren Sie einmal in einer ähnlichen Situation?*

Tendenziell nimmst du hier eine Gegenposition zu den beiden Frauen ein, um eine herausfordernde Dynamik zu entwickeln. Achte jedoch darauf, die Distanz zwischen euch nicht zu vergrößern!

Frau 1: *Ich war noch nie in so einer Situation!*

Frau 2: *Dafür aber in vielen anderen!* [Während sie beide gemeinsam lachen]

Du: *Der Punkt ist, dass ich mich ja nicht gegen einen Freund und für eine Liebe entscheide, sondern ich will gar nichts von der Frau! Ich wünsche mir nur, dass es einfach so bleibt, wie es ist!* [Ass im Ärmel]

Frau 2: *Dafür ist es doch eh zu spät!*

Du: *Ja, genau! Ich und sie tun einfach so, als wäre nie etwas gewesen. Er probiert es irgendwann bei ihr, dann werden die beiden tun, als wäre nie was gewesen und alles bleibt beim Alten. Cheers!*

Hier spielst du deinen Trumpf: Du signalisierst, dass du zu haben bist. Versuche, das Thema an dieser Stelle zu beenden bzw. den Fokus von dir weg und zu den Frauen hin zu schieben. Es bringt nichts, ein Thema bis zum Ende auszulutschen. Der Einstieg ist gelungen und das Thema hat seinen Zweck erfüllt.

Du: *Doch genug von dieser Geschichte. Danke für Euren ehrlichen Rat! So jetzt wisst ihr so viel über mich, da ist es nur fair, wenn ich dich frage: Welches Geheimnis trägst du mit dir herum?*

Frau 1: *Ich habe keine Geheimnisse!*

Du: *Das glaube ich dir nicht!*

Frau 1: *Jedenfalls nichts, für das ich mich schämen müsste!*

Du [lächelnd]: *Ein richtiger Engel, ja? Und wie war deine Zeit auf dem katholischen Mädcheninternat?* [Ironisch übertrieben, lächelnd]

Es geht um das Herausfordern. Du versuchst, die Frau in Erklärungsnot zu bringen bzw. sie dazu zu bringen, sich zu rechtfertigen. Das bringt dich in die (angenehme) Position, ihre Aussagen bewerten bzw. missdeuten zu können. Es fordert sie.

Das Gespräch geht weiter. Ihr redet über verschiedene Dinge, du erfährst zum Beispiel, dass die beiden sich aus der Verwaltung kennen und gute Freundinnen geworden sind. In einem passenden Moment lässt du bestimmte Bemerkungen fallen, die implizieren, dass die eine Frau, die du besonders attraktiv findest, einen Mann hat. Zum Beispiel:

Ihr Mann muss sehr glücklich sein!

Wenn das ihr Mann hören könnte!

Nehmen wir an, die Frau sagt dazu nichts, sie lässt deine Aussage unkommentiert. Daraus lässt sich zunächst wenig herauslesen. Sie hat aber auch nie ihrerseits einen Freund erwähnt. Also weißt du an diesem Punkt nicht, ob ein Mann existiert oder ob sie ihn absichtlich nicht erwähnt, letzteres wäre immerhin ein gewisses Zeichen.

Da du hier einen überfallartigen Einstieg gewählt hast, kann es gut passieren, dass ihr längere Zeit miteinander redet, ohne dass ihr euch vorstellt. Du kannst es als Zeichen von Interesse deuten, wenn sie dich nach deinem Namen fragt. Ansonsten nutze diesen Umstand, um zu begründen, warum es dir Spaß gemacht hat mit ihnen zu reden. Das passiert dir nicht bei vielen Menschen. Das Gespräch setzt sich fort, bis die eine Frau sagt:

Frau 1: *Oh, wir müssen zurück zur Arbeit. Jetzt haben wir uns ja richtig festgequatscht!*

Frau 2: *Es hat mich gefreut! Vielleicht sieht man sich mal wieder!*

Du: *Es würde mich auch freuen, euch wiederzusehen. Wann kommt ihr morgen wieder hier her?*

Frau 1: *Wir machen immer Mittagpause bis eins.*

Du: *Okay! Ich versuche es einzurichten!*

Frau 2: *Dann sehen wir uns!*

Du: *Wir sehen uns!*

Du erhebst dich gleichzeitig mit ihnen und verabschiedest dich, indem du beiden ein Küsschen auf die linke und rechte Wange gibst. In der Regel solltest du immer versuchen, die Telefonnummer von deiner Auserwählten zu erhalten. Du verzichtest hier aber absichtlich darauf. Denn erstens kannst du damit rechnen, sie irgendwo in der Gegend wiederzusehen und zweitens hast du ja bereits eine Verabredung. Die Telefonnummer hätte dem gleichen Zweck gedient.

Du verweilst einige Sekunden, siehst dich um und erblickst die Frau am Tisch sitzen. Du schuldest den Frauen nichts und so bist du frei, dich durch den Raum in Richtung Tisch zu bewegen!

Du: *Verzeihen sie, ist dieser Stuhl noch frei?* [Durch Körpersprache deutest du an, dass du den Stuhl mitnehmen möchtest.]

Sie: *Ja, kein Problem!*

Du [lächelnd]: *Gut, dann setze ich mich!* [Während du dich in den Stuhl gleiten lässt.]

Du: *Hallo, freut mich, dich kennenzulernen...*

Die Situative Methode

Hinter der Situativen Methode steht der - manchmal inszenierte - Zufall: Nicht du sprichst die Frau an, sondern der Zufall fügt es wundersam, dass ihr beide miteinander ins Gespräch kommt. Daraus ergibt sich, dass du frei bist von jeglicher Absicht, folglich auch frei von Hintergedanken. Wie in einem Film, in dem der Held aus Versehen mit der Schönen im Supermarkt zusammenstößt, verkörpert die Situative Methode eine Begegnung des Schicksals, die dich und sie plötzlich zusammenführt.

Die Fähigkeit, sich bewusst treiben zu lassen, ist mit der Situativen Methode untrennbar verbunden. Sie verkörpert die Freiheit, loszulassen, nicht mehr zu planen, sondern vom Moment inspiriert zu handeln. Also die Tat an sich geschehen zu lassen. Es ist die Fähigkeit, keine Angst zu haben und Hindernisse durch situativen Charme spielerisch zu überwinden. Der situative Ansatz erfordert es, offen und neugierig zu sein - gradezu hungrig nach Tagen des Abtauchens in verrückte Nächte, anderen Zeiten und in einen einzigen Moment, erfüllt von einem Gefühl der spontanen Verbundenheit mit dem Leben.

Das Schwierige an der Situativen Methode ist, dass wir hier auf einem recht unberechenbaren Schutzpatron aufbauen - dem Zufall. Wir vertrauen darauf, dass eine besondere Frau in einem passenden Moment, gelenkt durch das Schicksal, unseren Weg kreuzt. So etwas geschieht in der Realität natürlich selten. Doch nur, weil die Wahrscheinlichkeit niedrig ist, heißt das noch lange nicht, dass es nicht passiert. Wir sehen die Welt eben durch die Augen eines romantischen Optimisten!

Interessanterweise beginnst du als Optimist damit, deine Umgebung anders wahrzunehmen. Ich weiß nicht, ob es dir schon aufgefallen ist, aber die meisten Optimisten sind eher nach außen gerichtet, während Pessimisten tendenziell eine in sich gekehrte Natur haben.

Eine positive Weltsicht bewirkt vor allem, dass sich dein Fokus von dir zu deiner Umwelt verschiebt. Du fängst an, deine Umgebung bewusster und offener wahrzunehmen. Du entwickelst ein Auge für den Moment. Und siehe da - der Zufall ist doch beinflussbar! Zumindest kannst du etwas nachhelfen oder ihm durch Aufmerksamkeit und Erfahrung eine gewisse Regelmäßigkeit abgewinnen. Es gibt manchmal Andeutungen eines nahenden Augenblicks oder das intuitive Erkennens einer schon öfter erlebten Situation. Lerne es, auf die geheimen Zeichen zu achten, die solchen Augenblicken vorausgehen!

Es gibt ein paar Erkenntnisse, die ich mit dir teilen möchte:

- Das Nachgehen deiner natürlichen Neugierde beschert dir unendlich viele Möglichkeiten zu agieren. Beobachte deine Umwelt aufmerksam! Beobachten bedeutet wahrzunehmen, ohne über das Wahrgenommene nachzudenken oder es zu bewerten. Kommentiere das Beobachtete nicht, sondern denke an das, was du sonst denkst. Es geht darum, unbewusst ein Auge auf deine Umwelt zu haben.

- Du benötigst eine Fähigkeit, die ich Momentum nennen möchte. Sie ermöglicht es dir, impulsartig zu agieren. Stell dir vor, du wartest vor einem Aufzug und plötzlich öffnet sich die Tür und vor dir steht deine Traumfrau. Kannst du sofort handeln? Dann beherrschst du das Momentum!

- Lerne, das Unbekannte als Herausforderung zu begreifen. Es ist in Ordnung, nicht zu wissen, was kommt. Du musst nicht vorbereitet sein, um es zu meistern.

- Banalitäten sind deine Verbündeten. Steht deine Traumfrau vielleicht am Fahrplan und wirkt ein wenig überfordert? Oder hat sie einen schweren Koffer und schickt sich an, eine steile Treppe zu erklimmen? Biete ihr deine Hilfe an!

- Wenn du durch irgendeinen Vorgang aus deiner Gedankenwelt gerissen wirst, also wieder im Moment bist, versuche, dich in die gegebene Situation einzubringen. Mache daraus einen Automatismus.

Die Situative Methode ist schwierig zu reproduzieren. Jede Situation stellt eine neue Herausforderung dar. Sie erfordert viel Freiheit im Kopf für Assoziationsketten und Impulshandlungen. Sich diese Fähigkeit anzueignen braucht Zeit und Erfahrung. Wenn du ein Meister der situativen Methode werden willst, dann verabschiede dich von den Schubladen Erfolg und Misserfolg und verinnerliche, dass Intuition der entscheidende Faktor ist. Lerne, zu beobachten und schule deine Wahrnehmung für die besonderen Momente und Situationen, die die geheime Kraft des Schicksals bergen. Dann wird es dir gelingen, eine Frau genau im richtigen Moment anzusprechen. Der Charme der Situation macht den Rest...

Variationen

Der Grund, warum die Situative Methode funktioniert, ist der Umstand, dass du das Schicksal als Begründung für die Außergewöhnlichkeit eurer Begegnung heranziehst, dass du dich sozusagen auf eine höhere Macht berufst. Nicht du bist es, der die Frau umwirbt, sondern ein einzigartiger Moment hat euch unwiederholbar zusammengeführt. Ein Beispiel:

Vor nicht allzu langer Zeit war ich in Wien. Als ich morgens an dem kleinen Supermarkt an der Ecke vorbeilief, kam ein kurzer sehr heftiger Windstoß. Eine Kiste mit Gemüse fiel um. Ungläubig sah ich das Gemüse über den Bürgersteig kullern, als sich ein süßes Mädchen bückte, um es schnell wieder aufzuheben. Wir lachten uns kurz an, und ich half ihr. Als wir fertig waren, wandte sie sich zum Gehen. Doch ich hielt sie sanft zurück.

Das hier war kein Zufall! Das muss etwas bedeuten! Es freut mich, ich bin Béla. Und jetzt zur eigentlich wichtigen Frage: Wer bist du?

Auch mir passiert so etwas nicht alle Tage. Erst einmal dieser starke Windstoß, dann dieses Mädchen - es passte einfach alles!

Ein anderes Ereignis, an das ich mich erinnere, war ein Mädchen, das beim Einkaufen im Supermarkt keinen Wagen schob, sondern alles in ihrem Arm stapelte. Ich beobachtete sie schon einige Zeit, als ihr etwas herunterfiel. Ich war sofort zur Stelle.

Sie: *Danke!*

Du: *Das ist ja eine Situation, wie es sie eigentlich nur im Fernsehen gibt! Hallo ich bin Béla!*

Über die Fähigkeit, Situationen zu erschaffen.

Manchmal findest du dich in einer Situation mit einer attraktiven Frau in deiner nächsten Nähe wieder. Sie gefällt dir und deswegen möchtest du dich nicht auf den Zufall verlassen, aber trotzdem versuchen, den Charme des Augenblicks für dich zu nutzen. Hier kannst du zwischen zwei Vorgehensweisen wählen:

A. Dich auf eine Handlung oder Gemeinsamkeit beziehen. Hierfür eignet sich die Situation, die Frau oder du selbst.

B. Ein Ereignis selber erschaffen. Ich brauche hier nicht erwähnen, dass es an dieser Stelle um Kreativität geht. Mangelt es dir an dieser, kannst du immer noch Vorwände finden, welche gesellschaftlich konditioniert sind und dir einen oberflächlichen Einstieg ins Gespräch ermöglichen. Aber hey... es geht ja auch nur darum, das Eis zu brechen. Danach musst du sowieso sofort mit ihr flirten. Sobald du im Gespräch bist, gilt es sie gekonnt in ein Gespräch zu verwickeln.

Die Grenzen zur *Indirekten Methode* sind an dieser Stelle fließend.

Über Gruppen

Die klassische Flirtsituation ist ein Spiel zwischen dir und der Frau. Andere Personen neben euch sind dabei bedeutungslos. Während wir uns bisher fast ausschließlich auf diese Art von Szenario konzentriert haben, möchte ich diese Dynamik nun um eine Dimension erweitern: die Gruppe. Die zu diesem Szenario gehörenden Strategien der Verführung nennt man Gruppentheorie[13].

Du bist in einem Club, deine Umgebung beobachtend. Du entdeckst eine Frau allein an der Bar. Du könntest dich einfach zu ihr stellen und sie fragen, ob sie dir etwas auf der Cocktailkarte empfehlen kann. Du zögerst jedoch, weil diese Frau nicht deine erste Wahl ist, sondern die Frau links hinten in der Ecke. Das Problem ist nur: Sie ist nicht allein. Um sie herum steht eine Gruppe von sechs Männern und Frauen. Einer der Männer scheint ausgiebig mit ihr zu flirten.

Willkommen im Nachtleben! Die Gruppentheorie basiert auf der Beobachtung, dass die wenigsten hübschen Frauen abends allein ausgehen. Sie befinden sich in der Regel in Begleitung ihrer Bekannten, Freunde oder Familie. Das erweitert unser bisheriges Modell, in dem wir mit der Frau allein sind, um eine weitere Komponente - die Gruppe. Eine Gruppe besteht ab dem Moment, in dem du zwei Personen gegenüberstehst, zum Beispiel deiner Auserwählten und ihrer besten Freundin. Eine Gruppe umfasst folglich, dich eingerechnet, mindestens drei Personen. Nach oben hin ist sie offen, was die Zahl angeht - zumindest theoretisch. Praktisch wirst du feststellen, dass große Gruppen in Wirklichkeit oft aus mehreren kleinen Gruppen bestehen, zum Beispiel mehrere Freundeskreise, die gemeinsam von einer Privatparty kommen und noch ein bisschen tanzen wollen.

Jede Gruppe hat ihren eigenen Rhythmus und ihren eigenen Charakter. Es werden dir Gruppen begegnen, in denen die Menschen

---

[13]Nach Erik van Markovich. Der Begriff bezieht sich nur bedingt auf seine wissenschaftliche Verwendung in der Soziologie bzw. Psychologie; er ist also kein Synonym für Gruppendynamik, sondern soll nur bestimmte Flirtmethoden innerhalb einer Gruppe kennzeichnen.

sich untereinander kaum etwas zu sagen haben. Du wirst aber auch auf solche treffen, die aus engen langjährigen Freunden bestehen. Andere wiederum sind ein bunt zusammengewürfelter Haufen aus Arbeitskollegen oder oberflächlichen Bekannten. In deiner Karriere als Frauenversteher wirst du die Frau deiner Wahl oft erst über den Umweg einer Gruppe kennen lernen. Daher ist es unerlässlich, dass du lernst, mit Gruppen zu arbeiten.

Je nach Größe der Gruppe wirst du Menschen in der Gruppe finden, die dir positiv, negativ oder neutral gegenüberstehen. Sie tragen, unterschiedlich gewichtet, zur Gesamtstimmung der Gruppe bei. Diese Gesamtstimmung arbeitet entweder für dich oder gegen dich. Eine Gruppe, die dir gegenüber negativ eingestellt ist, kann dein Handeln definitiv erschweren. Sie übt sozialen Druck auf deine Auserwählte aus; die Gruppe und dadurch auch sie nimmt dich als störend oder Unruhe bringend wahr. Das Gegenteil geschieht, wenn dich eine Gruppe akzeptiert! Du wirst sofort ein Teil von ihr. Die Akzeptanz der anderen gibt dir in den Augen deiner Auserwählten soziale Bestätigung und führt dazu, dass die Frau sich dir viel schneller öffnet. Folglich ist es von Vorteil, wenn du es schaffst, die Stimmung einer Gruppe zu deinen Gunsten zu beeinflussen. Zurück zu unserem Beispiel im Club:

> Du siehst deine Auserwählte inmitten einer fröhlich feiernden Clique und entscheidest dich, es bei der Gruppe zu versuchen. Du suchst also die Nähe der Leute. Doch wie kannst du Anschluss finden?

Hier unterläuft dir schon der erste Fehler. Der Gedanke, *Anschluss an die Gruppe zu finden*, ist bereits die falsche Denkweise. Wenn du in diesem Spiel Erfolg haben willst, sind die Zeiten, in denen du Anschluss an eine Gruppe gesucht hast, vorbei. Ich habe sehr schöne Abende mit neu gewonnenen Bekannten verbracht, einfach nur mit Feiern, Tanzen und Spaß haben. Du solltest aber nicht erwarten, dass ihr danach beste Freunde werdet. Das kann geschehen, doch in der Regel verlierst du die Leute noch am selben Abend aus den Augen, denn das Nachtleben ist schnell und oberflächlich. Deswegen verschwendest du deine Zeit, wenn du allzu sehr versuchst, irgendeine Gruppe zu beeindrucken, die du später nie wiedersiehst. Du darfst dich nie von dem Gedanken *was könnten die von mir halten, wenn...*, beeinflussen lassen. Du willst keine Freunde gewinnen, sondern diese Frau!

Dementsprechend zielstrebig gehst du in der Gruppe vor! Gewöhne dich daran, die Gruppe zu dominieren und zu führen! Wenn es von Vorteil ist, die Gruppe auf die Tanzfläche zu bekommen, weil du so einfacher an die Frau herankommst, wirst du die Gruppe überzeugen, zu tanzen. Wenn sich die Gruppe deswegen teilt (ein Teil geht tanzen, ein Teil bleibt sitzen) ist es egal, solange die Frau deiner Wahl nur an deiner Seite ist.

Bevor wir mit unserer Geschichte fortfahren, möchte ich dir noch einen wichtigen Rat geben: Begreife, dass du in diesem Spiel prinzipiell auf dich allein gestellt bist. Es gibt niemanden, der dir Hilfe geben kann. Du bist zwar ständig unter Leuten, du bist vielleicht sogar Teil einer Gruppe, aber in Wirklichkeit bist du allein! Lerne, diese Situation selbst zu bewältigen, ohne auf irgendeine Unterstützung oder gar Hilfe zu hoffen. Aber zurück zu unserem Szenario:

> Während du in der Nähe der Gruppe stehst, schnappst du auf, dass jemand Geburtstag hat. Dir kommt eine Idee. Du sprichst den Mann direkt neben dir an.

Du: *Hey, wer ist denn hier das Geburtstagskind? Ich würde ihm gern gratulieren!*

Typ: *Der Typ da vorne!*

Du: *Danke.*

> Du bahnst dir den Weg durch die Gruppe zu dem Mann, der Geburtstag haben soll.

Du: *Bist du das Geburtstagskind?*

GK: *Ja.*

Du: *Dann wünsche ich dir alles Gute zum Geburtstag!*

GK: *Danke.*

Du: *Wenn ich Geburtstag habe, freue ich mich immer über unerwartete Geschenke! [Augenzwinkern] Du bist mir sympathisch! Lass mich dir einen Shot Tequila oder was immer du willst spendieren. Also, was willst du trinken?*

GK: *Du brauchst mir keinen spendieren, heute habe ich Geburtstag, ich wollte sowieso gerade eine Runde schmeißen. Ich lade dich ein!*

Du: *Nein, ich habe zuerst gefragt! Aber lass uns einen Kompromiss machen: Ich trinke gerne einen mit, aber den nächsten möchte ich dir bezahlen, abgemacht?*

GK: *Abgemacht!*

Du: *Ach wie unhöflich von mir, mein Name ist...*

GK: *Hi, ich bin Stefan!*

Du: *Hi, Stefan, mit wem feierst du? Stell mir doch deine Freunde vor...*

Das ging einfach, nicht wahr? Wenn du einmal verstanden hast, wie es funktioniert, ist es in der Regel nicht schwierig, in eine Gruppe einzutauchen. Warum war es geschickt, über das Geburtstagskind in die Gruppe einzusteigen? Ganz einfach, weil die Gruppe aus dem Geburtstagskind und *seinen Leuten* besteht, zu denen auch deine Auserwählte gehört. Es ist sein Abend und er entscheidet, mit wem er feiert und mit wem nicht. Wenn du seine Akzeptanz hast, müssen die anderen mitziehen. Einige, die euer Gespräch nicht mitgekriegt haben, denken vielleicht sogar, dass ihr alte Bekannte seid.

In der Gruppe angekommen, machst du dir schnell ein Bild von der Lage: Wer ist mit wem hier, wer gehört zusammen, sind der Typ und die Frau da ein Paar? Nachdem du dir unverfänglich ein paar Infos geholt hast, bist du in der Lage, dir ein relativ gutes Bild von der Gruppe zu machen. Die wichtigste Information, die du bekommen hast, ist, dass der Typ nicht der Freund der Frau deiner Wahl ist. Du klinkst dich in ihr Gespräch ein. Nach ein paar Minuten stellt sich heraus, dass du den Typen sympathisch findest. Er kann gut reden und ist lustig. Doch leider erfordert die Konkurrenzsituation, dass du ihn loswirst.

Diese Situation ist ein wenig schwierig. Wenn ein anderer Mann dich als Konkurrenz empfindet, lässt er sich oft zu Dummheiten hinreißen, die ihn selbst aus der Interaktion ausschließen. Das ist sehr bequem, weil du ihn dann vor der Frau als Trottel abstempeln kannst, ohne selbst aktiv werden zu müssen. Wenn dein Gegenüber jedoch genauso cool und vor allem sympathisch ist wie du selbst, dann bringt es nichts, ihn zu provozieren. Es würde dich nur selbst aus der Gruppe kicken.

Unsicher, was du jetzt tun sollst, machst du einfach gar nichts! Du lässt die beiden nicht allein und reißt das Gesprächsthema an dich. Ihr unterhaltet euch zu dritt. Schnell entsteht eine Dynamik, in der du und der Typ euch gemeinsam gegen die Frau verbündet und sie abwechselnd ein wenig aufzieht. Die beste Freundin der Frau stößt dazu und geht mit ihr gemeinsam auf Toilette. Deine Zeit ist gekommen. Jetzt gilt es zu handeln!

Du: *Hey, komm mit, ich stell dir ein paar Mädchen vor.*

Du ziehst den Typen in eine andere Ecke des Clubs. Du suchst ein paar Mädchen, mit denen du dich, bevor du die Gruppe angesprochen hast, unterhalten hast. Du findest sie nicht und entscheidest dich spontan, drei andere Mädchen anzusprechen.

Du: *Hey, mein Freund hier und ich, wir sind auf der Suche nach Leuten, die wirklich Party machen können. Wir sind da oben mit vielen Freunden fleißig am Feiern, wollt ihr nicht zu uns stoßen? Wir würden uns sehr freuen!*

Sie: *Das ist lieb von euch, doch wir unterhalten uns hier. Vielleicht kommen wir später.*

Du: *Sagt mir nicht, dass sich mein Kumpel irrt! Er setzt großes Vertrauen in euch! Ein Nein können wir nicht akzeptieren! Kommt mal näher, ich will euch was sagen!* [du guckst sie mit einem verschwörerischen Blick an und flüsterst einer ins Ohr] *Oben sind Getränke, die nicht allein getrunken werden wollen? Es ist ein Haufen interessanter Leute dort!*

Die drei Mädchen lassen sich nach einem kurzen Gespräch überreden. Sie stehen auf.

Du: *Haltet euch an meinen Freund. Darf ich vorstellen, das ist... Er führt euch zu den Leuten.*

Du: [zu ihm]*Geh schon mal vor, ich komme gleich nach!*

Dieser Schachzug hat das Problem elegant gelöst: Er geht jetzt mit den Mädchen zu der Geburtstagsgruppe zurück, du gehst Richtung Toilette und versuchst, deine Auserwählte abzufangen. Du siehst sie gerade noch rechtzeitig mit ihrer Freundin von der Toilette kommen. Du stellst dich beiden in den Weg und richtest das Wort an die beste Freundin:

Du: *Ich zeige dir jetzt einen Zaubertrick! Schließ die Augen! Untersteh dich zu gucken!*

Du nimmst die Hand von deiner Auserwählten und platzierst sie so, dass sie direkt im Rücken ihrer Freundin steht.

Du: [flüsternd:]*Versteck dich jetzt hinter ihrem Rücken! Falls sie sich umdreht, geh immer mit, so dass sie dich nie sehen kann, okay?* [sie nickt]

Du: *Abrakadabra. Okay, öffne die Augen!*

Sie: *Und?*

Du: *Schau dich um.*

Sie: *Sie ist weg!*

Du: *Sie ist nicht weg! Sie steht neben mir, aber sie ist unsichtbar. Sie hört jedes Wort, das du sagst!*

Die beste Freundin guckt sich um und erblickt sie.

Du: *Okay, das ging in die Hose. Aber ich habe ja noch einen zweiten Versuch. Bleibt beide da stehen, wo ihr seid und schließt die Augen! Nicht gucken!*

Während die Frau deiner Wahl die Augen geschlossen hat, trittst du an ihre beste Freundin.

Du: [flüsternd] *Darf ich dich um einen Gefallen bitten?*

Sie: *Welchen denn?*

Du: *Ich mag deine Freundin! Ich würde gern mit ihr unter vier Augen reden. Geht das in Ordnung? Du hast auf jeden Fall was gut bei mir! Geh jetzt schnell, bevor sie wieder ihre Augen öffnet!*

Sie verschwindet in der Menge.

Du: *Okay, öffne deine Augen! Wir sind jetzt allein!*

Deine Auserwählte dreht sich um ihre Achse.

Sie: *Sie ist wirklich weg!*

Du guckst zur Gruppe: Der Typ redet immer noch mit den drei Mädchen. Sie scheinen, sich zu verstehen. Auch ihre Freundin wird bald dazustoßen. Keiner wird euch beide vermissen. Falls jemand fragt, wird die beste Freundin Auskunft geben, dass ihr nicht gestört werden wollt. Es wird Zeit, sich um die Frau an deiner Seite zu kümmern:

Du: *Weißt du eigentlich überhaupt, dass du eine Art hast, mich aus dem Konzept zu bringen...*

In die Gruppe eintauchen

Ich erinnere mich an einen Abend auf dem Limborifest in Paderborn. Mein damaliger „Partner in Crime"David und ich hatten eine ganze Familie kennengelernt: Vater, Mutter, zwei erwachsene Töchter, ein erwachsener Sohn, Oma, Opa und weitere Verwandte. Als wir im Bierzelt saßen, wurden 14 Bier bestellt und wir auf mehrere Runden eingeladen. Danach spazierten David und ich Arm in Arm mit jeweils eine Tochter, über den Rummel. Das war ein wirklich verrückter Abend! Die Alten liebten uns und die beiden Töchter waren froh, dass ein langweiliger Familienabend so unvorhergesehen interessant geworden war. Wir hatten am Ende komplette Narrenfreiheit. Warum lief es so gut? Weil wir nicht den Fehler gemacht hatten, die beiden Mädchen isoliert anzusprechen. Wir waren vorher in die Gruppe der Familie eingetaucht. Wie kann dieses Eintauchen aussehen?

Am Anfang stehst du nur einer Gruppe von Unbekannten gegenüber. Du bist allein und gehörst nicht dazu. Wie gehst du jetzt vor? Als erstes solltest du dir darüber im Klaren sein, welche Strategie für diese Gruppe am angebrachtesten ist, denn nicht jede Gruppe reagiert gleich. Gruppen unterscheiden sich stark in ihrem Charakter, je nachdem wie sie beschaffen sind und welche Stimmung in ihnen herrscht. Da es schwer ist, das Verhalten einer Gruppe vorauszusehen, musst du lernen, abzuwägen und das Verhalten der Gruppe tendenziell einzuschätzen. Dabei hilft dir Erfahrung und Intuition. Eine Gruppe von Frauen zum Beispiel reagiert in der Regel auf etwas Mutiges und Dreistes positiver als eine Männergruppe. Trotzdem kann es dir passieren, dass die Frauen sich einen Spaß auf deine Kosten machen wollen und dich abblitzen lassen. Doch gehen wir Gruppen systematisch an:

- Zwei Frauen

Wenn du zwei Frauen zusammen triffst, ist es recht wahrscheinlich, dass die beiden gute Freundinnen sind, möglicherweise sogar beste Freundinnen. In diesem Fall gehst du beide gemeinsam an. Es ist nämlich sehr schwierig, die Dynamik ungestört am Laufen zu halten, wenn du die beste Freundin deiner Auserwählten nicht integrierst. Lässt du sie links liegen, wird sie ihre Freundin entweder wegziehen oder deiner Auserwählten das Gefühl geben, sich um sie kümmern zu müssen. Der Vorteil von besten Freundinnen ist, dass beide sich vertrauen. Das heißt, du kannst ruhig ein bisschen frecher sagen, was du willst, ohne *sozialen Druck* zu aktivieren.

- Drei bis fünf Frauen

Drei bis fünf Frauen dagegen stellen oft einen Freundeskreis da, ähnlich wie bei *Sex in the City*. Sobald nur ein Mann dabei ist, kannst du davon ausgehen, dass er der Freund oder Mann von einer der Frauen ist. Ich persönlich finde es recht schwierig, mit einer solchen Frauengruppe zu arbeiten, vor allem dann, wenn du allein bist. Die Frauen genießen untereinander ein hohes Niveau an Vertrauen, sodass du als Außenstehender an ihrem Kreis nicht wirklich teilhaben kannst. Außerdem haben Frauen untereinander eine bestimmte Form zu kommunizieren, an die du dich als Mann nur bedingt anpassen kannst. Dennoch kannst du darauf vertrauen, dass du und deine Auserwählte den Kreis irgendwann für eine Zeit verlassen können, um euch abseits der anderen näher zu kommen. Hier kommt es darauf an, geschickt einen Anlass dafür zu erfinden.

- Größere und gemischte Gruppen

Wenn die Gruppe größer bzw. gemischt ist, ist die Lage von Fall zu Fall unterschiedlich. Achte besonders auf Frauen, die in Konkurrenz zueinander stehen! Einige Frauen können ziemlich gemein werden. Deswegen sei vorsichtig und lass dich nie in eine Dynamik hineinziehen, die du nicht abschätzen kannst. Wenn zwei Frauen sich nicht leiden können, lass dich von ihnen nicht als Spielball missbrauchen, sondern dreh den Spieß um: Nutze ihre Rivalitäten, um sie gegeneinander auszuspielen!

- Männergruppen

Männer wiederum sind ein ganz anderes Kapitel. Oft reicht es, ihnen das Gefühl von gleicher Augenhöhe und Respekt zu geben, damit sie dich mögen. Männer spielen nur in drei Fällen eine Rolle. Erstens: Sie gehören zur Familie der Auserwählten. Zweitens: Sie können dir helfen, deine Auserwählte zu bekommen. Drittens: Sie stehen dir im Weg. Den Rest kannst du ruhigen Gewissens vernachlässigen. Merke dir folgenden Grundsatz im Hinblick auf Männer: *so viel wie nötig, so wenig wie möglich!*

Der Einsame Wolf

Ich bin sehr viel allein unterwegs. Das liegt daran, dass ich von Natur aus Einzelgänger bin. Neben einigen Nachteilen, wie zum Beispiel fehlender Unterstützung, hat das auch Vorteile. Als Einzelgänger lernst du zum Beispiel, selbständig als eine Einheit zu agieren. Damit etwas geschieht, musst du selbst es geschehen machen. Diese Fähigkeit ist Gold wert. Außerdem macht dich der Umstand, dass du allein bist, unverdächtig. Du stellst keine Bedrohung da.

Schritt 1: Suche dir eine Person aus, über die du in die Gruppe einsteigen kannst. Es bietet sich zunächst jemand an, der weniger in die Gruppe involviert ist, der ein bisschen abseits steht. Das ist aber nur Mittel zum Zweck! Du willst ja nicht die ganze Zeit mit dieser Person im Abseits stehen. Nachdem du sie angesprochen hast, integriere dich, mit oder ohne sie, in die Gruppe.

Oft bietet es sich auch an, mehrere Personen anzusprechen. Orientiere dich dabei an den Leuten, die in deiner unmittelbaren Nähe stehen. Rede mit denen, die dich interessieren. Lass dich aber nicht von der Art von Leuten vollquatschen, mit denen sonst niemand reden will. Oft hat es einen Grund, warum bestimmte Leute von den anderen gemieden werden - sie werden dir einfach ein Ohr abkauen! Es gibt nichts Schlimmeres, als ein redseliger Typ, der sich ständig an dich hängt, denn er schränkt deine Bewegungsfreiheit ein.

Schritt 2: Wenn die Gruppe überschaubar ist, dann lasse dich vorstellen. Achte darauf, wer dich vorstellt! Je mehr Einfluss er auf die Gruppe hat, umso besser. Ist kein geeigneter Kandidat in Sicht, dann stelle dich ruhig selbst vor.

Schritt 3: Ziehe die Personen in deiner Nähe in deinem Bann und bring die Leute um dich herum näher. Wenn Menschen deine Nähe suchen, ist das ein Zeichen, dass sie etwas von dir halten bzw. neugierig sind. Wenn Angehörige der Gruppe dich angucken, um dich einzuschätzen oder sie ihre Aufmerksamkeit auf dich richten, beziehe sie in deine Konversation ein. Wenn du von deiner Auserwählten ein größeres Stück entfernt bist, arbeite dich zielstrebig durch die Gruppe hin zu ihr vor.

Schritt 4: In der Nähe deines Ziels hast du zwei Möglichkeiten: Entweder du wartest in unmittelbarer Nähe und köderst sie, mit dir ins Gespräch zu kommen oder du harkst dich in ihre Konversation ein. Besser ist es jedoch, wenn sie sich in dein Gespräch einklinkt. Wenn nötig, kannst du sie auch durch eine auf sie bezogene Aussage in dein Gespräch locken.

Wenn du keinen Augenkontakt zu ihr hast, tippst du sie nebenbei an und sagst zu jemand Drittem: „Aber ich denke, *sie* ist ganz anderer Meinung!" Dabei ist es wichtig, dass du so wirkst, als würdest du nicht wirklich zu *ihr* sprechen, sondern *über sie*. Es muss mühelos und beiläufig wirken. Wenn sie anbeißt, dann sieh sie überrascht an, so als hättest du nicht damit gerechnet, dass sie reagiert, da du eigentlich nur etwas an ihr erläutern wolltest. Diese Methode funktioniert mit jeglichen Anschuldigungen, Andeutungen und Unterstellungen. Du kannst sie im Folgenden sogar damit aufziehen:

Du bist aber schnell zur Stelle, wenn man über dich redet! Nicht schlecht!

Das Ganze muss natürlich verspielt wirken, keinesfalls bösartig. Alternativ kannst du auch eine interessante Geschichte erzählen, sodass sie dir einfach zuhören muss. Leite diese Geschichte zum Beispiel wie folgt ein:

Sie hier erinnert mich an ...

Du machst dir hier den natürlichen Narzissmus des Menschen zunutze. Es interessiert nämlich jeden, wie er aussieht oder wem er ähneln soll, vor allem natürlich Frauen. Wenn du dich ausreichend mit deiner Auserwählten unterhalten hast, ist es sinnvoll, etwas Zeit mit ihr unter vier Augen zu verbringen.

Schritt 5: Der letzte Schritt ist das Herauslösen deiner Auserwählten aus der Gruppe. Du musst sie isolieren, denn nur dann kannst du ihre Aufmerksamkeit auf dich fokussieren. Es gibt verschiedene Arten, die Frau zu isolieren. Du kannst mit ihr in einen anderen Raum gehen, also aus dem Blickfeld der Gruppe verschwinden oder auch nur aus Hörweite. Manchmal reicht es schon, dass du ein paar Meter weiter weg oder im Rücken der Gruppe stehst.

Merke dir Folgendes zum Abschluss:

- Sei eine Bereicherung für die Menschen um dich herum. Du wirst sehen, sie wollen dich nicht mehr gehen lassen. Verliere deinen Spaß ebenso wenig wie dein Ziel aus den Augen.

- Eine Gruppe unterscheidet sich in ihrer Größe, also in ihrer Anzahl von Personen. Große Gruppen sind schwieriger zu kontrollieren und unberechenbarer als kleinere. Große Gruppen zerfallen in Splittergruppen.

- Kleinere Gruppen wiederum bieten keine Möglichkeit, sich kurz zurückzuziehen, wie es bei größeren möglich ist, indem du einfach mit anderen redest. Wenn du dich von einer kleinen Gruppe absondern willst, musst du dich in der Regel kurz rechtfertigen.

- Sobald du bei der Gruppe bist, versuche nicht, ihre Zustimmung durch eine große Show zu gewinnen. Sei kein Clown! Wenn du das Gefühl hast, immer reden oder etwas Interessantes erzählen zu müssen, verschwindet bald das Interesse an dir. Das geschieht, sobald du nicht mehr weißt, was du erzählen sollst oder wenn das Publikum Interessanteres entdeckt. Sei interessant - aber habe keine Angst vor Gesprächspausen.

- Wenn neue Leute zu deiner Konversation dazukommen, fange nicht noch einmal von vorn an - es ist nicht schlimm, wenn sie eine Pointe nicht verstehen. Sie werden trotzdem mitlachen.

- Versuche nicht um jeden Preis, die Freunde deiner Auserwählten für dich einzunehmen, denn es ist Zeitverschwendung, solange sie dich nicht behindern.

Teil 3 - Angesprochen... und dann?

Egal, wie ihr beide ins Gespräch gekommen seid: Sobald ihr zusammen interagiert, möchtest du die Frau für dich einnehmen, sodass sie sich mit dir einlässt. Wenn du die nachfolgend beschriebenen Techniken verinnerlichst, dann garantiere ich dir, dass du dich bald fragen wirst, was am Gewinnen einer Frau schwer gewesen sein soll. Doch bevor wir auf die Techniken der Anziehung, des Vertrauens und der Verführung näher eingehen, möchte ich ein paar Grundgedanken mit dir teilen.

Frauen für sich zu gewinnen heißt, sie in deine Welt zu ziehen. Es geht darum, einen gemeinsamen Kosmos zu schaffen. Die Frau muss sich von der Außenwelt vollständig lösen. Doch damit du sie in deine Welt ziehen kannst, musst du sie zunächst dazu bringen, dir zu *folgen*. Wenn ich über *Folgen* rede, meine ich nicht unbedingt das physische Folgen, also dass sie dir hinterherläuft oder dir Fragen stellt, sondern dass sie dir geistig und emotional in deine Welt folgt und sich langsam, aber stetig in deiner Person verliert. Deswegen beschäftigt sich dieser Abschnitt damit, wie du es schaffst, dass deine Auserwählte dir folgt. Denn sobald du es geschafft hast, dass sie dir folgt, befindest du dich auf dem besten Weg, die Frau für dich zu interessieren!

Rollen wir die Sache systematisch auf. Ich beginne mit einer Frage: Wenn wir einem fremden Menschen begegnen, was müssen wir tun, damit er uns seine Aufmerksamkeit zuwendet?

Damit uns ein Mensch seine Aufmerksamkeit schenkt, müssen wir zunächst seine Neugierde wecken. Was aber ist zuerst da? Erst Neugierde und dann Aufmerksamkeit oder erst Aufmerksamkeit und dann Neugierde? Das ist eine schwere Frage, aber ich werde versuchen sie zu beantworten.

Kennst du die Situation, in der plötzlich Irgendetwas oder Irgendjemand aus dem Rahmen fällt? Zum Beispiel, wenn dir jemand Ungewöhnliches begegnet: Du siehst eine Frau und betrachtest sie, weil irgendetwas an ihr nicht stimmt. Und plötzlich begreifst du, dass es sich gar nicht um eine Frau, sondern um einen Mann handelt. Wenn du nicht in einer Großstadt aufgewachsen bist und an den Anblick eines Transvestiten gewöhnt bist, wirst du definitiv mehr als einmal hingucken.

Ein anderes Beispiel: Du bist auf einer Party und eine Frau ist als Engel verkleidet. Sie ist die einzige, die ein Kostüm trägt. Es mag sein, dass du sie nicht besonders attraktiv findest. Auch ihr Kostüm beeindruckt dich eigentlich nicht, aber wenn du deinen Blick schweifen lässt, wird sie dir immer und immer wieder ins Auge springen. Und wenn ich dich am nächsten Morgen nach zwei Mädchen frage, die auf der Party waren, stehen die Chancen gut, dass du dich an die verkleidet Frau erinnerst, während eine Unverkleidete in der Masse untergegangen ist.

Der Grund dafür ist ein einfacher menschlicher Filter: Wir reagieren stärker auf Abweichungen vom Normalen als auf das Gewohnte und Bekannte. Derartige Anomalien nennen wir *Pattern Interrupt*[14]. Wenn du zum Beispiel auf einer Kostümparty bist und alle sind verkleidet bis auf eine einzige, wird dir diese Frau eher auffallen.

Erinnerst du dich, wie du in dem Beispiel mit der als Engel verkleideten Frau reagiert hast? Erst hat sie dich kaum interessiert, aber dann hat ihre Anomalie dich dazu gezwungen, ihr immer wieder Aufmerksamkeit zu schenken. Ihr Kostüm sprang dir einfach ständig ins Auge. Daraus folgt offenbar: Wir sind erst aufmerksam und dann neugierig.

---

[14]Dieser Term ist aus dem NLP entlehnt und entspricht diesem nicht in seiner Bedeutung.

Stell dir nun aber vor, du gehst auf eine Party. Ich habe dir im Vorfeld von einer tollen Frau erzählt, die auch dort sein wird. Auf der Party angekommen, guckst du dich um und siehst zwei Frauen, auf die meine Beschreibung passt. Näher betrachtet, erkennst du die Frau aus meiner Erzählung. In diesem Fall warst du schon neugierig, bevor du aufmerksam wurdest!

Du siehst, beides kann der Fall sein: Erst kann Neugierde da sein und dann Aufmerksamkeit oder umgekehrt. Neugierde und Aufmerksamkeit sind in Wirklichkeit eng miteinander verwoben, sie bedingen einander. Aufmerksamkeit weckt Neugierde und Neugierde macht aufmerksam. Keine Bange, es hat einen Grund, warum ich diese theoretischen Zusammenhänge hier so ausführlich untersuche. Du musst mit diesem Mechanismus einfach vertraut sein. Denn das Erste, was du tun musst, um eine Frau für dich zu gewinnen, ist, sie dir gegenüber aufmerksam zu machen. Sonst wird sie keine Neugierde entwickeln. Diese brauchst du, damit sie noch aufmerksamer wird und am Ende förmlich an deinen Lippen hängt!

Sich einer Anomalie, also eines Pattern Interrupts, zu bedienen, ist eine der einfachsten Möglichkeiten, Aufmerksamkeit zu erzeugen. Dabei ist jedoch zu beachten, dass Aufmerksamkeit nicht gleich Aufmerksamkeit ist. Wenn du dich auf die Tanzfläche stellst und pinkelst, bekommst du zwar viel Aufmerksamkeit, aber offenbar nicht die Art, die du benötigst. Wir müssen also unterscheiden zwischen sozial verträglicher und sozial unverträglicher Aufmerksamkeit. Oft reicht es schon, ein bisschen aus dem Rahmen zu fallen, nur eine Nuance anders zu sein als der langweilige Durchschnitt, um interessant zu wirken, etwa durch extravagante, typgerechte Kleidung zum Beispiel. Oder ganz langsam zu tanzen, während alle anderen besonders schnell tanzen[15].

Wenn jemand aus dem Rahmen fällt, geht in den Menschen etwa Folgendes vor: Sie sehen ihn und sind aufmerksam. Der Typ da, der in keine Schublade passt, was ist an ihm? Sie denken nichts Spezifi-

---

[15] Andersherum funktioniert das übrigens weniger gut! Aus Erfahrung möchte ich dir davon abraten, zu langsamer Musik wie eine Rakete zu tanzen - dann denken die Leute einfach nur, dass du auf Drogen bist. Ein weiteres Beispiel für *sozial unverträgliche* Aufmerksamkeit!

sches, sie denken nicht *Wer ist der Typ?*, aber er springt ihnen immer wieder ins Auge. Allmählich entwickeln sie Neugierde und in dem Maße, wie sie neugierig werden, wird ihre Wahrnehmung ihm gegenüber sensibel.

Eine andere Möglichkeit, Aufmerksamkeit zu wecken, sind Stereotypen - also Menschen, die bestimmte äußerliche Eigenschaften oder Verhaltensweisen pflegen, die einen hohen Wiedererkennungswert haben und sie damit einer bestimmten Gruppe oder Szene zugehörig machen[16]. Ein Motorradbiker zum Beispiel ist ein Stereotyp. Es gibt Frauen, die stehen einfach auf Biker. Sie sehen die schwere Lederkleidung, die Tätowierungen, die demonstrativ zur Schau gestellte Coolness und alles verdichtet sich für sie zu einer Andersartigkeit, die sie magisch anzieht. Diese Frauen sind empfänglich für diese Art von Stereotyp. Dabei ist der Biker als Person völlig zweitrangig. Er symbolisiert durch die Zeichen, die er aussendet, einfach eine Welt voller Abenteuer, die diesen Frauen fremd ist und die ihre Neugierde weckt. Erst im zweiten Schritt, wenn sie ihn näher kennen lernen, entwickeln sie gegenüber der Person, die sich hinter dem Stereotyp Biker verbirgt, ein wirkliches Interesse.

Es gibt Stereotypen wie Sand am Meer. Jeder Kulturkreis und jede Subkultur hat eigene Stereotypen. Der große Nachteil an Stereotypen ist, dass sie dich eingrenzen. Als Stereotyp bist du zwar für eine Minderheit interessant, aber andere lehnen dich ab und grenzen dich vielleicht sogar aus. Dies führt zu der Überlegung, dass du in der Lage sein solltest, unabhängig von Äußerlichkeiten Neugierde und Interesse an dir zu wecken. Das bedeutet: Du musst über dein Handeln und letztlich über deine Person, also über deine Ausstrahlung, Neugierde wecken. Mit anderen Worten: Du musst Charisma haben! Doch wie wirst du charismatisch?

---

[16]Diese Arbeitsdefinition entspricht natürlich nicht der wissenschaftlichen Bedeutung des Begriffs in Soziologie, Psychologie oder Linguistik. Vgl. z.B. Petersen, Lars-Eric / Six, Bernd: *Stereotype, Vorurteile und soziale Diskriminierung: Theorien, Befunde und Interventionen.* Weinheim: Beltz, 2008.

Das Konzept des Mysteriums

Was macht Menschen interessant und anziehend? Warum wirken einige auf uns langweilig und oberflächlich und andere tiefgründig und geheimnisvoll? Oft sind es gerade Widersprüche und Brüche, die einer Persönlichkeit Charakter geben, die ihr Tiefe verleihen. Widersprüche und Paradoxa sind einige der wohl wichtigsten Eigenschaften eines echten Frauenmagneten. Der wahre Verführer ist immer von einem Geheimnis, einem nicht auflösbaren Rätsel umgeben. Er ist ein Mysterium. Und Menschen - vor allem Frauen - lieben Mysterien. Ein Mysterium zu sein bedeutet, nie ganz durchschaubar zu sein. Die Frau darf nicht schlau aus dir werden. In dem Moment, in dem sie dich für oberflächlich hält, zeigst du ihr für einen kurzen Augenblick, gerade ausreichend um das Bild, das sie sich von dir gemacht hat, umzustürzen, dass da mehr ist, als sie angenommen hat. Und wenn sie dich für abgründig und kompliziert hält, bist du plötzlich verspielt, naiv und offen wie ein Kind. Es ist ein kontinuierliches Spiel mit Erwartungen und Klischees, das du hier spielst. Wenn die Frau dich in eine Schublade stecken will, springst du sofort hinaus.

Die Frau wird durch solch widersprüchliches Verhalten den unstillbaren inneren Drang verspüren, dich entdecken, den Mann hinter der geheimnisvollen Oberfläche verstehen zu wollen. Du musst eine urtypische, jedoch gebändigte Kraft ausstrahlen, die durch deine Haut zu strömen scheint. Genau diese *Kraft* muss sie spüren, aber damit sie sich freiwillig in deinen Bann ziehen lässt, muss sie sich fragen, was passieren würde, würde sie es schaffen diese Energie hervorzubringen. Es darf sie ruhig einschüchtern.

Das Mysterium, das du für sie darstellst (mit anderen Worten: ihre Faszination dir gegenüber) ist eng damit verbunden, dass sie dir *folgt*. Wenn du etwas von dir offenbarst, köderst du sie. Und sobald sie angebissen hat, bedeckst du dich wieder. Gib dich nie völlig preis! Ein Mysterium lebt davon im Dunkeln zu bleiben.

Während für die Frau dein Verhalten nicht klar deutbar ist und sie sich fragt, warum du so bist, wie du zu sein scheinst, können wir an dieser Stelle einen Blick hinter die Kulissen werfen. Hinter dem Begriff „Mysterium" verbirgt sich nämlich eine Reihe von ganz einfachen Konzepten, die ich dir jetzt näherbringen will. Das erste davon ist:

• Bleibe undurchdringlich.

Schaue die Frau mal lächelnd, mal emotionslos, mal intensiv, mal belustigt, mal herausfordernd, mal kalt an. Lerne, bewusst mit deiner Mimik zu spielen! Offenbare manchmal deine Gedanken und lasse sie manchmal kalt auflaufen. Verwende dabei Kontraste, sofern sie passen, um sie zu verwirren.

> • Mache Andeutungen *(Open Loops)*, ohne näher auf das Gesagte einzugehen.

Ein *Open Loop* ist alles, was Lust auf mehr macht. *Open Loops* können dir in Form von Gedanken, einer Geschichte, einer Emotion oder einem Gefühl begegnen. Gemeinsam ist ihnen allen, dass sie unfertig sind. Jedem ist schon einmal ein *Open Loop* begegnet, sobald er in seinem Leben eine Soap angeguckt hat: Am Ende der Folge bahnt sich irgendein Unglück an, aber die Folge hört auf und so muss man warten bis zur nächsten, um zu erfahren, was passieren wird. Open Loops können auch einfach Aussagen sein, die, um Sinn zu ergeben, eine weitere Information benötigen, die vor dem Adressaten absichtlich verborgen gehalten wird. So bringst du die Frau dazu, dir bestimmte Fragen zu stellen. Ein einfaches Beispiel:

Was mir neulich passiert ist, kann ich niemandem erzählen!

Einen anderen Open Loop kannst du bei kleinen Kindern beobachten: das plötzliche Umschwingen der Laune. Von einem Moment auf anderen geht es ihnen schlecht, sie weinen. Dann kommt die Mutter und fragt, was los ist. Es gibt aber gar keine wirkliche Ursache, sondern nur den Wunsch, in den Arm genommen zu werden und Aufmerksamkeit zu bekommen.
Open Loops sind eines der wichtigsten Werkzeuge, um Neugierde zu wecken.

Vor einiger Zeit lernte ich eine Frau kennen. Schon damals leitete ich als Mentor Workshops. Das bedeutete, die meisten Wochenenden in anderen Städten unterwegs zu sein. Die Frau war immer neugierig auf das, was ich dort tat, aber aus einer Laune heraus hatte ich ihr nie gesagt, was genau ich eigentlich machte. Sie wusste nichts. Mit der Zeit brannte ihre Phantasie durch und sie füllte die Leere mit der Vermutung, dass ich kriminell sei. Trotz meiner Beteuerung, dass alles völlig legal sei, glaubte sie mir nicht. Also gab ich ihr einen Hinweis. Und noch einen. Die Dynamik veränderte sich und mit der Zeit versuchte sie zu erraten, was ich arbeitete. Ich gab ihr in regelmäßigen Abständen Tipps und sie zerbrach sich ihren süßen Kopf. Als sich unsere Wege trennten, nahm ich mein Geheimnis mit nicht aus Bosheit, sondern weil die Wahrheit einfach weniger phantastisch war als das Rätsel, das ich ihr hinterlassen hatte.

Eine andere Variante von Open Loops sind vage Antworten, die nicht ausweichend sind. Zwei Beispiele:

Sie: *Was machen wir heute?*

Du: *Keine Bange, es wird dir gefallen!*

Sie: *Was hast du gestern gemacht?*

Du: *Mich auf dich gefreut!*

Wichtig bei dieser Art von Antworten ist, dass es nicht so wirkt, als würdest du etwas verstecken, verschweigen oder verheimlichen. Es muss spielerisch geschehen. Achte auch darauf, es nicht zu übertreiben, denn dann verkehrt sich der Effekt zu deinem Nachteil.

Ich kannte einmal eine Frau, die immerzu vom Reisen träumte. Ich wusste von ihrem Interesse an fernen Orten, daher ließ ich relativ schnell durchblicken, dass ich meinen Zivildienst in Bangladesch gemacht hatte und danach über

Land zurückgereist war. Ich erzählte ihr ein, zwei kleine Anekdoten aus dieser weit entfernten Welt. Ich ließ dieses Land
in meiner Erzählung für einen kurzen Moment aufleben -
um dann, als sie sich dafür zu interessieren begann, das Thema völlig auf Eis zu legen. Ich drehte den Spieß um und ließ
sie von ihren Wünschen und Träumen sprechen, die sich mit
meinen deckten, jedoch mit dem Unterschied, dass ich diese
schon gelebt hatte und sie nicht. Als ich ihr diesen Umstand
klarmachte, sind wir uns näher gekommen.

Die meisten Menschen hören dreimal so genau hin, wenn es um
sie zu gehen scheint. Besonders Frauen wollen alles wissen, was andere Leute über sie denken. In der Gruppentheorie nutzen wir diesen Umstand, um unsere Auserwählte in ein Gespräch mit uns zu
ziehen. Falls ich das Gefühl habe, dass ich dabei bin, sie zu verlieren und noch nicht genug Anziehung aufgebaut habe, um sie da
zu behalten, verwende ich einen kleinen Trick: Ich sage, dass ich etwas über sie weiß, erzähle ihr aber nur so viel, dass sie den Köder
schluckt und anfängt, mich mit Fragen zu löchern. So schaffe ich es,
sie bei mir zu behalten, aber auch, dass sich die Dynamik so dreht,
dass sie plötzlich etwas von mir haben will. Auf dieser Dynamik aufbauend entwickelt sich die Dynamik in die Richtung weiter, dass ich
die *Information* durch *mich* ersetze. So verändert sich die Dynamik,
von sie will *das etwas*, zu sie will *mich*.

• Habe die Art von Geheimnissen, die sie gern entdecken möchte.

Pflege also deine Geheimnisse. Lass sie aber auch an ihnen teilhaben.
Es geht darum, dass sie kontinuierlich mit dir beschäftigt ist, auch
wenn du physisch gerade nicht anwesend bist. Es muss so sein, dass
sie in jeder freien Minute an dich denkt.

• Erkläre dich nicht.

Der Rat klingt eigentlich banal ist aber trotzdem wichtig! Denn ein
Mann, der seine Handlungen ständig erklärt oder gar rechtfertigt,
wirkt unselbständig und unsicher.

Einfaches Beispiel: *Ich gehe mal auf die Toilette!* oder *Ich gehe mir mal ein Bier holen!*

Sage stattdessen: *Warte hier, ich bin gleich wieder da!* (Und bringe ihr ein Getränk mit.)

Nun komme ich zum wichtigsten Teil des Konzepts Mysterium. Wenn du meine bisherigen Tipps befolgt hast, wirst du bereits wie ein Mann wirken, der schwer zu durchschauen ist und der Neugierde erweckt. Aber ich will ehrlich sein: Das allein macht dich noch nicht unwiderstehlich. Es ist in der Tat nur weniger als die halbe Miete.

• Sei selbst undurchschaubar - aber gib ihr das Gefühl, durchschaubar zu sein.

Das ist der eigentliche Clou an der ganzen Geschichte!

Sie lernt dich kennen. Du wirkst souverän und irgendwie spürt sie, dass sie dir vertrauen kann. Du bist anders. Sie weiß nicht, was es ist, aber du steckst voller Gegensätze und Überraschungen. Sie hat Schwierigkeiten, dich einzuordnen. Du jedoch scheinst sie zu durchschauen. Egal, wie sie sich gibt - sie ist für dich wie Glas.
Es ist eine Kunst für sich, diesen Effekt zu erreichen und er macht dich wirklich unwiderstehlich. Leider habe ich kein Patentrezept, wie man ihn herbeiführen kann. Aber es gibt einige Techniken, um ihn zu provozieren. Ein kleines Beispiel:

Vor ein paar Jahren war ich mit meinem Freund Carlo in einem Club in Münster. Schnell lernten wir zwei Frauen kennen.

Er kümmerte sich um die Freundin und ich mich um eine Bulgarin, die die gleichen Lippen und Augen hatte wie Angelina Jolie. Ich war gleich hin und weg vom Kontrast von ihrer heller Haut und des dunklen Typs. Während mein Freund die Freundin aus dem Club zog, tanzte ich ausgiebig mit der Bulgarin. Ich versuchte bei mehreren Gelegenheiten, sie zu isolieren, aber sie führte mich aufs Glatteis: Auf der einen Seite gab sie mir sehr eindeutige Signale, auf der anderen Seite entzog sie sich mir ständig. Es war klar, wer wen jagt. Ich war bis zum Morgen mit ihr auf der Party - nur damit sie mir am Ende sagte, dass sie sich heute von ihrem Cousin nach Hause fahren lassen würde, der als Barkeeper in dem Club arbeitete. Ich war frustriert.

Am nächsten Abend war ich in einem anderen Club. Während ich mich mit einem Freund unterhielt, sah ich sie zufällig am anderen Ende der Bar. Ich winkte sie zu mir und sie kam. Am Abend zuvor hatte sie gut auf Kommandos reagiert. Sie war in der Art ein bisschen eigen. Jedenfalls änderte ich meine Strategie und nützte sie, um andere Frauen kennenzulernen, während ich ihr gleichzeitig erzählte, dass wir nicht zusammenpassen würden. Wir hatten in der Tat eine Menge Spaß und irgendwann beschlossen wir, den Club zu wechseln. Zu meinem Unglück traf sie dort jedoch den Typen, mit dem sie gelegentlich schlief. Sie verabschiedete sich von mir, um mit ihm zu gehen und ich beschloss, alles auf eine Karte zu setzen. Kurz bevor sie gehen wollte, packte ich sie und zog sie zur Seite. Dort sagte ich Folgendes:

Ich muss dir was sagen. Guck mich an, sieh mir in die Augen! Ich mag dich und genau deswegen sage ich dir Folgendes: Was machst du nur? Ich sehe dich und ich sehe dich Party machen, aber mir kannst du nichts vormachen! Ich sehe deine Augen, ich sehe, dass du müde bist, ich sehe, dass du deinen Weg verloren hast. Dich so verloren zu sehen, macht mich traurig.

Sie sagte daraufhin erst einmal gar nichts und ging. Ein paar Tage später traf ich sie zufällig auf einer anderen Party. Später stellte sich heraus, dass ihre Freundin meinen Freund angerufen und gefragt hatte, wo wir heute sein würden. Sie kam gleich zu mir und erzählte, dass meine Worte ihr nicht aus dem Kopf gegangen seien und ich Recht hätte. Dass sie seit einem Jahr völlig neben der Spur sei. Dann eröffnete sie mir, dass sie von mir dieses Gespür nicht erwartet hätte, weil ich ja auch nur Party machen würde. Kurz darauf küssten wir uns und gingen zu mir.

Die entscheidende Technik in dieser Episode war ein Coldread. Das ist eine Aussage, die sich auf die Charaktereigenschaften einer fremden Person bezieht und ihr das verblüffende Gefühl gibt, sich in ihr wiederzuerkennen. Diese und weitere Variationen von Coldreads behandle ich im Kapitel über die Techniken des Vertrauens. Die Bulgarin fand mich anziehend und attraktiv - aber das reichte noch nicht aus. Ich hatte ihre Emotionen nicht genug einbezogen. Ich hatte ihr nicht das Gefühl gegeben, verstanden zu werden und die Kontrolle verlieren zu dürfen. Erst durch den geschickt eingesetzten Coldread begann sie, mir zu vertrauen und sich mir hinzugeben.

Das Konzept des Mysteriums funktioniert immer nur in Verbindung mit *Vertrauen*. Ohne ein gewisses Maß an Vertrauen wird die Frau den Köder, den du auswirfst, nicht schlucken. Wenn du so undurchschaubar wirkst, dass sie dich und deine Handlungen nicht mehr nachvollziehen kann, wird sie sich nicht angezogen, sondern eingeschüchtert oder sogar abgestoßen fühlen und die Dynamik entwickelt sich in die falsche Richtung. Denn auch, wenn eine Frau deine Motive am Anfang nicht völlig versteht, darf sie nie denken, dass du fragwürdige Ziele verfolgen würdest. Daher musst du dafür sorgen, dass immer Spielraum für Interpretationen bleibt, jedoch deine Handlungen aber nie so von ihr so gedeutet werden können, dass sie an dir und deiner Absicht zweifelt.

Wenn die Frau auf dich neugierig geworden ist, wird sie anfangen, dir Fragen zu stellen und deine Nähe zu suchen. Je nach Situation kann es geschehen, dass es nicht sofort erkennbar ist, ob die Frau dir gegenüber aufmerksamer wird. Es gibt jedoch ein paar Erkennungsmerkmale, an denen du dich orientieren kannst:

- Sie stellt dir Fragen.

Während du sie zu Beginn der Interaktion mit Aussagen und Andeutungen dazu verleitest, dir Fragen zu stellen, ist es dein Ziel, dass sie es schließlich ohne dein Zutun tut. Unterscheide genau, ob sie das Gespräch mit dir genießt oder wirkliche Neugierde verspürt, mehr von dir zu erfahren! Letzteres ist natürlich vorteilhafter, jedoch kannst du auch auf ersteres aufbauen.

• Sie hält Augenkontakt.

Blickt sie dir nicht in die Augen, dann ist das ein Zeichen für Folgendes: Entweder sie ist von dir eingeschüchtert oder du bist auf dem Holzweg. Jedenfalls hast du es noch nicht geschafft, ihren Fokus völlig auf dich zu ziehen. Lange Perioden von Augenkontakt bedeuten dagegen intensives Interesse und signalisieren dir, dass du eskalieren kannst.

• Sie lacht dich an.

Wenn die Frau an deiner Seite lacht, ist das ein gutes Zeichen. Lachen ist Zustimmung. Darüber hinaus ist Lachen ein gutes Mittel, Menschen von einem Gefühlszustand zum nächsten zu leiten. Deswegen ist ein Clown lustig... und traurig.

• Sie sucht deine Nähe.

Manchmal wird die eine oder andere Frau unauffällig deine Nähe suchen, ohne dass du es merkst. Im Club stehen solche Frau manchmal mit dem Rücken zu dir - jedoch sehr nah. Wenn sie innerhalb der Konversation deine Nähe sucht, wird sie immer um dich herum sein und wenn sie weg ist, wird sie dich beobachten. Du kannst es testen: Geh einfach ein paar Meter weg und prüfe, ob sie öfter in deine Richtung guckt. Wenn sie an dir interessiert ist, wird sie es tun. Wenn eine Frau deine Nähe sucht, ist das eines der untrüglichsten Zeichen dafür, dass sie dich im Auge hat. Denn Nähe zu suchen, hat einen stark körperlichen Aspekt.

- Sie quatscht dich voll.

Falls sie Sachen sagt wie: „Ich rede viel, nicht wahr?" oder sich sonst irgendwie rechtfertigt, läuft alles gut.

- Sie lässt sich anfassen/Sie fasst dich an

Sie lässt sich von dir berühren und berührt dich. Perfekt!

- Sie nimmt dich in Schutz.

Wenn eine Frau dich in Schutz nimmt, bedeutet das, dass sie bereit ist, Stellung für dich zu beziehen. Das ist immer mit einem gewissen Risiko verbunden. Dieser Punkt verrät dir sehr viel über den Menschen, der vor dir steht. Nimmt eine Frau dich in Schutz, wohl wissend, dass du eigentlich der Bösewicht bist, dann darfst du dich glücklich schätzen. Missbrauche dieses Vertrauen nicht!

- Sie investiert in dich.

Die Frau spendiert dir etwas. Sie ist also bereit Geld für dich auszugeben. Folglich mag sie dich!

Mit der Zeit wirst du ein Auge für diese Erkennungsmerkmale entwickeln. Wenn die Neugier der Frau geweckt ist, ist der Zeitpunkt gekommen, ihre Neugier in Interesse zu verwandeln. Dieses *Herausfordern* nehmen wir im nächsten Kapitel in Augenschein.

Techniken der Anziehung

Im folgenden Kapitel setzen wir uns mit Taktiken und Techniken auseinander, die darauf abzielen, deine Anziehung in den Augen der Frau zu erhöhen. Sie dienen zum einen dazu, ihre *Neugier* in *wahres Interesse* zu verwandeln und zum anderen, die Dynamik zu etablieren, dass du eine Herausforderung bist und sie *dich* haben will. Wann hast du den Punkt erreicht, an dem auf seitens der Seite einer Frau wahres Interesse für dich besteht? In meinen Augen ist es der Moment, in dem sie darüber nachdenkt, mit dir zu schlafen. Oder der Moment, in dem sie einwilligt, sich mit dir zu treffen, wohl wissend, dass ihr möglicherweise miteinander schlafen werdet. Es hört sich an dieser Stelle vielleicht ein wenig hart an, Interesse auf Sex zu reduzieren. Doch der Wunsch, mit jemanden zu schlafen, ist im Grunde nichts als *wahres Interesse*, das sich durch körperliche Anziehung äußert.

Sex ist der wichtigste Schritt, weil Sex die Frau an dich bindet. Es ist der Grundstein für eine zukünftige Beziehung. Die Form eurer ersten gemeinsamen Nacht bestimmt gleichzeitig die Art und Weise, in die sich eure Beziehung entwickeln wird. Schneller, leicht verfügbarer Sex endet meist in einer ähnlich gestrickten Beziehung, während eine lange Phase des Kennenlernens vor dem Sex oft auf eine dauerhafte Beziehung deutet.

Doch kehren wir zu den praktischen Fragen zurück, mit denen dieses Kapitel sich auseinandersetzt. Folgende Strategien möchte ich dir vorstellen:

- Wie du mit Hilfe von *Missdeutungen* eine Konversation interessant und herausfordernd gestaltest.

- Wie du *gemischte Signale* einsetzt, um deine Anziehung auf sie zu verstärken.

- Wie du es schaffst, innerhalb einer Dynamik die *Kontrolle* bzw. *Deutungshoheit* zu erlangen.

- Wie du dich als *Mann mit Optionen* darstellst.

Doch vorab will ich dich in die Grundregeln der Erzeugung von Anziehung einweihen. Die erste und am wenigsten beachtete Regel lautet: Für die Erzeugung von Anziehung braucht es immer zwei! Es ist wie beim Tennis - du kannst es nicht allein spielen. Zweitens: Es ist die Harmonie zwischen dir und ihr, die anziehend wirkt, nicht die Dominanz einer Seite. Es gibt in diesem Spiel keinen Sieger und keinen Verlierer, jedoch auch keinen zweiten Platz. Drittens: Anziehung verstärkt sich in Zyklen. Das bedeutet: Nach jedem ausgiebigen Ballwechsel addiert sich das Gefühl der Hingezogenheit. Anziehung hat den Charakter einer Eskalation. Es geschieht selten von Null auf Hundert.

Widmen wir uns nun der Kunst des Flirtens! Denn der Flirt basiert nicht auf Vertrauen, sondern einzig und allein auf Sympathie und Anziehung.

Über das Flirten

Für viele ist Flirten ein Buch mit sieben Siegeln. Doch keine Bange, Flirten ist erlernbar! Falls du von dir denkst, dass du schon recht gut flirten kannst, will ich dir an dieser Stelle einen Rat geben: Flirten ist eine Fähigkeit, die du nie zur Vollendung bringen kannst. Es gibt zu viele Situationen, Momente und Menschen, um sie alle beherrschen zu können.

Es gibt zwei Formen oder Stufen beim Flirt. Erstens den „unschuldigen", den platonischen Flirt, der Selbstzweck ist. Diese Art des Flirts ist unverbindlich und harmlos. Ich flirte zum Beispiel gern mit Verkäuferinnen oder Arbeitskollegen. Es hat nichts zu bedeuten und dient einfach nur dazu, gute Laune zu verbreiten.

Die zweite Variante des Flirts ist ernster, intensiver und verfolgt einen Zweck. Beide Beteiligten wissen intuitiv, dass sich hier etwas anbahnt. Sie spüren eine Verbundenheit und Anziehung. Dieser „schuldige"Flirt baut erotische Spannung auf, die sich irgendwann zwangsläufig entladen muss. Natürlich ist diese Unterteilung des Flirts in zwei Stufen rein theoretischer Natur. In der Realität kann ein unschuldiger Flirt leicht in einen erotischen übergehen.

Doch was ist Flirten eigentlich? Flirten ist nur ein anderes Wort für Vorspiel. Noch mal in einem Satz: Es geht um Sex! Vielleicht denkst du jetzt, dass dieser Gedanke nicht ganz neu ist. Aber welche Konsequenzen hast du aus deinem Wissen bisher gezogen?

Ein Flirt geht ins Leere, wenn du der umworbenen Frau nicht das Gefühl gibst, *erreichbar* zu sein. *Erreichbar* zu sein heißt, dass du ihr signalisierst, an dich herankommen zu können. Du musst verfügbar und zugänglich sein. Sie muss eine Chance haben. Wenn du ihr von Anfang an den Eindruck vermittelst, keine Chance bei dir zu haben, wird sie sich aus der Dynamik zurückziehen. Du musst ihr, verbal oder subkommunikativ, klar machen, dass du dich auf ein sexuelles Abenteuer mit ihr einlassen würdest - natürlich nur unter Umständen. Vergiss nicht, *erreichbar* zu sein bedeutet nicht, dass du dich unter Wert verkaufst. Es geht nicht darum ihr zu sagen: *Hier bin ich, habe bitte Sex mit mir!* In diesem Fall wäre der Reiz verloren.

Erreichbar zu sein hat nichts damit zu tun, ob du gerade eine feste Freundin hast oder tatsächlich verfügbar bist. Es ist einfach nur notwendig, um den Flirt am Laufen zu halten. Sie muss ein Ziel haben, auf das sie hinarbeiten kann, ohne entmutigt zu werden.

Fassen wir zusammen: *Erreichbar* zu sein bedeutet, eine Herausforderung zu sein, die sie bewältigen kann. Wenn es ihr zu leicht fällt, machst du es ihr ein bisschen schwerer, wenn es ihr zu schwer ist, kommst du ihr entgegen. Je mehr Energie sie in dich steckt, umso weniger wird sie aufgeben wollen. Und je mehr Mühe sie sich gibt, umso mehr Hoffnung macht sie sich. Aber bedenke immer eins: Je unsicherer sie wird, desto zaghafter wird sie. Und je zaghafter sie wird, umso mehr musst du tun!

Am Anfang eines Flirts musst du der Frau Bilder von euch beiden in den Kopf projizieren. Sie muss darüber nachdenken, etwas mit dir zu haben. Dabei ist es anfangs gar nicht wichtig, ob sie sich konkret etwas vorstellt oder ob das Bild in ihrem Unterbewusstsein entsteht. Wichtig ist nur, dass sie anfängt, mit derartigen Gedanken zu spielen. Ihre Phantasie kannst du durch Äußerungen wie die folgenden anregen:

Wir beide passen nicht zusammen, wir sind uns einfach zu ähnlich!

Wir wären ein schreckliches Paar, ich denke, alle um uns herum wären genervt!

Wenn du die Frau an meiner Seite wärst, ich glaube, ich würde dich zu sehr verwöhnen und am Ende würdest du mir das vergelten, indem du mir bei der Scheidung all mein Erspartes raubst und mich mit einem gebrochenen Herzen zurücklässt!

Wir beide zusammen würden nur Sex haben. Und da ist

*das Problem... Wir würden irgendwann nichts anderes mehr auf
die Reihe kriegen!*

Die vier Beispiele folgen alle dem gleichen Muster: Du sagst ihr,
dass ihr beide nicht zu einander passt. Subkommunikativ setzt du
allerdings immer voraus, dass ihr schon zusammen seid.

Eine Technik, die sich sehr gut eignet, ist die Verwendung von
sprachlichen Bildern, von Metaphern und Vergleichen:

> *Das Problem von Sekt und Erdbeeren[18] ist: Sie steigen zu Kopf,
> verwirren die Sinne und morgens sieht man, dass etwas passiert
> ist, das nicht hätte passieren sollen!*

Ein Flirt ist eine besondere Form von Kommunikation. Es sind
Bilder, nicht Worte, die Emotionen wecken. Assoziationen dienen
dazu, Freiraum für Doppeldeutigkeiten zu schaffen. Und genau
darin liegt der Trick beim Flirten: Du musst der Frau Interpreta-
tionsmöglichkeiten lassen - und ihr gleichzeitig subkommunikativ
klarmachen, dass es nur die eine Deutungsmöglichkeit gibt. So in-
terpretiert sie genau den Teil in eure Interaktion, den du willst.

Jetzt geschehen zwei Dinge: Erstens, sie fühlt, dass zwischen euch
irgendetwas ist. Zweitens, sie weiß nicht, ob dem wirklich so ist oder
ob sie das nur in eure Interaktion hineininterpretiert. Folglich ist sie
sich ein wenig unsicher.

Flirten ist also die Kunst, zunächst nichts beim Namen zu nennen.
Der Charakter des Flirts liegt immer im Verborgenen. Es ist ein bisschen so, als wenn nur ihr beide wissen würdet, was geschieht, wie
in einer großen Runde, wo alle über das Wetter reden, während ein
Mann und eine Frau sich einander unter dem Tisch mit den Füßen
berühren. Ein Flirt ist eine Sache zwischen dir und ihr. Die Gemeinsamkeit, die ihr teilt, macht dich und sie zu einer Einheit. Ihr seid
eine Welt. Es entsteht eine *Wir-beide-gegen-alle-Dynamik*. Diese Dynamik gilt es zu etablieren, indem du Hindernisse zwischen euch konsequent ausschaltest und vermeintliche Hindernisse fokussierst, um
sie dann gemeinsam zu überwinden.

---

[18]Situationsbezogen, d.h. ihr habt in der Tat schon mehrere Gläser Bowle getrunken.

Hör auf damit, was denken die Leute von uns?

Wir können das nicht tun, es ist falsch, es fühlt sich aber so gut an!

Das hier bleibt unser Geheimnis. Es darf keiner wissen!

Das Gleiche gilt für Verantwortung: Manchmal ist es sinnvoll, die Verantwortung für eine bestimmte Sache zu übernehmen, zum Beispiel für einen Kuss, wenn die Frau noch einen Freund hat. Das lässt ihr die Gewissheit, dass sie nicht „angefangen" hat. So kann sie dann ihrer besten Freundin erzählen:

Nicht ich habe ihn geküsst, sondern er mich!

Eine andere Möglichkeit ist es, die Verantwortung sowohl von ihr als auch von dir wegzuschieben. Das funktioniert, indem du einfach irgendetwas als Sündenbock abstempelst:

Wir machen nichts falsch. Wir folgen nur unserer Bestimmung!

Wir beide wehren uns dagegen, doch es hat kein Sinn, egal, wie sehr wir dagegen ankämpfen, am Ende werden wir doch nachgeben.

Wir hätten uns nicht begegnen sollen. Aber jetzt ist es zu spät, denn wir haben es getan!

Deine verbalen Aussagen und dein Handeln stehen dabei bewusst im Widerspruch. Ein bekanntes Beispiel dafür für ist: Ihr küsst euch wild. Du sagst: *Wir sollten aufhören!* Während du sie einfach weiter küsst. Oder du redest über Banalitäten, während du ihr flüchtig eine Strähne zurechtlegst. Dieser Kontrast von zwei Handlungen macht die Dynamik lebendig, es ist eine Form von *gemischten Signalen*.

Generell versuchst du alles, was du über Körpersprache ausdrücken kannst, nicht in Worte zu fassen. Jedoch gilt auch diese Regel nicht immer, denn manchmal ist es von Vorteil, keinen Spielraum für Interpretationen zu lassen und eine Sache klar zu verbalisieren. In einem solchen Moment ist es zweckmäßig, genau zu sagen, was du willst. Du schaffst damit Fakten und nimmst ihr die Möglichkeit, sich hinter dem *Nichtgesagten* zu verstecken. Das ist zum Beispiel notwendig, wenn sie dauernd ausweichend agiert, du aber überzeugt bist, dass sie in Wirklichkeit auf dich steht.

Flirten ist eine Fähigkeit, die dich zwingt, im Moment aufzugehen. Seinen Reiz zieht der Flirt aus dem Verborgen, Versteckten, während er seine Spannung aus dem Verspielten, dem Unvorhersehbaren erhält. Flirten bietet sich überall an, wo du dir Zeit lassen kannst. Es ist ein Spiel, das sich hinzieht, sich kontinuierlich aufbaut. Es lohnt sich, es zu genießen, weil es Spaß macht.

Vom Necken und Ärgern

Wie sagt der Volksmund: Was sich liebt, das neckt sich! Das bekannte Sprichwort ist so wahr, wie es nur die geballte Weisheit der Volksseele sein kann. Es beschreibt den Zeitraum, in dem zwei Menschen sich umkreisen, die ein Auge aufeinander geworfen haben. Necken ist eine liebevolle Form des Ärgerns. Ärgern und Necken haben die Gemeinsamkeit, dass beide durch eine kleine Stichelei Aufmerksamkeit provozieren, jedoch mit dem entscheidenden Unterschied, dass Ärgern ein Triumph auf Kosten anderer ist, während Necken eine liebevolle Handlung ist, die keinen Schaden anrichtet, sondern Zuwendung sucht.

Ein Freund[17] von mir macht gern Folgendes: Manchmal, wenn die Frau, die er umwirbt, einen Gegenstand unbedingt haben will, stellt er sich gerade hin und hält den Gegenstand mit einem Arm in die Luft. Die Frau kommt ab diesem Moment nicht mehr an ihn heran; jetzt muss sie ihn mit Zärtlichkeit dazu bewegen, ihn herauszurücken. Das ist Necken. Zu beachten ist hier aber, dass Necken immer aus einer Situation entspringt, die passend ist. Wenn du einer Frau den Autoschlüssel wegnimmst, während sie gerade dringend zur Arbeit muss, wird ihr nicht der Sinn danach stehen, dich küssend

---

[17]Pascal Levin.

zur Herausgabe zu überreden...

Das schelmische Necken hat seinen Platz in der Dynamik des Flirts, obwohl man es tendenziell eher punktuell einsetzen sollte, um nicht in den Ruf eines notorischen Witzboldes zu kommen.

Charmantes Missdeuten

Für uns sehr interessant ist auch eine Technik, die mit dem Necken verwandt ist, jedoch eher als *charmantes Missdeuten* beschrieben werden könnte. Es ist eine an die Dynamik angepasste Mixtur aus Souveränität und Witz, gemischt mit Unterstellungen, Anspielungen und Doppeldeutigkeiten. Es geht hier sowohl darum, die Konversation interessant und herausfordernd zu gestalten als auch darum, die Frau zu verunsichern. Dazu streust du die eine oder andere Unterstellung bzw. Anspielung in deine Konversation. Das fordert sie und zwingt sie, aufzupassen. Der Rhythmus eines solchen Gesprächs ist schnell und unberechenbar. Er muss es sein, damit die Frau sich auf die Konversationen konzentriert und sich ihr Fokus zu dir hin verlagert. Es ist meist keine Unterhaltung, in der ihr euch über Gott und die Welt austauscht, sondern eher ein oberflächiges, jedoch zugleich forderndes Gespräch.

In der Tendenz setzt du die Technik des *Missdeutens* eher in der Kennlernphase ein - vereinzelt, als Witz getarnt, auch später. Im Folgenden stelle ich die Techniken in den Vordergrund und lasse daher die vertrauensschaffenden Episoden der Dynamik einfach weg. Aus Erfahrung meiner Coaching-Tätigkeit weiß ich, dass es in Bezug auf die Technik des Missdeutens oft zu Verwirrungen kommt. Vor allem Anfänger tun hier gern zu viel, was die Gefahr mit sich bringt, dass die Dynamik negativ umschlägt. Achte also darauf, diese Techniken eher gelegentlich einzusetzen!

Stell dir vor, du bist in einem dieser Highend-Szenecafés in Berlin-Mitte. Es ist nachmittags und du sitzt im sonnigen Halbschatten. Du beobachtest die Leute, als du plötzlich eine Frau vor deiner Nase vorbeilaufen siehst, die dich aus deinen Gedanken reißt. Du guckst sie an und du fühlst diese kribbelnde Faszination. Kurzentschlossen stehst du auf und sprichst sie an.

Entschuldigung? Einen Moment bitte! [Sie dreht sich zu dir, du guckst ihr einen Moment fest in die Augen] *Ich gebe es wirklich nur ungern zu, aber ich habe hier im Café gesessen und, als du hier vorbeigelaufen bist, konnte ich nicht meine Augen von dir nehmen!* [Du hältst einen kurzen Moment inne und fährst dann fort:] *Es freut mich, dich kennen zu lernen. Ich heiße ...*

Die Frau reagiert positiv, ein Gespräch kommt in Gang. Während sie dir etwas erzählt, guckst du sie aufmerksam an und sagst plötzlich: *Du bist süß, wenn du so rote Wangen bekommst!* Sie ist irritiert und kann natürlich nicht feststellen, ob sie wirklich rot geworden ist.

Dann machst du folgendermaßen weiter:

Du: *Ach, ich habe meine Jackett im Café gelassen. Ich muss wieder zurück. Ich würde mich freuen, wenn du mich kurz begleiten würdest!*

Sie: *Ich bin gleich verabredet.*

Sie deutet auf ein anderes Café am Ende des Platzes.

Du: *Wann musst du denn da sein?*

Sie: *Wir sind um 16 Uhr verabredet!*

Du guckst kurz auf die Uhr und siehst, dass es fünf Minuten vor vier ist.

Du: *Du bist ja vor der Zeit! Wow! Ich bin begeistert... Eine Frau, die pünktlich ist!*

Sie: *Ja, so bin ich!*

Du: *Ich denke, dein Verehrer dort drüben kann sich glücklich schätzen! Und weil das Leben es so gut mit ihm meint, kann er auch ruhig zehn Minuten auf dich warten.*

Sie: *Haha. Nein, ich treffe mich mit einem Freund wegen eines Projekts.*

Du: *Na, dann hat dein Freund auch Verständnis dafür, ein paar Minuten zu warten.*

Du bewegst dich langsam Richtung Café, während du sie charmant lächelnd aufforderst, dir zu folgen.

Du: *Dein Freund ist sicher noch nicht da. Die nächsten paar Minuten werden zusammen auf jeden Fall lustiger, als allein zu warten! Komm!*

Sie steht einen Moment unentschlossen, bis du ihr den Arm zum Einklinken hinhältst und sie zurück zu deinem Platz führst.

Du: *Was tust du eigentlich im Leben?*

Sie: *Ich werde Lehrerin!*

Du: *Lass mich raten ... du bist Yogalehrerin!* [grinsend]

Sie: *Nein, ich will richtige Lehrerin werden! Ich bin gerade im Referendariat.*

Du: [frech guckend] *Bio und Sport?*

Der letzte Satz ist ein Beispiel für eine *Unterstellung/Anspielung*. Man muss wissen, dass unter Studenten Bio- und Sportlehrer als die Faulsten gelten. Es ist also ein Klischee. Das Schöne an Klischees ist, dass du nichts aussprechen musst. Die Leute interpretieren ihren eigenen Teil hinein.

Sie: [lächelnd] *Hey, was hältst du denn von mir?*

Das ist natürlich eine Steilvorlage.

Du: [grinsend] *Was soll ich denn von dir halten?*

Kurz darauf im Gespräch:

Sie: *Ich werde Grundschullehrerin für Mathe und Physik.*

Du: *Wow - ich bin beeindruckt! Ich liebe Mathe und Musik!*

Einfach zu tun, als hätte man sich verhört, ist die einfachste Form von *Missdeutungen*. Wenn sie dich darauf anspricht, dass du dich offenbar verhört hast, sage ihr mit einem Lächeln, dass du es genau so gemeint hast[18].

Es ist jener Typus von Sätzen, der dazu einlädt, eine Aussage falsch zu interpretieren: Durch Subkommunikation verführst du die Frau, eine bestimmte Interpretation anzunehmen, um sie anschließend genau darauf auflaufen zu lassen. Generell gilt es, ihre Antworten in einer Weise zu verdrehen, die lustig ist und Spaß für beide bringt. Diese Technik erzeugt Anziehung, weil du frech und ihr verbal überlegen zu sein scheinst. Sei aber gewarnt: Der Grat zwischen Witz und Übertreibung ist schmal!

Der folgende Fall ist ein gutes Beispiel für eine weitere Technik, die folgendermaßen aufgebaut ist: Erst unterstellst du der Frau eine Absicht, um ihre Bemühung dann im gleichen Atemzug abzulehnen oder in Frage zustellen:

Ich weiß, dass du am liebsten über mich herfallen würdest, aber wir kennen uns ja kaum![19]

Darf ich dir eine Frage stellen ... Probierst du es bei jedem?

Ich würde dich auch gerne küssen, aber bevor ich deine Lippen küsse, würde ich gerne wissen, ob dieser Mund nur gut küsst oder auch einen Charakter hat!

Laufe „zufällig" in sie hinein und sage: Wow! Du gehst aber ran!

Optional: Du hast mir doch gerade an den Po gefasst! Nein? Aber ich hab's doch genau gespürt!

---

[18]Wow - ich bin beindruckt! [von Mathe und Physik] / Ich liebe Mathe und Musik [jetzt beziehst du dich auf dich selbst].

[19]Von mtm.

Es ist in diesem Zusammenhang kein Hindernis, die Frau in dem Glauben zu lassen, dass du eine Freundin oder sogar eine Frau hast:

Du weißt aber schon, dass ich verheiratet bin?

Du kannst ihr später jederzeit sagen, dass du nur sehen wolltest, wie sie reagiert. Was in der Tat stimmt, denn du wolltest sie provozieren um zu sehen, ob sie sich ärgert bzw. überrumpelt ist. Was es genau mit der Technik des *Qualifizierens* auf sich hat, wirst du jedoch ein wenig später lernen.

Je nach Situation reicht die Bandbreite der Subkommunikation von frech bis ernst. Du kannst die Frau auch auflaufen lassen, indem du sie fortwährend mit immer unglaubwürdigeren Details fütterst, sodass sie irgendwann schlussfolgern muss, dass du sie die ganze Zeit an der Nase herumgeführt hast und nicht verheiratet bist. Im Augenblick ihrer Erleuchtung wirst du ihren Zustand von ihrem Gesicht ablesen können. Der Moment, in dem sie es realisiert, ist perfekt, um zu eskalieren - das kann von einem Kompliment bis hin zu einem Kuss gehen.

Eine andere Technik basiert darauf, dass du vermeintliche Gemeinsamkeiten (Situationen, Emotionen usw.) herausarbeitest, um diese dann als Gründe hinzustellen, warum das mit euch beiden nichts wird:

Die Chemie zwischen uns stimmt: Wir harmonieren, aber nur weil ich dich mag, bedeutet das nicht, dass wir uns näherkommen werden.

Wir beide sind uns zu ähnlich - dann haben wir keine Chance!

Vergiss nicht: Du setzt diese Art von Technik nicht ein, um die Konversation zu dirigieren, sondern vor allem dazu, Bilder von euch beiden in ihrem Kopf zu aktivieren! Die nächste Technik, die ich beschreiben will, arbeitet mit gemischten Signalen.

Gemischte Signale

Der Begriff *Gemischte Signale* umschreibt eine Strategie, die mit einer Mischung aus Aussagen und Handlungen arbeitet, die Interesse bekunden und Äußerungen bzw. Aktionen, welche genau das Gegenteil tun. Gemischte Signale sind also sich widersprechende Signale. Zum Beispiel kannst du einer Frau ganz nebenbei sagen, dass du ihre Stimme magst, aber sobald sie anfängt zu reden, sagst du ihr, dass sie kurz leise sein soll, da du ein wichtiges Telefonat führen musst. Oder du beschuldigst sie unvermittelt, dass sie jetzt ihre Stimme verstellt und sie mit ihr nicht mehr diesen Sex transportiert wie ein paar Minuten zuvor. Später, wenn sie nicht mehr daran denkt, lächelst du sie an und sagst ihr einfach nur: *Es ist wieder da - der Sex!*

Gemischte Signale dienen dazu, deine Auserwählte in ein Wechselbad von Gefühlen zu versetzen, ihr die Sicherheit zu nehmen, dich schon in der Tasche zu haben. Außerdem versuchst du, sie dahin zu bringen, dich sofort haben zu wollen, sobald du ihr die Möglichkeit dazu gibst. Sie muss das Gefühl bekommen, sofort zugreifen zu müssen, bevor sie dich verliert!

Gemischte Signale haben eine sehr starke Wirkung. Ihr Effekt hängt jedoch vom Grad der Betörung der Frau ab. Die Technik eignet sich eher dazu, ihre Anziehung dir gegenüber zu verstärken, als sie zu etablieren. Wenn sie sich noch nicht zu dir hingezogen fühlt, wirst du das mit dem Einsatz von Gemischten Signalen auch nicht ändern können.

Push & Pull

Gemischte Signale bestehen in erster Linie aus sogenannten *Push & Pull*-Konstruktionen, Komplimenten bzw. einer Eskalation und Humor. Letztere sehen wir uns später genauer an.

Was ist eine *Push & Pull-Konstruktion*? Den englischen Begriff könnte man grob mit Wegstoßen und Heranziehen übersetzen. Ich finde das ist eine treffende Metapher für diese Technik, da sie aus einer ersten Aktion, die ein negatives Gefühl hervorruft

(Wegstoßen) und einer zweiten Aktion, die die negative durch eine positive Emotion (Heranziehen) ersetzt, besteht. Du kannst dir das auch bildlich vergegenwärtigen. Stell dir vor, du steht gemeinsam mit deiner Frau unter einem Regenschirm: Der *Push* ist ein Schubs in den Regen und der *Pull*, dass du sie wieder unter den schützenden Regenschirm ziehst.

Ich garantiere dir, dass du schon einmal die Intensität eines *Push & Pulls* am eigenem Leib erfahren hast. Hast du schon mal fürchterlich mit deiner Freundin geschritten und habt ihr danach intensiven Versöhnungssex gehabt? Gratulation, das ist ein *Push & Pulls* erster Güte!

Das negative Gefühl des *Pushs* dient nur dazu, den positiven Effekt des Pulls zu intensivieren. Das ist auch der Grund, warum der *Pull* und nicht der Push im Vordergrund steht. Der Push ist nur Mittel zum Zweck, nie Selbstzweck. Vergiss das nicht!

Push & Pull-Konstruktionen gibt es in vielen Formen. Sehen wir uns ein paar genauer an:

Ich weiß wirklich nicht, ob wir beide zu einander pas-sen.[Während du gleichzeitig eine Fürsorgegeste wie das Streicheln ihrer Wange vollführst.]

In diesem einfachen Beispiel verbindest du einen verbalen *Push* mit einem nonverbalen *Pull*. Oder:

Du bist nicht eine von diesen durchgeknallten Frauen, vor denen mein Vater mich immer gewarnt hat, oder?[du schubst sie leicht weg]
Nein, ich denke nicht, dass du es bist! [du ziehst sie wieder an dich]

Das folgende Beispiel ist eine sehr harter Push, den du durch einen Witz entspannst:

Du bist eine ziemlich langweilige Person ... aber das ist okay. Ich bin es auch!

In diesem Push & Pull disqualifizierst du sie, um deine Aussage später zu relativieren:

Du glaubst doch nicht im Ernst, dass zwischen uns irgendetwas laufen wird ... [Pause] Mist! Wie soll ich nur deinem Blick wiederstehen können, ohne mich zu verlieren!

Der folgende Push & Pull spannt sich über den ganzen Abend. Er besteht aus einer Art Warnung und gleichzeitiger Anerkennung:

Wenn wir mit meinen Freunden unterwegs sind, zeig dich von deiner Schokoladenseite! Wehe, wenn nicht! [lächeln, aber ernst gucken]

Ich bin stolz auf dich, du warst heute bezaubernd. Du hast mir aufs Neue den Kopf verdreht, denn ich habe diesen Drang, über dich herfallen zu wollen!

Kontrolle der Dynamik

Eine deiner zentralen Bestrebungen innerhalb deiner Dynamik ist es, diese zu kontrollieren. Ich spreche absichtlich nicht von *einer*, sondern von *deiner* Dynamik, weil das die erste wichtige Erkenntnis darstellt: Es ist *deine* Dynamik, weil du die Kraft hast, sie zu gestalten. Und genau das wirst du tun!

Wir bezeichnen die Kraft, eine Dynamik zu kontrollieren, als *Frame-Control*. Die Kontrolle der Situation gibt uns Souveränität und Souveränität ist das wichtigste Werkzeug zur Erzeugung von Anziehung. Das Wort Frame kommt aus dem Englischen und bedeutet *Rahmen*. Es bezeichnet das große Ganze, den wahrgenommenen äußeren Rahmen einer Situation oder Szene. *Dein Frame ist deine subjektive Wahrnehmung einer Situation* mit allen agierenden Personen und deren Motivationen. Du bewertest nämlich kontinuierlich (bewusst oder unbewusst) dein Verhalten und das Verhalten anderer. Ein Frame ist immer abhängig von der Perspektive. Die Person dir gegenüber bewertet die Situation ebenfalls kontinuierlich. Ihre Interpretation der Welt ist *ihr Frame*. Ein klassisches Beispiel:

Ein Glas kann, je nach Weltsicht, *halb voll oder halb leer sein.*

Da jeder Mensch seine Realität selbst definiert und bewertet, gibt es unzählige verschiedene Frames. Verschiedene Perspektiven erzeugen verschiedene Interpretationen und unterschiedliche Interpretationen führen zu unterschiedlichen Reaktionen. Mit anderen Worten: Unser eigener Frame liegt im Dauerkonflikt mit den Frames anderer Menschen. Wir sind jedoch in der Lage, Verständnis und Einfühlungsvermögen für die Sicht anderer aufzubringen, uns in sie einzufühlen. Diese Fähigkeit nennt sich *Empathie*. Ferner sind wir dazu in der Lage, unseren Frame zugunsten eines anderen aufzugeben oder ihn zu justieren, wenn wir merken, dass unsere Weltsicht mit der Realität nicht mehr ausreichend übereinstimmt. Ein Beispiel:

Der Chef eines Unternehmens ist der Boss. Er handelt dementsprechend. Das kleine Rad im Unternehmen ist der Arbeitnehmer. Er muss seinen Chef als Boss akzeptieren, denn sonst ist sein Arbeitsplatz in Gefahr. Der Frame des Chefs ist folgender: *Ich bin der Boss und ich mache die Regeln,* während der Frame des Untergebenen ist: *Ich mache die Arbeit, die mein Chef von mir verlangt, denn er ist der Chef.*

In diesem Beispiel dominiert der Chef den gemeinsamen Frame. Sein Frame hat Auswirkungen auf den Frame seines Untergeben. Der Untergebene wiederum übernimmt die Interpretation seines Chefs - natürlich nicht in dem Sinne, dass er sagt: *Ich bin der Boss,* sondern er übernimmt die Konsequenzen der Interpretation des Frames seine Chefs: *Ich habe einen Boss.*

Was wir umgangssprachlich *Durchsetzungsvermögen* nennen, bedeutet nichts anderes, als Leute dazu zu bringen, *deinen Frame zu akzeptieren.* In dem Moment, in dem sie das tun, spielen sie nach deinen Regeln. Sie übernehmen deine Interpretation der Realität.

Ein Frame ist alles andere als starr. Ein Mann kann am Morgen seinen Kindern das Frühstück machen, sie liebevoll auf die Stirn küssen, danach in sein Auto steigen, aus Wut über den Verkehr alle um sich herum wüst beschimpfen, danach schlecht gelaunt zur Arbeit fahren, trotzdem ein umgänglicher Mitarbeiter sein und am Ende des Tages heimlich in eine Männersauna fahren. Die Frage ist: Ist dieser Mensch in jeder Situation die gleiche Persönlichkeit? Natürlich handelt es sich in dem Beispiel um einen einzigen Menschen. Trotzdem schlüpft er je nach Situation in unterschiedliche Rollen. Während dieser Momente spielt der Mann keine Maskerade: Er denkt, handelt und fühlt so, wie es der Situation entspricht, er ist diese Person. Wir sehen: Der Mensch ist keineswegs statisch, er ist facettenreich. Und jede Facette ist ein Frame.

Doch was hat das Thema Frame mit dem Thema Frauen zu tun?

Alles. Denn dein Frame ist das, was die Frau an dir wahrnimmt. Erinnere dich, dass ein Frame nichts Beständiges ist! Er ändert sich kontinuierlich. Also nimmt die Frau nicht nur einen Frame von dir wahr, sondern eine Vielzahl unterschiedlicher Frames.

Jeder kennt die Situation: Du bist unter Leuten und jemand presst dich in eine bestimmte Rolle, obwohl du so gar nicht wahrgenommen werden willst. Exemplarisch wären da die Rolle des Spielverderbers, des Schuldigen oder einfach nur die des Dummkopfs zu nennen.

Im Grunde geschieht in solchen Situationen nichts anderes, als dass jemand deinen Frame für dich definiert und dich zwingt, ihn zu akzeptieren. Genau des gleichen Mechanismus´ bedienen wir uns, wenn wir während eines Flirts die Kontrolle der Dynamik an uns ziehen. Wir können der Frau zum Beispiel die Rolle zuweisen, ein freches Mädchen zu sein, während wir unserem Konkurrenten die Rolle eines netten (langweiligen) Typen von Nebenan überstülpen.

Frame-Control

Eine der wichtigsten Techniken dafür ist der *Frame-Control*. Der Begriff beschreibt die Fähigkeit, die Kontrolle über die Frames der Frau zu erlangen und ihre Interpretation der Welt durch deine zu ersetzen. Ein einfaches Beispiel:

Sie: *Was hast du mir aus Wien mitgebracht?*

Du: *Das verrate ihr dir nicht!*

Sie: *Aber ich bin so neugierig!*

Du: *Nein, du bist ungeduldig!*

In diesem einfachem Beispiel ersetzen wir *Neugier* mit *Ungeduld*. Diesen Wechsel von Perspektive und Bedeutung nennen wir einen *Reframe*. Meist schenken wir solch kleinen *Reframes* kaum Beachtung. Es lohnt sich aber, hier einmal genauer hinzuschauen! Sie fragt nicht: *Wann gibst du mir mein Geschenk aus Wien?*, sondern: *Was hast du mir aus Wien mitgebracht?* Sie ist in der Tat neugierig und nicht ungeduldig. So einfach es klingt: *Verändere Ihren Frame Schritt für Schritt.* Dies ist die wichtigste Erkenntnis bezüglich des Frame-Controls. Ein fremder Frame lässt sich selten in einem Augenblick umstürzen.

Deswegen ist es oft sinnvoller, mehrere kleine anstelle eines größeren Sprungs zu machen.

Du: *Wenn du so ungeduldig bist, muss ich mir noch mal überlegen, ob du dir das überhaupt verdient hast!*

Sie: *Das ist gemein, ich habe fünf Tage auf dich gewartet!*

Du: *Wenn du mich so vermisst hast, dann solltest du mit mir als Geschenk zufrieden sein!*

Sie: *Ich freue mich ja auch so, dass du wieder da bist!*

Du: *Das klingt nicht sehr überzeugend!*

Sie: *Ich bin soo wahnsinnig glücklich, dass du wieder bei mir bist ...*

Du: *Und was kriege ich dafür, dass ich wieder hier zu dir gekommen bin?*

Sie: *Du kriegst alles, was du dir wünschst!*

Du: *Wenn das so ist, dann wünsche ich mir, dir endlich mein Geschenk geben zu können. Es wird dir gefallen, doch jetzt will ich, dass du ...*

Das ist ein einfaches Beispiel für *Frame-Control*. Du steuerst die Dynamik. Eine Frau, die ihren Frame für deinen Frame aufgibt, stimmt im selben Augenblick deiner Interpretation der Situation zu. Sie spielt dein Spiel. Und das Gemeine daran ist, dass du die Spielregeln nach Belieben ändern kannst, während sie das nicht kann.

Die Kontrolle über den Frame einer Frau zu gewinnen ist umso einfacher, je öfter sie schon ihren Frame zugunsten deines Frames aufgegeben hat. Deswegen ist es am Anfang einer Interaktion mit einer fremden Frau wichtig, wenig Widerstand zu erzeugen. Das heißt: Bringe sie bei mehreren unwichtigen Dingen dazu, deinen Frame zu akzeptieren, um dich dann langsam zu den wichtigeren Frames vorzuarbeiten.

Nehmen wir an, du willst ihr den Frame *Du magst mich!* überstülpen. Gib ihr die Hand gleich am Anfang der Interaktion und halte sie einfach eine Zeit lang. Manchmal zieht die Frau ihre Hand von allein zurück, aber oft wird sie ihre Hand einfach in der deinen lassen. Nach wenigen Minuten Gespräch sagst du ihr: *Du scheinst mich zu mögen!* Wenn sie überrascht guckt, deutest du auf eure Hände. *Jedenfalls hältst du mich bei dir!* Unterbewusst verbindest du den Umstand, dass ihr eure Hände haltet, mit deiner Interpretation *Du magst mich!*

Bleiben wir bei dem Frame *Du magst mich!* Ihr unterhaltet euch. Mit der Zeit fängt sie an, dir Fragen zu stellen. Du antwortest ihr und fügst hinzu: *Dein Interesse an mir ehrt mich! Jetzt weißt du schon so viel über mich, wenn du so weiter machst, entzauberst du mich noch!* Hast du es gemerkt? Du jubelst ihr hier den Frame *Du hast Interesse an mir!* unter. Die Zeit vergeht. Während des Gesprächs unterstellst du ihr, dass sie dich anbaggern will und koppelst dies mit etwas anderem: *Ich mag die Art, wie du lächelst - vor allem, wenn du mich anbaggerst.* An diesem Punkt kommt es zu einem Konflikt. Sie wehrt sich gegen diesen sehr offensiven Frame und sagt: *Aber ich baggere dich gar nicht an!* Du hältst den Frame einfach: *Es ist schon okay, ich mag dich auch.* Ab diesem Punkt wird sie sich vielleicht noch gegen die Unterstellung, dich anzubaggern, wehren, aber den Frame *Sie mag mich* hat sie akzeptiert. Denn der Satz *Ich mag dich auch!* impliziert, dass sie dich mag. Dagegen wird sie sich nicht wehren. Und schon ist sie auf dem besten Weg, deinen Frame zu ihren Frame werden zu lassen.

Double Binds

Ein andere interessante Technik beim *Frame-Control* ist der sogenannte *Double Bind*. Es handelt sich eigentlich um zwei sich ausschließende Handlungsaufforderungen, die zu einer Zwickmühle führen, in der sich die Person sozusagen nur zwischen Pest und Cholera entscheiden kann[20]. Wir wollen hier eine modifizierte Version des *Double Binds* verwenden, denn es bringt uns nichts, die Frau in eine völlig paradoxe Dynamik zu führen. Wir wollen sie ein wenig verwirren, aber nur, um ihr zugleich eine Hintertür offen zu lassen. Natürlich ist die Lösung des Problems gleichzeitig das Ziel, das wir verfolgen:

---

[20]Wir müssen an dieser Stelle von der wissenschaftlichen Definition des Begriffes Abstand nehmen, der damit eine lähmende, weil paradoxe, Kommunikationssituation beschreibt.

Wir erschaffen Druck, damit wir dann wieder Druck von ihr nehmen können. Es ist dieser Vorgang, der für uns interessant ist - nicht die Manipulation. Aber genug der grauen Theorie! Zunächst ein einfaches Beispiel für einen Double Bind:

Wenn du mich lieben würdest, dann würdest du das [...] tun.

Wer kennt nicht diesen Spruch? Frauen verwenden ihn gern! Er ist nichts als ein klassischer Double Bind. *Double Binds* begegnen uns in verschiedenen Variationen. Doch sie haben alle eines gemeinsam: Sie beinhalten erstens ein emotionales Element und zweitens eine Pseudowahlmöglichkeit. So wie hier:

Ich dachte, du wärst keine Frau für nur eine Nacht![21]

Die Frau kann hier subkommunikativ zwischen folgenden Alternativen wählen: Erstens, sie lässt die Aussage so stehen und akzeptiert, dass du sie für eine Frau hältst, die billig ist. Oder sie willigt ein, dich wiederzusehen. Spulen wir die Zeit zu dem Tag zurück, an dem ihr beiden euch kennengelernt habt:

Du: *Komm, wir gehen jetzt alle noch zu mir weiterfeiern!*

Sie: *Nein, ich denke, ich sollte nach Hause gehen.*

Du: *Hey, du hast mir vorhin noch gesagt, du würdest spontane Aktionen lieben!*

Sie: *Ja, aber ich bin müde! Wir können uns doch ein anderes Mal treffen!*

Du: *Du hast vorhin gesagt, dass du gern bis zum Morgengrauen feierst, weil es schön ist, wenn die Sonne aufgeht!*

Sie: *Ja, ich weiß, aber ...*

Du: *Du hast mich angelogen! Du bist in Wirklichkeit gar nicht so, wie du tust! Aber ist okay, ich mag dich auch so.*

Sie: *Doch, aber heute ... ach, na gut. Ich komme mit.*

---

[21]Nach Pascal Levin.

Du: *Yeah, wusste ich doch, dass du uns nicht hängen lässt!*

Auch hier verfolgen wir die gleiche Strategie: Auf der einen Seite machen wir es der Frau schwer, nein zu sagen. Auf der anderen akzeptieren wir keine andere Lösung, denn wir gehen auf ihren Vorschlag, uns ein anderes Mal zu treffen, nicht ein. So schaffen wir eine Situation, in der sie das Gefühl hat, den Eindruck, den sie uns vermittelt hat, erhalten bzw. verteidigen zu müssen und als Konsequenz unserem Wunsch zu entsprechen.

Double Binds funktionieren auch sehr gut mit positiven Emotionen bzw. doppelter Verneinung:

Ich finde es schön, dass du nicht eine von denen bist, auf die man sich nicht verlassen kann!

Es gibt Frauen, die auf solche Sprüche hin gern frecher werden. Es ist ja auch eine Vorlage:

Woher willst du wissen, dass du dich auf mich verlassen kannst?

Lass dich von einem solchen Spruch nicht aus dem Konzept bringen! Ignoriere oder reagiere, aber achte immer darauf, dass du den Frame kontrollierst. Das bedeutet, dass wenn dir ein Thema wichtig ist, du sie nicht fadenscheinig vom Thema ablenken lässt.

Ich wäre einfach nur traurig, wenn ...

Du unterstellst ihr, dass auf sie kein Verlass sei, um, nachdem sie versucht hat dieses geistige Bild zu korriegieren, zum Thema Vertrauen zurückzukehren.

Hättest du mit dem *Vibe* gehen, dich also auf eine emotionale Ebene leichter Kost begeben wollen, dann hättest du sie aufgezogen und ihrem Frame: Ich bin vielleicht ja gar kein nettes Mädchen entsprochen und mitgespielt. Dann hättest du etwas in dieser Richtung gesagt:

Wuuhhuu... Ich fürchte ich muss mich wohl vor dir in Acht nehmen. Frauen, die so nett aussehen, entpuppen sich ja gelegentlich als mit allen Wassern gewaschen.

Tendenziell funktionieren bei selbstbezogenen Frauen *Double Binds* mit negativen Emotionen besser. Es ist das Bedürfnis nach Kompensation, was sie für die Wirkung dieser Technik anfällig macht. Es gibt auch Frauen, bei denen solche *Double Binds* überhaupt nicht funktionieren, weil sie (vielleicht aufgrund einer inneren Entwicklung) gegenüber ihrer Umwelt viel weniger *reaktiv* sind. Mit anderen Worten: Sie machen sich einfach nichts daraus, was andere von ihnen halten. Für diese weniger reaktiven Frauen eignen sich *Double Binds* mit positiven Emotionen besser, denn sie haben aufgrund einer stärker spielerischen Komponente einen reduzierten Handlungsdruck.

Ab dem Moment, an dem die Frau anfängt, Gefühle zu entwickeln, spielt all dies ohnehin keine Rolle mehr. Denn der Effekt von *Double Binds* (genauso wie von *Push & Pull-Konstruktionen* und von *Komplimenten*) wird mit zunehmender emotionaler Nähe immer stärker.

Welche Bedeutung haben Frames in diesem Zusammenhang? *Frame-Control* ist die Kunst, die subkommunikative Bedeutung einer Handlung oder Situation für dich zu nutzen, um deine Interpretation allgemeingültig werden zu lassen. Die Funktionalität dieser Fähigkeit nachzuvollziehen ist eine Sache - sie wirklich anzuwenden, eine andere. Wir alle tun es unbewusst. Es jedoch gezielt einzusetzen, ist eine Fertigkeit, die es zu trainieren gilt. Wenn du wirklich gut im Einsatz dieser Techniken werden willst, solltest du anfangen, dich intensiv mit ihnen auseinanderzusetzen. Mit Hilfe des Frame-Controls bist du, wie wir festgestellt haben, in der Lage, der Frau Frames *überzustülpen*. Die Frage ist jetzt nur: Welchen Frame soll die Frau akzeptieren? Welcher Frame erzeugt überhaupt Anziehung?

Die Frau sollte folgende Frames akzeptieren:

- Sie interagiert mit einem Mann, der es gewohnt ist, dass Frauen ihn wollen.

Es ist wichtig, dass du ihr begreiflich machst, dass du *begehrt* wirst. Sie muss wissen, dass sie dich nicht einfach mit jemand ersetzen kann - während du in der Lage bist. Aber es nicht nur das: Sie soll auch begreifen, dass andere Frauen dich haben wollen und dass sie an dir festhalten muss, da andere Frauen nicht einen Wimpernschlag zögern würden, dich ihr wegzunehmen! Nur so wird sie dich nicht mehr gehen lassen wollen!

Lass also in einer beiläufigen Geschichte anklingen, dass Frauen auf dich stehen. Erzähle kleine Anekdoten und zeige innerhalb deiner Geschichten, dass du begehrt wirst. Du erwähnst zum Beispiel zufällig und ganz nebenbei die eine oder andere Exfreundin.

Eine andere Möglichkeit sind leicht arrogante Sätze:

Frauen gibt es wie Sand am Meer.

Nur Sex zu haben ist einfach - das macht es austauschbar.

Die meisten schönen Frauen sind selten charmant, dass macht sie uninteressant.

Derartige Aussagen vermitteln subkommunikativ viele verschiedene Dinge, zum Beispiel, dass Schönheit allein dich nicht beeindruckt, da du ja an Schönheit gewöhnt bist. Oder dass du keinen Mangel an attraktiven Gespielinnen hast.

Eine andere Spielart, den Frame zu etablieren, ist das offensichtliche Herunterspielen bestimmter Attribute:

Ich habe keine Ahnung von Frauen!

Ich habe meinen Glauben an die Frauen noch nicht ganz verloren, obwohl ich einfach nur Pech habe.

Es geht immer nur um Sex: in der Werbung, bei Frauen, bei Männern, auf der ganzen Welt. Ich meine: Ich liebe Sex. Aber ich sehe den Baum vor lauter Bäumen nicht mehr!

Was kann ich dafür, dass ich immer die falschen Frauen

kennenlerne? Kennst du einen Ort irgendwo, weit weg in den Bergen, am besten in irgendeiner Höhle, wo ich keiner Frau über dem Weg laufe? Ich glaube, ich werde Mönch!

Jedoch Vorsicht - du darfst nie arrogant wirken. Arroganz wird dir nämlich immer als Schwäche ausgelegt. Also sei vorsichtig mit dieser Art von Sätzen. Ein oder zwei dieser Art reichen!

Ein weiteres Beispiel, wie du vermittelst, dass du gewöhnt bist, einen gewissen Standard zu bekommen:

Du: *Ich liebe Frauen, die mich massieren und verwöhnen. Frauen, die nicht nur nehmen können, sondern auch geben.*

Sie: *Ich liebe es auch, massiert zu werden.*

Du: *Klar lässt du dich gerne massieren, wie alle netten Mädchen.*

Sie: *Ich massiere auch gerne!*

Du: *Ich denke, deine Finger sind etwas zu schwach und mein Rücken viel zu groß!* [ungläubig lachend]

Sie: *Ich beweise es dir!*

Du: *Ich komme später darauf zurück. Es heißt nehmen und geben, nicht wahr? Ich schulde dir danach auch eine.*

Subkommunikativ vermittelst du deiner Auserwählten hier, dass sie sich ein bisschen anstrengen muss, um dich zu kriegen.

• Die Frau sucht deine Akzeptanz.

Es ist wichtig, dass die Frau deine Bestätigung sucht. Denn wenn sie das tut, ist ihr deine Meinung wichtig. Mache übrigens nie den Fehler, deinen Rat jemanden aufzuzwingen, sondern bringe die Menschen dazu, dich darum zu fragen. Wenn eine Frau deinen Rat sucht, ist es gut. Wenn du merkst, dass die Frau anfängt, deine Nähe und deinen Zuspruch zu suchen, verstärke diese Dynamik, indem du ihr Herausforderungen gibst. Drei Schritte:

A. Reframe ihre Handlung, sodass sie nicht deinen Standards entspricht.

Das war jetzt aber ein bisschen tollpatschig von dir!

B. Warte ab, bis sie anfängt, deinem Frame zu entsprechen.

Oh ... das bin ich manchmal!

C. Im Rahmen eines *Push&Pulls* ziehst du sie jetzt wieder an dich.

Es ist süß!

Sinn und Zweck ist es, der Frau das Gefühl zu geben, dass du eine Herausforderung bist, folglich jemand, der sich nicht mit weniger zufrieden gibt. Wenn sie Unsicherheit verspürt, ist es deine Aufgabe, ihr diese zu nehmen. Hilf ihr dabei, über sich selbst hinauszuwachsen. Sie wird dir das nie vergessen!

Übrigens: Gewöhne dir generell an, nicht einfach um des Redens Willen den Mund aufzumachen. Du solltest Integrität ausstrahlen - und das bedeutet auch, schweigen zu können.

- Du verfolgst deinen Weg selbstständig und kompromisslos.

Erzähle ihr ausgiebig von deinen Zielen und Träumen. Nimm sie mit auf eine kleine Reise und beschreibe ihr, wie du diese erreicht hast. Zeige ihr deinen eisernen Willen, dass du ehrgeizig bist und etwas erreicht hast oder erreichen willst. Wenn du ihren Traum zufällig gelebt hast (z.B. eine Weltreise), dann spiele diese Karte!

- Du weißt, was du willst.

Männer, die wissen, was sie wollen, werden von Frauen als dominant, stark und geerdet wahrgenommen. Dies alles sind Attribute, die Frauen als anziehend empfinden. Aber nicht nur das, sobald du ihr klarmachst, dass du sie willst, verstärkt deine Determination deine Aussage. Sie hat mehr Effekt.

Ich bin ein Mann, der genau weiß, was er will. Ich will dich, jetzt!

- Sie fühlt sich zu dir hingezogen.

Es geschieht oft, dass eine Frau sich selbst nicht ganz darüber im Klaren ist, was in ihr vorgeht. Sie durchlebt eine Mixtur an Gefühlen. In diesen Momenten ist sie paralysiert und sehr empfänglich für Impulse deinerseits. Du kannst ihren Gefühlen mit Hilfe des Frame-Controls eine Bedeutung geben und/oder eine Verbindung zwischen dir und ihrem Gefühlschaos herstellen.

• Es gibt niemanden begehrenswerteren als ihn.

Diesen Frame gilt es zu etablieren... Es bedeutet nicht, dass du wirklich der begehrenswerteste Mann der gesamten Menschheit für sie sein musst. Es heißt jedoch, dass du auf angenehme Weise ihre Gefühlswelt stimulierst, sodass der Gedanke mit dir zu schlafen, dich zu erfahren, einen Teil von dir in Besitz nehmen zu können, sie so fasziniert, dass sie ihrem Bedürfnis nachgibt.

Um eine Frau längerfristig halten zu können, muss sie dich als beste Partie in ihrem Horizont empfinden. Sie muss von dir eingenommen sein. Sie muss deinen Wert erkennen! Am einfachsten schaffst du das, indem sie spürt, dass andere Menschen ebenfalls an dir interessiert sind. Sie muss das Gefühl bekommen, nicht warten zu können, sondern handeln zu müssen.

Sorge also dafür, dass deine Umwelt deine Nähe und deinen Zuspruch sucht. Spiel deine Allerliebste auch einmal gegen andere Frauen aus, setze sie also in Konkurrenz zueinander. Sei aber vorsichtig: Du spielst mit dem Feuer! Wenn du dieses Spiel zu weit treibst, wirst du sie verlieren. Ein bisschen Eifersucht ist das Salz in der Suppe - zu viel versalzt die Dynamik!

Ein starker Frame, eine starke Persönlichkeit

Ein starker Frame beinhaltet viele Komponenten. Leider würde es den Rahmen dieses Buches sprengen, tiefer in das Thema einzudringen. Denn der Frame eines Menschen ist so kompliziert und einzigartig, wie sein Charakter komplex ist und die Situationen, in die er geraten kann, vielfältig sind.

Um einen Menschen von uns zu begeistern, müssen wir uns selbst begeistern können. Wie soll uns ein Mensch attraktiv finden, wenn wir uns selbst nicht so fühlen? Natürlich gibt es immer den einen oder anderen, der sich die Mühe macht, hinter die Fassade zu gucken und zu erkennen, einen Diamanten gefunden zu haben. Doch du willst nicht auf diese Person warten und auch nicht diese Person sein, denn wenn du kontinuierlich Erfolg mit Frauen (und Menschen generell) haben willst, musst du die Anziehungskraft einer Sonne entwickeln. Und um nach außen zu scheinen, muss das Feuer in dir brennen. Charisma kommt immer *von innen nach außen*. Behalte dies in deinem Herzen!

Vor ein paar Jahren habe ich für eine Entwicklungshilfeorganisation in Bangladesch gearbeitet. Mit der Armut konnte ich umgehen, aber nicht mit der grenzenlosen Ungerechtigkeit. Als ich danach nach Deutschland zurückkehrte, hatte ich das Gefühl, dass das Leben billig sei. Heute weiß ich, dass ich damals nicht das Leben als wertlos, sondern den Tod als billig empfand. Daraus entwickelte sich mit der Zeit eine Art Gleichgültigkeit gegenüber dem Leben - besonders gegenüber meinem eigenen. Damit meine ich nicht, dass ich suizidgefährdet gewesen wäre, das war ich nie, doch egal, was ich tat, ich hatte immer das Gefühl, alles sei unbeständig, weil am Ende doch alles zerfällt.

Diese Empfindung bewirkte drei Dinge bei mir: Erstens verschob sich mein Fokus in das hier und jetzt, denn ich sah keinen Sinn darin, in die Zukunft zu investieren. Zweitens fühlte ich mich frei, denn ich spürte keinerlei Zukunftsangst. Ich fragte mich also nicht, was ich machen wollte oder wie ich später mein Geld verdienen sollte. Drittens fühlte ich mich bedeutungslos - wie alle Existenzen in diesem

Universum.

Die ersten beiden Punkte, das bewusste Leben im Hier und Jetzt und die Unbekümmertheit gegenüber der Zukunft, legten den Grundstein dafür, dass ich heute dieses Buch schreiben kann. Sie stellen zwei Eigenschaften meines Charakters dar, die mich damals förmlich zu dieser weiten Reise zwangen. Ich lebte von Moment zu Moment und ich fühlte mich frei zu tun, was immer mein Impuls mir eingab. Der dritte Punkt hingegen, das Gefühl der Bedeutungslosigkeit, machte mir ziemlich zu schaffen. Denn er ließ mich orientierungslos treiben, während ich innerlich ausbrannte.

Ich habe lange gebraucht, um zu begreifen, dass ich ebenso etwas Besonderes bin - wie alles, was lebt. Nicht, weil ich irgendetwas kann oder bin, sondern weil ich da bin. Ich bin einfach ich und dieses „ich"ist etwas Besonderes. Ich weiß, wer ich bin, wo meine Schwächen liegen, wie meine Ängste sich anfühlen und ich akzeptiere das Unveränderliche. Ich weiß, was ich kann und ich weiß, dass ich eine Bereicherung für viele Menschen bin. Ich habe viel zu geben. Ich liebe, fühle, spüre. Ich will. Ich nehme.

Aber: Ich gebe mich mit keinem Kompromiss zufrieden. Ich verkaufe mich nicht. Weil es mein Leben ist. Dies ist die Position meiner Stärke. Dies ist mein Frame.

Ein starker Frame bedeutet nicht, dass du unflexibel in deiner Weltsicht bist. Er bedeutet nicht, dass du immer engstirnig Recht haben oder deinen Willen um jeden Preis durchsetzen willst, sondern dass sich Menschen von deiner Sicht auf die Welt angezogen fühlen. Sie akzeptieren dich und deinen Frame, ohne dass du Druck ausüben musst.

All das ist auch der Grund, warum ich mich nicht mit irgendeiner Frau zufrieden gebe, warum ich Erwartungen habe - Standards, die nicht zur Disposition stehen. Denn wenn ich mein Glück nicht in der Frau an meiner Seite finde, wie soll sie das in mir wecken können, wonach ich strebe? Sie wird mich nie erfüllen. Erkennt eine Frau diese Beweggründe, berührt sie das automatisch. Denn jeder Mensch kann sich damit identifizieren, da jeder Mensch Erfüllung zu finden sucht.

Ein starker Frame, ein Bestehen auf deiner Souveränität und Integrität, vereinzelt dich nicht - im Gegenteil. Die Frau wird deinen Frame vielmehr respektieren und sich von ihm angezogen fühlen. Doch später dazu mehr. Lass mich jetzt zunächst über den Begriff *Standard* sprechen, den ich eben verwendet habe.

Über Standards

Es gibt zwei Arten von Standards: solche, die du für dich selber setzt und solche, die du für die Frau als Partnerin hast. Die Standards, die du für dich selbst hast, können moralischer, ethischer, existenzieller oder sogar dekadenter Art sein. Je ein Beispiel, wobei letzteres nicht ganz ernst gemeint ist:

- Ich schäme mich nicht für mein Verlangen.
- Ich schlafe nie mit verheirateten Frauen.
- Ich lasse mich nie ausnutzen.
- Ich schlafe nur mit Frauen, die von Beruf Model sind.

Die Standards, die du für die Frau setzt, umfassen dagegen Erwartungen, die du erfüllt haben willst. So kannst du in einer Frau zum Beispiel nach folgenden Eigenschaften suchen:

- Ich mag Frauen, die das Leben lieben.
- Ich kann Frauen nicht widerstehen, die Klasse haben.
- Ich mag Optimisten.
- Auch wenn die Frau gut im Bett ist, muss ich mich mit ihr auch über andere Themen unterhalten können, sonst verliere ich schnell das Interesse.

Standards erfüllen mehrere Funktionen: Zum einen stellen sie ein persönliches Regelwerk, einen *Codex*, für dich auf. Er hat die Funktion, dein Handeln mit deiner *inneren Stimme* in Einklang zu bringen.

Wenn du deinen eigenen Regeln folgst, wirst du nie das Gefühl haben, etwas gegen dein Gewissen zu tun. Ein *Codex* ist völlig subjektiv und hat keineswegs den Anspruch, allgemeingültig zu sein. Dein *Codex* sollte auch kein Objekt von Bewunderung sein, er ist nichts Pathetisches. Er ist lediglich ein praktischer, mit fortschreitender Zeit immer konkreterer Wegweiser, der dafür sorgt, dass du in diesem Spiel nicht seelisch kaputt gehst.

Ein in sich geschlossener, funktionierender *Codex*, den du dir selbst gegeben hast, wirkt sich auf dein Auftreten positiv aus. Dein Charakter, dein Handeln, deine Person ergeben eine Einheit. Du wirkst nie inkongruent, da du es nie bist. Diese geerdete Berechenbarkeit deiner Person macht dich verlässlich und loyal. Das sind wichtige Eigenschaften, die dich im Leben generell sehr weit bringen!

Eine weitere Funktion eines Standards ist es, die Frauen bewusst auszuwählen, mit denen du dich einlässt. Ich persönlich habe zum Beispiel den Standard, dass ich nur mit Frauen etwas anfange, die ich besonders schön finde. Das ist sehr wichtig für mich. Wenn du so lange wie ich Erfahrungen im Verführen gesammelt hast, geht es um das Erschaffen von erinnerungswürdigen Momenten, um das Aufgehen im Augenblick, um das sich verlieren in der Frau, um echte Gefühle. Und diese sind für mich nun einmal damit verbunden, dass die Frau an meiner Seite für mich attraktiv ist.

Auch wenn du eine Frau sehr magst, solltest du an sie immer gewisse Anforderungen stellen, die deinem Standard entsprechen. Es ist zum Beispiel schon vorgekommen, dass ich entdeckt habe, dass die Frau neben mir keinen Selbstrespekt besaß. Und obwohl ich in meinem Herzen gern mit ihr zusammen gewesen wäre, wusste ich doch, dass es am Ende nur Tränen geben würde, ein Weitermachen also keinen Sinn hatte. Denn mein Standard verlangt auch, dass sich die Frau an meiner Seite selbst respektiert, so wie ich es tue. Standards sind also auch Selbstschutz.

Abgesehen davon können Standards viel einfacheren Zwecken dienen: Indem du der Frau vermittelst, dass du an Frauen hohe Anforderungen stellst, implizierst du etwa, dass du nicht bereit bist, dich unter Wert zu verkaufen. Während du der Frau vermittelst, dass du an einen hohen Standard gewöhnt bist, vermittelst du ihr, dass du diesen auch bekommst. Wenn die Frau dich dann außerdem in Interaktion mit anderen Frauen sieht und fühlt, dass du begehrt wirst, liegt der Fokus ihrer Aufmerksamkeit vollends auf dir.

Standards sind etwas Persönliches. Du musst der Frau allerdings deine Standards kommunizieren. Sie kann sie nicht an deiner Stirn ablesen. Standards kannst du subkommunikativ, verbal oder nonverbal vermitteln. Je nach Situation kann es sinnvoll sein, der Frau deine Erwartungen direkt mitzuteilen:

Ich mag dich sehr, aber ich kann es nicht ausstehen, wenn du diese dummen Spielchen spielst. Das brauche ich nicht, verstehst du?

Ich mag Frauen nicht, die ständig lästern!

An einem anderen Ort zu einer anderen Zeit ist es vielleicht klüger, sich bedeckter zu halten, was deine persönlichen Standards angeht. So kann es unzweckmäßig sein, der Frau zu sagen:

Ich habe hohe Ansprüche an (m)eine Frau!

Verpacke diesen Standard besser so:

Vielleicht kennst du diese Situation: Du bist mit jemand zusammen und du magst ihn, aber tief in dir drin weißt du, dass dieser jemand nicht der Mensch ist, der an deiner Seite sein sollte. Deswegen halte ich nichts davon, mit einer Frau etwas anzufangen, von der ich weiß, dass sie meine Ansprüchen nicht gerecht wird. Selbst dann nicht, wenn ich sie sehr mag.

Hier kommunizierst du übrigens auch, dass du schwer zu halten bist. Sei jedoch vorsichtig: Wenn du allzu schwer zu halten bist, wird sie nicht auf dich als Herausforderung eingehen. Sie muss immer noch einen Bezug zu dir haben, d.h. die Herausforderung muss für sie zu bewältigen sein.

Ein Frauenschwarm hat in der Regel immer Frauen in seiner Nähe. Es ergibt sich einfach so. Aber weil der Tag auch für dich nur 24

Stunden hat, bist du gezwungen, Prioritäten zu setzen. Es ist nicht zuletzt gerade das offensichtliche Aussortieren anderer Bewerberinnen, das dich für Frauen interessant macht. Weil du nicht aus Taktik, sondern aus einem *Codex* heraus handelst, verschwinden deine Anforderungen und Erwartungen nicht einfach, wenn sie und du euch näherkommt. Die Frau spürt vielmehr, dass diese Dinge wichtig für dich sind und fängt an, aktiv darauf einzugehen. Sie beginnt damit, Energie in deine Interaktion zu investieren. Sie bewegt sich auf dich zu. Etwa, wenn du folgenden Standard kommunizierst:

Ich mag Frauen, die an meiner Seite stehen, die in meiner Nähe bleiben und die ganze Zeit nicht die Finger von mir lassen können.

Qualifizieren

Das führt uns zu einer Technik, die sich diesen Umstand bewusst zunutze macht: das *Qualifizieren*. Durch das Qualifizieren bringst du eine Frau dazu, sich auf deinem Terrain zu bewegen. Sie folgt dir. Zugleich erhältst du einen wichtigen Indikator, wie sich die Beziehung zwischen ihr und dir entwickeln wird. *Qualifizieren* besteht aus einem passiven Teil und einer aktiven Variante.

Im Grunde ist das Qualifizieren nichts anderes als das Wahrnehmen ihrer Reaktion auf deine Standards. An einer passenden Stelle kommuniziere ich zunächst einen Standard:

Ich war mal in eine Frau verliebt, die konnte fabelhaft singen. Manchmal hat sie mich in den Schlaf gesungen. Das war sehr schön!

Anhand ihrer Reaktion kann ich jetzt einordnen, wie sehr die Frau sich emotional zu mir hingezogen fühlt. Reagiert sie überfordert oder denkt sie lange nach, so ist das ein gutes Zeichen. Es bedeutet nämlich, dass es ihr wichtig ist, was ich über sie denke. Wenn sie meinen Erwartungen entsprechen will und Kompetenz auf dem angesprochenen Gebiet vorweisen kann, wird sie bei mir jetzt zu punkten zu versuchen. Sie wird irgendetwas in dieser Richtung sagen:

Ich singe auch gern!

Wenn sie deine Wertschätzung für Menschen, die singen können teilt, aber selbst nicht singen kann, wird sie in etwa Folgendes antworten:

Das war sicher sehr schön. Ich kann leider gar nicht singen!

Hier kannst du leider relativ wenig herauslesen. Tendenziell reagiert sie auf dich - das ist positiv. Du brauchst aber noch andere Indizien, um ihre innere Haltung deuten zu können. Frage dich, ob sie generell versucht, deinen Erwartungen zu entsprechen. Oder hake einfach direkt nach:

Du: *Wie würdest du denn deinen Freund verwöhnen?*

Sie: *Ich massiere sein Gesicht, kraule seine Haare und küsse ihn.*

Du: *Das hört sich gut an!*

Hier fängt es an, sich in die richtige Richtung zu entwickeln. Sie beginnt, sich anzupreisen: Sie *qualifiziert* sich. Reagiert sie auf deinen vorgegebenen Standard dagegen sichtlich unbeeindruckt oder antwortet kein Wort, sagt dir das, dass sie an dir noch nicht genug interessiert ist oder sich keine Blöße geben will. Welche Schlüsse du daraus ziehst, muss ich dir überlassen.

Mache nicht den Fehler und verwende beim Qualifizieren inflationär hohe oder unrealistische Standards, nur um des Qualifizierens willen! Du tust dir damit keinen Gefallen, du bekommst nur entsprechende Frauen. Übrigens war das mit dem Singen kein leerer Spruch! Ich habe wirklich eine mehrjährige Beziehung mit dieser Frau geführt. Und Singen ist in der Tat ein Talent, das ich an einer Frau sehr anziehend finde.

Das Qualifizieren lässt sich übrigens auch auf andere Zusammenhänge übertragen, wenn du zum Beispiel künstlich eine Gesprächspause herbeiführst und dann ihre Reaktion abwartest. Versucht sie, das Gespräch am Leben zu erhalten? Wenn ja, dann ist es gut, denn sie ist bereit, sich für euch beide anzustrengen! Oder macht die Frau sich Sorgen, ob sie dir ihre Sichtweise nicht gut genug erklärt hat? Auch damit qualifiziert sie sich!

Wenn du einmal verstanden hast, wie sich das Qualifizieren deuten lässt, kannst du es auf jede Situation anwenden. Du erhältst einen wichtigen Indikator, inwieweit die Frau bereit ist, in euch beide zu investieren. Je mehr sie bereit ist, für euch beide zu kämpfen, umso stärker fühlt sie sich von dir angezogen und wertgeschätzt.

Qualifizieren ist eine passive Methode: Du überlässt es ihr, ob sie sich dir gegenüber qualifiziert oder nicht und ziehst daraus dann deine Schlüsse.

Die aktive Variante des Qualifizierens ist eine gezielt eingesetzte Herausforderung. Du forderst sie praktisch auf, sich bei dir zu qualifizieren:

Nehmen wir mal an, wir beide stürzen mit dem Flugzeug ab und landen auf einer einsamen Insel. Du und ich, wir müssten für immer und ewig dort bleiben. Würdest du dann etwas mit mir anfangen?

Bei verspielten Fragen wie dieser geht es weniger um die konkrete Antwort als um die Art und Weise, wie die Frau reagiert. Es ist ein Test: Spielt sie mit oder nicht? Außerdem lädt die Frage geradezu zu einem Rollenspiel ein, sodass aus dem Spiel leicht Wirklichkeit werden kann ...

Auch ihre Reaktionen auf Doppeldeutigkeiten sind für dich interessant:

Ich suche nach einer Frau, die mich aushält! Kannst du mich aushalten?

Herausforderungen, die du stellst, sollten entweder leicht zu schaffen sein:

Ich liebe gutes Essen. Ich hoffe für dich, dass du ein guter Koch bist!

Oder sie sollten einen überrumpelnden Charakter haben:

*Manchmal gehe ich durch den Alltag und bin nicht in der Lage,
an etwas anderes zu denken, als an das In-sich-im-Universum-zu-
verlieren, nachdem ich richtig guten Sex hatte!*

Standards sind also nicht nur für deinen Charakter, sondern auch
für die Interaktion mit deiner Auswählten von Bedeutung. Sie zeu-
gen von gesunder Selbstliebe, wecken Aufmerksamkeit und Neugierde. Sie machen dich interessant. Aber versuche nie, deine Standards jemand anderem aufzuzwingen! Damit erreichst du nur den
gegenteiligen Effekt. Vergiss nicht, dass dein Codex nichts anderes
ist als eine Hilfe, die du dir selbst gegeben hast. Er ist subjektiv und
vor allem ein unerreichbares Ideal. Ein Ideal können wir nie erreichen. Das Leben besteht darin, Idealen nachzueifern, sie anzustre-
ben. Dabei zwingt uns die Realität immer wieder zu Kompromis-
sen, zu Versöhnungen mit der Wirklichkeit, die sich dem Ideal immer nur annähern, statt es wirklich zu *sein*. Die Kompromisse sind
wichtig, denn wenn wir nicht gezwungen wären, Neues auszuprobieren, würden wir vielen Dingen nie eine Chance geben - und es am
Ende bereuen. Unsere eigene Entwicklung ist es, die uns antreibt. Sie
ist das eigentliche Ziel unserer Reise.

Teil 4 - Die Saat der Sympathie

Während ich im vorigen Teil über das *Erlangen von Kontrolle* und deren schöpferische Kraft gesprochen habe, soll sich dieser Abschnitt mit der Fähigkeit zum *Kontrollverlust* beschäftigen. Die Fähigkeit, eine *Verbindung* und mit ihr *Vertrauen* aufzubauen, ist eng mit der Kunst des *Loslassens* verbunden. *Loslassen* in diesem Zusammenhang bedeutet, selbst zurückzustehen, um einer anderen Person Entfaltungsmöglichkeiten zu gewähren. Wenn ein Mensch sich in deiner Nähe verwirklichen kann, bedeutet das, dass dieser sich wohlfühlt. Um diesen positiven Zustand in deiner Umgebung zu etablieren, musst du dich als erstes entspannen. Denn wenn du nicht entspannt bist, werden sich auch die Menschen in deiner Umgebung nicht entspannen; es fehlt die Atmosphäre, *loslassen* zu können. Wenn Frauen *loslassen* können, können sie sich auch *fallen lassen*.

Um nur durch deine Präsenz eine Atmosphäre der Entspannung, der Offenheit zu schaffen, müssen sich die Menschen in deiner Nähe aufgehoben und geborgen fühlen. Sie müssen dir vertrauen. *Vertrauen* bedeutet, sich verletzlich zu machen. Um dieser *Verletzlichkeit* Rechnung zu tragen, musst du *Authentizität, Glaubwürdigkeit, Verlässlichkeit* und *Loyalität* ausstrahlen - Attribute, die dich vertrauensvoll machen.

Schauen wir kurz in die folgende Szene:

> Während sie an ihrem Strohhalm schlürft, weicht ihr anfängliches Interesse an dem Mann ihr gegenüber langsam, aber sicher einer schleichenden Langeweile von kaugummiähnlicher Konsistenz. Seine Worte, anfangs erfrischend, sind zu einem belanglosen Monolog geworden. Einfach gesagt: Der Typ fängt an zu nerven.
>
> Sein Blick hatte ihr Interesse sofort geweckt und als er sich

selbstbewusst vorstellte, freute sie sich, dass er sich zu ihr setzte. Doch jetzt fühlt sie, dass der Mann ein Blender ist. Sein Anzug sitzt perfekt, die Uhr ist bestens farblich abgestimmt und doch ist der Typ in diesem Anzug nicht halb so weltgewandt, wie er es zu sein vorgibt. Und als er etwas erzählt, was sie selbst besser weiß, ist ihr klar, dass dieser Mann nichts ist als eine Enttäuschung ...

Um als glaubwürdig und authentisch wahrgenommen zu werden, muss dein Handeln mit deinen Einstellungen übereinstimmen, nur dann bist du du selbst. Diese Qualität nennen wir *Kongruenz*. Der Mann in der geschilderten Geschichte ist *inkongruent*: Sein Auftreten und das Bild, das er von sich zu entwerfen versucht, entsprechen sich nicht. Inkongruenz ist der häufigste Grund, warum ein Mann, der auf dem besten Weg ist, eine Frau zu gewinnen, am Ende scheitert. Viele Männer leiden unter dem Zwang, sich produzieren, sich aufplustern zu müssen. Der Moment, in dem sie anfangen, es zu übertreiben, ist oft der Anfang vom Ende. Solche Männer wirken, als wären sie weniger, als sie vorgeben zu sein. Frauen spüren nicht nur die Inkongruenz - auch das gesamte Verhalten eines solchen Mannes ist für sie nicht attraktiv.

Neben dem Attribut der Kongruenz benötigst du die Qualitäten *Verlässlichkeit* und *Loyalität*. *Verlässlichkeit* macht dich berechenbar. Das ist notwendig, damit Menschen dich einschätzen können. Sie müssen auf dich bauen können, dein Wort muss Gewicht haben. *Loyalität* bezeichnet eine Eigenschaft, die den Menschen signalisiert, dass du auf ihrer Seite stehst.

Stell dir vor, deine Freundin diskutiert mit anderen über ein Thema. Sie beharrt darauf, Recht zu haben und verhält sich emotionsgeladen. Leider weißt du, dass sie in diesem Moment unrecht hat. *Loyalität* bedeutet, jetzt trotzdem hinter ihr zu stehen. Du wirst deine Freundin also nicht öffentlich kritisieren und damit bloßstellen, sondern versuchen, die Situation in ihrem Sinne zu entspannen, zum Beispiel, indem du das Gespräch geschickt auf ein anderes Thema lenkst. Wenn ihr später allein seid, kannst du ihr sagen, dass sie unrecht hatte, aber nach außen hin stehst du jetzt hinter ihr! Egal, ob es sachlich gerechtfertigt ist oder nicht.

Ein weiteres Attribut, das die Fertigkeit, Vertrauen zu wecken beschreibt, ist *Empathie*. Empathie ist die Fähigkeit, dein Gegenüber ganzheitlich zu erfassen, seine Gefühle und Wünsche einfühlend zu verstehen. Empathie befähigt dich dazu, dich intensiv in die Position eines anderen Menschen zu versetzen. Dieser Perspektivwechsel ist notwendig, damit du seine Motivation und sein Handeln nachvollziehen kannst. Empathie bedeutet, deine eigenen Wertmaßstäbe und Bewertungen beiseite zu schieben und an ihrer Stelle die Sicht einer anderen Person zu setzen. Ein emphatisches Auftreten ist gekennzeichnet von Sensibilität gegenüber deinem Gegenüber. Zur Verdeutlichung ein Beispiel:

> Du stehst vor einer Frau. Du empfindest den Abstand zwischen euch als zu groß, die Interaktion als zu distanziert. Du gehst einen Schritt auf sie zu, sie weicht jedoch zurück. Bewege dich jetzt nicht weiter auf sie zu, sondern gib ihr den Raum, den sie benötigt. Bleibe stehen und warte, bis sie einen Schritt zu dir macht, bis sie dir folgt. Bewege dich mit Bedacht. Dringe nicht mit schnellen Bewegungen in ihre persönliche Sphäre ein. Wenn du dich auf sie zu bewegst, dann tue dies langsam.

Vertrauen ist im Kennenlernen und Gewinnen einer Frau die Grundemotion, auf die eure Beziehung sich gründet. Doch Vertrauen entsteht nicht plötzlich, sondern wächst von anfänglicher *Sympathie* über *Gemeinsamkeiten* bis hin zu einer *Verbindung*. Ist eine *Verbindung* etabliert, braucht es in der Regel zunächst Zeit und Zuneigung, damit in ihr *Vertrauen* entsteht.

Sympathie

Wenn du eine Frau kennenlernst, musst du eine Verbindung zu ihr herstellen. Der entscheidende Grundstein dafür wird schon sehr früh in der Dynamik gelegt - gleich zu Beginn der Interaktion, wahrscheinlich in den ersten Augenblicken, noch bevor die Frau bewusst Anziehung verspürt: *Sympathie.*

Sympathie gründet sich nicht auf rationale Abwägungen (z.B. die Frage: *Kann ich ihm trauen oder nicht?*), sondern ist ein spontanes Gefühl von Anziehung, das noch nichts mit Erotik zu tun hat[20].

Du hast vielleicht schon einmal folgende Situation erlebt: Du bist unter Leuten und da ist eine Frau, die anscheinend irgendetwas gegen dich hat. Du hast das Gefühl, dass sie alles, was du sagst und tust, auf die Goldwaage legt. Der Grund ist ganz banal: Du bist ihr unsympathisch, die Chemie zwischen euch stimmt einfach nicht. Stellen wir uns nun das Gegenteil vor: Du hast bei der Unbekannten von Anfang an ein Stein im Brett, du bist ihr *sympathisch.* Plötzlich kannst du dir einen Schnitzer nach dem anderen erlauben, ohne eure Dynamik zu gefährden. Mag sie dich nicht, ist es ungleich schwieriger, Vertrauen aufzubauen. Mit anderen Worten: Wenn die Frau ein gutes Gefühl mit dir hat, wird vieles einfacher.

Die Konsequenz aus diesen Gedankengängen ist, dass du vom ersten Augenblick an versuchen solltest, die Sympathie der Frau zu gewinnen, die dich interessiert. Doch wie gelingt dir das? Wie wirst du sympathisch?

Eine effektive und einfache Methode, Sympathie zu gewinnen, ist das *gemeinsame Kennenlernen über eine dritte Person.* Durch den gemeinsamen Freund erhältst du eine Art Sympathiebonus, sozusagen auf Kredit. Verspielst du ihn nicht sofort, stehen deine Chancen gut, dass sie dich als sympathisch empfindet, ohne sich wirklich mit dir auseinandergesetzt zu haben.

Leider ist es selten möglich, eine Frau, die du attraktiv findest,

---

[20]Natürlich erstreckt sich Sympathie nicht nur auf gegengeschlechtliche Personen oder gar Personen gleichen Alters. So kann z.B. einem jungen Mann ein alter Mann sympathisch sein.

über einen gemeinsamen Bekannten kennenzulernen. In diesem Fall musst du ins kalte Wasser springen und sie einfach ansprechen. In einem Szenario, in dem ihr beide euch fremd seid, gibt es zwei Herangehensweisen, um Sympathie zu erzeugen. Beide schließen sich nicht aus, sondern ergänzen sich.

Erstens: Du nutzt den *Herdeneffekt*. Gewinne ihre Freunde, ihre Bekannten und sie wird sich ihrer Meinung höchstwahrscheinlich anschließen, um nicht gegen die Gruppe zu stehen. Dies gelingt dir durch eine entwaffnend positive Ausstrahlung. Zweitens: Du bist in einer 1-zu-1-Situation. Hier musst du durch *Empathie* überzeugen, das heißt, dich in die Frau möglichst genau einfühlen. Empathie ist auch dann wirkungsvoll, wenn sie sich auf vermeintliche Kleinigkeiten der Situation erstreckt: Schließe zum Beispiel ein Fenster, wenn du siehst, dass sie fröstelt oder frage sie, ob sie Durst hat und du ihr etwas zu trinken holen kannst.

Positive Ausstrahlung

Es ist schwierig, *positive Ausstrahlung* zu definieren, weil es ein recht diffuser Begriff ist. Was bedeutet *positiv* und was *Ausstrahlung?* Wer soll deine *Positivität* wahrnehmen? Und vor allem: Welche Schlüsse soll die Person daraus ziehen?

Ich verstehe unter einer *positiven* Ausstrahlung vor allem eine rundum lebensbejahende Einstellung, die sich in deinem Verhalten und in deiner Mimik spiegelt. Jemand, der eine positive Ausstrahlung hat, nimmt die Welt folgendermaßen wahr:

> Das Leben schillert in so vielen Farben, es verströmt so viele intensive Gerüche. Der Klang der Welt um mich herum weckt in mir eine Neugier, einen Hunger nach Leben, der mein Handeln vorantreibt. Ich bin, weil ich fühle. Wenn ich mich durch den Alltag bewege, laufe ich nicht einfach von A nach B. Ich bin kein Zombie, der konform in der Masse mitschwimmt. Ich bewege mich leicht federnd mit wachen Augen durch das Abenteuer Alltag. Ich gucke nach links und

nach rechts. Ich grüße den Zeitungsverkäufer und ich fühle mich großartig. Ich bin immer zu einem kurzen Gespräch aufgelegt, auch wenn ich eigentlich in Eile bin.

Im Folgenden möchte ich dir ein paar Grundeinstellungen näherbringen, die Teil einer *positiven Ausstrahlung* sind:

- Bewerte die andere Person nicht!

Bewerte nicht die Person, die vor dir steht, indem du irgendetwas, das sie tut, in Frage stellst. Ich meine nicht, dass du keine Position beziehen solltest. Folge immer deinem Codex. Doch es ist ein denkbar schlechter Start, einem Menschen gleich zu Beginn das Gefühl zu geben, sich lächerlich gemacht oder etwas falsch getan zu haben. Du bist nicht dazu da, andere Menschen zu belehren oder sie mit negativen Emotionen zu beladen[21].

- Verbanne negative Gedanken!

Versuche, dich von schlechten Gedanken, von negativem Ballast zu befreien. Dazu zählen alle Emotionen, die dich herunterziehen und sämtliche Gedanken, die Aggressionen beinhalten. Verschiebe den Fokus deiner inneren Gedankenwelt kontinuierlich auf warme, positive Gefühle. Auch an dieser Stelle möchte ich betonen, sich von Negativität zu befreien, bedeutet nicht gleich Naivität oder Blauäugigkeit. Doch ein generelles Misstrauen anderen Menschen gegenüber sollte durch eine gewisse Gutgläubigkeit ersetzt werden. Besonders dann, wenn du das Gefühl hast, dass Vorsicht dein Handeln bestimmt, dass du zu zurückhaltend oder zu ängstlich bist. Gehe offen und freundlich auf alle Menschen zu und streife alles ab, was den Unterschied zwischen einem schönen Tag mit guter und einem misslungenen Tag mit schlechter Stimmung ausmacht! Die Kunst besteht darin, sich in gute Laune versetzen zu können, ohne ein externes Ereigniss zu bedürfen.

---

[21]Die an anderer Stelle beschriebene Strategie des freundlichen Neckens ist mit dieser Warnung natürlich nicht gemeint.

- Sei im Einklang mit deiner Identität und deinem Handeln!

Du und dein Handeln müssen eine Einheit ergeben. Deine positive Ausstrahlung muss nicht nur authentisch wirken, sie muss auch authentisch *sein*. Ich gebe dir eine einfaches Beispiel, um diesen Punkt zu verdeutlichen: *Lache nicht viel, sondern gern.*

Mache nicht den Fehler, ständig zu lachen, weil es gut ist, viel zu lachen. Das führt nur dazu, dass du mit einem maskenähnlichen Dauergrinsen durch die Welt läufst und gekünstelt lachst, wenn es vielleicht gar nichts zu lachen gibt. Wenn du mechanisch lachst, es aber nicht authentisch tust, wirkt es unecht. Lachen, das dich sympathisch macht und andere für dich einnimmt, entspringt echtem Humor. Humor ist eng mit der Fähigkeit verbunden, der Welt und den Menschen offen und tolerant zu begegnen und vor allem über die eigenen Fehler und Schwächen lachen zu können. Wer mit wahrem Humor lacht, lacht gern und dieses Lachen wird anziehend wirken.

- Akzeptieren und tolerieren.

Akzeptanz ist die einfachste Form von Anerkennung. Versuche nie, jemanden auszugrenzen. Manchmal mag es notwendig sein, einen Konkurrenten auszustechen, aber das hat nichts mit Ausgrenzung zu tun. Ausgrenzen bedeutet, jemandem das Gefühl zu geben, unerwünscht zu sein und seine Existenzberechtigung in Frage zu stellen. Es mag manchmal verlockend sein, einen unangenehmen Menschen einfach auszugrenzen und ihm dann noch die Schuld dafür in die Schuhe zu schieben. Doch bedenke, dass du im Selbstwert dieser Person damit Schaden anrichtest! Du nimmst ihm das Gefühl, von Wert zu sein und das solltest du nie verantworten müssen.

- Erwarte keine Gegenleistung.

Viele denken, dass sie anderen Menschen einen großen Gefallen tun, wenn sie ausnahmsweise einmal nett sind, frei nach dem Motto: Guck mal - ich habe dem Obdachlosen Geld gegeben, bin ich nicht ein guter Mensch? Doch erwarte keine Gegenleistung, auch nicht in Form von Bestätigung! Du tust es für dich und nicht für jemand anderen. Du hast eine lebensbejahende Einstellung, weil es dein Leben ist und nicht das eines anderen. Wenn du einem Bettler etwas gibst, tust du dir und ihm einen Gefallen - niemandem sonst. Du bist im Einklang mit deinem Selbstbild und deiner Tat.

Eine positive Ausstrahlung bekommst du nur durch Kontinuität. Du wirst sie nicht erhalten, indem du einen Schalter umlegst und zu irgendjemand ein bisschen nett bist. Es ist eine Einstellung, die sich auf alle und jeden erstrecken muss - nicht nur speziell auf eine Person. Es bringt dir nichts, punktuell „netter" zu sein, denn dann ist es nicht authentisch und folglich nicht kongruent. Deine positive Ausstrahlung wird in diesem Fall nicht beständig sein, sondern ebenso schnell zerbröckeln, wie du an Konzentration verlierst. Setze deine positive Ausstrahlung vielmehr verschwenderisch ein - mit großem Pinsel und mit viel Farbe.

Wenn du eine positive Ausstrahlung hast, werden Menschen auf dich neugierig. Sie fühlen, dass du glücklich bist, und unbewusst wollen sie wissen, warum. Sie spüren, dass du eine starke Affinität zum Leben hast. Das bewirkt, dass sie deine Nähe suchen, um sich selbst lebendiger zu fühlen. Bedenke, dass der Großteil der Menschen um dich herum ihr Potenzial nicht ausschöpft und das Gefühl hat, nicht wirklich gelebt oder etwas verpasst zu haben. Deine sichtbare Lebenslust bedeutet für sie, dass du im Besitz einer Quelle bist, die sie anzapfen wollen, um wenigstens ein wenig aus ihrem Alltag auszubrechen.

Kehren wir zu unserem Szenario zurück. Sympathie und positive Ausstrahlung sind das Fundament, das die Ausgangslage für dein Handeln darstellt. Wenn du durch positive Ausstrahlung Sympathie geweckt hast, musst du, um *Vertrauen* zu etablieren, eine *Verbindung* schaffen. Wie funktioniert das?

Eine Verbindung etablieren

Wenn du jemand bist, der sich oft im Nachtleben bewegt, dann kennst du die Oberflächlichkeit, mit der hier Bekanntschaften entstehen und wieder verschwinden. Es ist die Natur dieser glitzernden Welt, kurzlebig zu sein. Menschen kommen und Menschen gehen. Ich weiß, wovon ich spreche, denn ich habe lange Jahre als Barkeeper gearbeitet. Ich habe geschlafen an sonnigen Tagen und gelebt in neonfarbenen Nächten. Manchmal habe ich das eine oder andere Gespräch mit jemandem geführt, dessen Inhalt ich schon lange vergesse habe, aber dessen Gesicht mir noch klar vor Augen steht. Es gab Momente, von denen ich weiß, dass ich mich mit Menschen unterhalten konnte, deren Sprache mir eigentlich fremd war. Trotzdem kommt es mir vor, als hätten wir uns über Gott und die Welt ausgetauscht. Diese kleine Anekdote führt uns zu zwei Erkenntnissen:

Erstens: Es ist das Wiedererleben von Gefühlen, das Erinnerungen erinnerungswürdig macht. Du erinnerst dich nicht an den Witz, den jemand erzählt hat, aber du weißt, dass du aus vollem Herzen gelacht hast.

Zweitens: Jemanden zu verstehen, heißt nicht, den Inhalt dessen wiedergeben zu können, was er gesagt hat, sondern ihm das Gefühl zu geben, akzeptiert zu sein. Es bedeutet, zu verstehen, warum er gerade jetzt lacht, seine Beweggründe nachzuvollziehen und ihm seine Unsicherheit zu nehmen.

Die Fähigkeit, eine *Dynamik emotional intensiv und abwechslungsreich* zu gestalten und die Fertigkeit, *hinter die Fassade eines Menschen blicken* zu können, erlaubt es dir, zu Menschen in kurzer Zeit eine starke Verbindung aufzubauen. Leider ist es nicht möglich, diese Fähigkeit nur durch die Lektüre eines Buches erlernen. Sie erfordert ein so hohes Maß an Erfahrung und Einfühlung, dass allgemeingültige Tipps den Kern des Problems verfehlen. Denn es ist gerade das individuelle Kombinieren und Erfühlen, worauf es ankommt. Übe dich also darin, zu Menschen Kontakte aufzubauen - nicht nur zu Frauen und auch nicht nur zu Menschen deines Alters. Aus jeder Verbindung, die du herstellst, kannst du lernen!

Dessen ungeachtet gibt es ein paar einfache Techniken, um zwischen dir und einer Frau eine Verbindung aufzubauen. Die Bekannteste ist das Aufbauen einer Verbindung durch das Finden von Gemeinsamkeiten:

Ich finde es schön, dass du dich für [...] interessierst, denn ich treffe selten jemanden, der [...] genauso mag wie ich!

Gut, dass du nicht [...] machst, denn ich finde das gähnend langweilig!

Verstehe, dass es nicht die Gemeinsamkeit an sich ist, die eure Verbindung etabliert, sondern das, wofür sie steht. Im Grunde ist es sogar egal, ob ihr viele oder wenige Gemeinsamkeiten habt. Entscheidend ist das *Gefühl, miteinander verbunden zu sein.* Daraus folgt, dass du sogar Unterschiede als verbindendes Element nutzen kannst, frei nach dem Motto: Wir sind so gegensätzlich, dass wir schon wieder zusammengehören! Tu jedoch nicht das, was viele Männer machen, wenn sie eine Frau verführen wollen: Rede ihr nicht nach den Mund! Du solltest zum Beispiel nie behaupten, etwas zu mögen, was du in Wirklichkeit nicht leiden kannst. Es entspricht dir nicht und macht dich inkongruent. Kehren wir zu unserem Ausgangspunkt zurück. *Verstanden sein* funktioniert bis zu einem gewissen Grad einspurig. Du kannst der Frau das Gefühl geben, sie zu verstehen, aber ihr vorenthalten, dich zu verstehen. Das ist ein Konzept, das ich oben unter dem Begriff *Mysterium* beschrieben habe. Diese Strategie macht dich interessant, geheimnisvoll. Es kommt jedoch irgendwann der Zeitpunkt, an dem du wirklich etwas von dir preisgeben musst, damit auch sie das Gefühl hat, *dich zu verstehen.* Eine Möglichkeit, dies zu erreichen, besteht darin, ihr Anekdoten aus deinem Leben zu erzählen. Vertraue ihr lustige, aber auch traurige Geschichten an. Achte dabei auf Folgendes:

- Der Charakter der Geschichten sollte anfangs leichte Kost sein und sich mit fortschreitender Zeit von oberflächlichen zu persönlichen Anekdoten wandeln.

- Die Länge deiner Geschichten sollte mit der Intensität des Gesprächs zunehmen. Am Anfang bringt es nichts, sie zwanzig Minuten lang vollzuquatschen.

- Lerne, langweilige Inhalte spannend zu verpacken. Viele Menschen denken, dass sie nur irgendeine spektakuläre Geschichte erzählen müssen, um interessant zu sein. Doch weit gefehlt! Eein Moment der Stille oder eine Andeutung kann ein Ereignis oft fesselnder gestalten als eine endlose Rede ohne Punkt und Komma.

- Du musst die Fähigkeit entwickeln, Situationen hautnah zu beschreiben. Dein Gegenüber muss sich emotional in deine Situation versetzen, um sie miterleben zu können.

- Verwende zur Illustration deiner Geschichte Metaphern, Ironie, Humor und einen Spannungsbogen. Erzähle also nie die Pointe einer Geschichte am Anfang, sondern baue langsam Spannung auf.

- Ein guter Einstieg in eine Geschichte, um Vertrauen zu erzeugen, ist die Formulierung:
Ich weiß gar nicht, warum ich dir das erzähle, aber...

Ein wichtiges Element in der sich entstehenden Verbindung ist die *Wertschätzung* der anderen Person. Du musst der Frau zeigen, dass du dich bei ihr wohlfühlst, um die Atmosphäre einer gemeinsamen Dynamik zu schaffen. Dies erfolgt über das Wertschätzen ihrer Person oder ihres Verhaltens:

Ich habe bei dir ein gutes Gefühl ...

Du bringst mich zum Lachen - danke!

Du wertschätzt eine Frau, indem du ihr das Empfinden gibst, vertrauenswürdig zu sein. Des Weiteren legst du den Grundstein zu einem weiteren Konzept, das ich im Kapitel *Ein gemeinsamer Kosmos* erörtern werde. Dazu zählt es auch, die gemeinsame *Verbindung* zu unterstreichen:

Wir sind uns ähnlich, wir verstehen uns. Das ist etwas Besonderes. Es gibt in diesem Raum sonst niemanden, dem ich das sagen würde.

Während du der Frau Vertrauenswürdigkeit attestierst, musst du selber dieses Attribut besitzen, damit sie sich dir öffnet. Hier stellt sich die Frage, wie du ihr diese Eigenschaft vermittelst, denn natürlich bringt es nichts, einfach von dir zu behaupten, vertrauenswürdig zu sein. An diesem Punkt ist Kreativität gefragt. Zum Beispiel kannst du ihr etwas andeuten und dann sagen, dass du jetzt schon zu viel erzählt hast und dass dir etwas unter dem Siegel der Verschwiegenheit anvertraut worden sei. Damit zeigst du, dass man dir vertraut und dass ein Geheimnis bei dir sicher ist.

Wenn du *Sympathie* und darauf aufbauend eine *Verbindung* etabliert hast, ist zwischen dir und ihr ein Band geknüpft, das aus zwei sich fremden Menschen *zwei sich findende Menschen* macht. Wenn sie gemeinsam mit dir lacht, deine Nähe sucht, sich dir anvertraut, dann weißt du, dass sich alles in die richtige Richtung entwickelt. Oft reicht das schon aus, um ein sexuelles Abenteuer entstehen zu lassen.

Techniken des Vertrauens

Die Techniken, die ich im Folgenden behandle, dienen dazu, zwischen dir und der Frau Vertrauen zu etablieren. Es ist ein Irrtum, dass Vertrauen einfach irgendwie von selbst entsteht, wenn man nur lange genug wartet - im Gegenteil, Vertrauen kannst du durch bestimmte Techniken aktiv initiieren. Zunächst ein kurzer Ausflug in eine andere Technik, die mit Vertrauen nur indirekt zu tun hat:

Disqualifizieren

> *Meine Oma konnte in die Zukunft gucken. Sie hat mehrere Ereignisse vorhergesehen. Unter anderem hat sie mir prophezeit, dass ich eine Frau treffen werde, die mein Verhängnis sein wird. Du bist es nicht, oder?*

Die folgende Technik nennt sich *Disqualifizieren*. Man unterscheidet zwei Arten dieser Methode: Du kannst entweder deine Auserwählte *disqualifizieren* oder *dich selbst*. Ersteres ist eine Technik, die Anziehung erzeugt. Du hast sie bereits im Abschnitt *Über das Flirten* kennengelernt:

> *Ich denke nicht, dass du zu mir passt, weil du mich viel zu sehr zum Lachen bringst!*

> *Du bist Feuer, ich bin Feuer! Wie soll das bitte schön gut mit uns ausgehen?*

Der zweite Typus des *Disqualifizierens* wird zu den Techniken des Vertrauens gezählt. Das *Sich-Disqualifizieren* ist das bewusste Herunterspielen von Offensichtlichkeiten. Es ist eine Form von Verletzlichkeit, in der du dir absichtlich eine Blöße gibst:

> *Ich bin etwas durcheinander!* [wenn du sie gerade ansprichst]

> *Ich bin manchmal überfordert und weiß nicht, was ich tun soll!*

Sich selbst zu *disqualifizieren* bietet sich vor allem dann an, wenn die vermeintliche Abwertung zu deinem sichtbaren Verhalten einen offensichtlichen Kontrast bildet. Stell dir vor, du lernst jemanden kennen und er wirkt sehr souverän, was den Umgang mit Frauen angeht. Plötzlich sagt er, dass er eigentlich schüchtern sei und keine Frauen abbekomme. In diesem Fall disqualifiziert er sich selbst. Die Leute glauben ihm zwar nicht wirklich, trotzdem macht ihn seine Aussage sympathisch, weil er sich selbst verletzlich gezeigt hat. Gute Beispiele, wie ein sich selbst disqualifizierender Mann sympathisch und sogar anziehend wirken kann, findest du in den Komödien Woody Allens. Allens Hauptfiguren sind im Grunde ständig damit beschäftigt, ihre eigenen Schwächen zu präsentieren, sich Blößen zu geben und wickeln gerade damit die Frauen um den Finger. Doch Vorsicht: Diese Methode erfordert eine überdurchschnittliche Portion Humor und Selbstironie. Wer sie nicht sehr souverän handhabt, wirkt schnell lächerlich. Dosiere die Technik der Selbstdisqualifikation also behutsam!

Konzept der Emotionalen Ebene

Um schnell eine Verbindung herzustellen, ist es vorteilhaft, aktiv Gemeinsamkeiten zwischen dir und der umworbenen Frau zu suchen. Da es dir oft an objektiven Gemeinsamkeiten mangelt, stellst du auf emotionaler Ebene eine Verbindung mit der Frau her. Durch das *Konzept der Emotionalen Ebene* schlägst du zwei Fliegen mit einer Klappe: Erstens hebst du dich aus der Masse neuer Bekanntschaften hervor, weil du innerhalb von Minuten eine Verbindung hergestellt hast. Zweitens machst du dir die Tatsache zunutze, dass der Mensch sich Dinge und Ereignisse vor allem merkt, indem er sie mit Emotionen verknüpft. Du verbindest deine Person also mit positiven Emotionen in ihrem Gedächtnis.

Das Konzept der Emotionalen Ebene ist eine Formel, die es dir ermöglicht, von objektiven Fakten schnell zu einer Emotion, die als verbindendes Element fungiert, überzuleiten:

Du: *Was machst du im Leben?*

Sie: *Beruflich?*

Du: *Zum Beispiel!*

Sie: *Ich bin Friseurin.*

Du: *Uhhh ... da musst du ja die ganze Zeit stehen. Schon Angst vor Krampfadern?*

Sie: *Na ja, noch habe ich keine, aber man gewöhnt sich dran!*

Du: *An Krampfadern?*

Sie: *Haha, nein! An das Stehen!*

Du: *Ich kenne das! Ich habe lange Zeit als Kellner gearbeitet, da musste ich locker zwölf Stunden am Stück stehen. Alle meine Kollegen haben immer gemeckert, dass ihnen die Füße weh tun, aber ich habe nie gejammert, weil ich einen kleinen Trick hatte
...*

Sie: *Was für einen denn?*

Du: *Immer, wenn ich das Gefühl hatte, dass mir die Füße abfallen, hab ich die Augen geschlossen und mir vorgestellt, wie ich barfuß am Strand laufe. Der Sand unter meiner Sohle kribbelt, das Wasser umspült meine Füße ... Ich muss aufhören, sonst kriege ich wieder Sehnsucht zu verreisen!*

Sie: *Wem sagst du das? Ich bin urlaubsreif.*

Du: *Wir könnten zusammen verreisen. Auch wenn es nur in Gedanken ist, aber ich würde jetzt gern zu einem weißen Strand fahren, mir die Sonne auf mein Gesicht scheinen lassen ...*

Brechen wir an dieser Stelle ab und untersuchen wir den Dialog. Während der ersten Minuten eines Kennenlernens tauscht man oft gewisse Standardfakten (Beruf, Herkunft usw.) aus. Diese Fakten sind für uns jedoch nebensächlich, da sie Bestandteil jedes Kennenlernens sind und ihr Austausch uns nicht von anderen Personen abhebt. Du musst lernen, mit diesen Antworten so zu arbeiten, dass du Gemeinsamkeiten unterstreichst, die weniger auf Fakten als auf Emotionen beruhen. Du verwendest dafür folgendes Grundschema:

A. Du gleichst dich ihr an.

B. Wenn du dich ihr angeglichen hast, führst du sie zu deiner Emotion.

C. Wenn sie sich in deine Emotion versetzt hat, fange an, das Szenario farbenfroh zu beschreiben.

Im obigen Beispiel ist die Gemeinsamkeit das Stehen bei der Arbeit. Etwas später kommt ihr auf eure Hobbies zusprechen:

Sie: *Ich spiele Volleyball in meiner Freizeit.*

Du: *Volleyball ist ein schöner Sport. Ich mache Kickboxen. Kennst du das, dass du zu Hause sitzt und eigentlich keine Lust hast, jetzt zum Sport zu gehen, aber dann raffst du dich auf und machst es trotzdem und am Ende bist du froh, dass du hingegangen bist?*

Sie: *Ja, das kenne ich nur zu gut!*

Du: *Ich fühle mich immer so toll, wenn ich aus der Dusche komme! Und seltsamerweise fühle ich mich nach dem Sport, obwohl ich mich total ausgepowert habe, immer so, als könnte ich Bäume ausreißen.*

Volleyball und Kickboxen sind zwei sehr verschiedene Dinge. Trotzdem liegen ihnen die gleichen Emotionen zu Grunde: die Freude am Sport und an der körperlichen Bewegung. Diesen Umstand nutzt du, um eine Gemeinsamkeit zu konstruieren.

Du kannst diese Technik auch variieren und sie mit Andeutungen und Unterstellungen kombinieren. Im folgenden Beispiel habe ich die Antworten der Frau weggelassen:

Du: *Ich habe großen Respekt vor dir, dass du als Kindergärtnerin arbeitest! Ich denke nicht, dass ich das könnte, mir fehlt, glaube ich, die Geduld dafür!*

Du: *Weißt du, ich habe einen kleinen Bruder und ich liebe ihn abgöttisch, aber früher hat er mich so fürchterlich geärgert, und Kinder können so gemein sein! Er hat meine Geduld tausendmal auf die Probe gestellt.*

Seine Lieblingsbeschäftigung war es, meine Spielsachen vom Balkon zu werfen. Unten sind sie dann in tausend Stücke zersprungen. Wie schaffst du es nur, mit den Kleinen so viel Geduld zu haben?

Du: *Ich glaube dir nicht, dass du immer geduldig bist! Gib zu, dass du schon mal so richtig böse geworden bist! Ich kann mir das so gut vorstellen, wie der kleine Junge mit großen Augen da steht und sagt: Aber die hat angefangen!*

Zusammenfassend können wir festhalten: Nicht Fakten, sondern Emotionen sind das entscheidende Element beim Aufbau von Verbindungen. Natürlich solltest du nicht Emotionen generell, sondern Emotionen, die dir nützen, favorisieren. Es bringt dir nichts, die Frau durch negative Emotionen in einen negativen Gefühlszustand zu versetzen. Besser ist es, wenn du das Gespräch auf positive Gefühle wie zum Beispiel Humor, Abenteuer, Urlaub oder Entspannung lenkst und diese mit dir verknüpfst.

Coldreading

Eine Technik, die darauf abzielt, der Frau gegenüber Verständnis und Empathie zu zeigen (oder zu suggerieren, wenn man es zynisch betrachtet) ist das *Coldreading*. Es bedient sich verschiedener Instrumente wie zum Beispiel Körpersprache, Mimik, Verhalten und Hintergrundwissen, zu dem sogar demographische Details und andere Informationen gehören können.

Menschen wollen immer als besonders wahrgenommen werden. Zu Recht: Jeder Mensch ist einzigartig. Ich vertrete eine sehr individualistisch geprägte Lebensphilosophie. Daher verstehe ich, wenn es Menschen aufstößt, wenn sie das Gefühl haben, dass bei ihnen Schablonen angelegt werden. Niemand mag es, wenn seine Persönlichkeit auf ein Klischee reduziert wird. Doch ist es auch nicht zu leugnen, dass wir alle uns in bestimmten Aspekten ähnlicher sind, als wir es zugeben wollen.

Stell dir vor, du stehst vor einer Unbekannten. Im Moment weißt du noch nichts Genaues über sie, du hast nur einen ersten Eindruck: Du schätzt sie auf Anfang dreißig, berufstätig. Diese beiden Informationen sind recht dürftig und doch erlauben sie es dir, ein paar Schlüsse zu ziehen. Berufstätige Frauen haben oft einen hohen Anspruch an sich selbst. Das erzeugt Druck. Zur Arbeit kommt hinzu, dass viele Frauen in diesem Alter das Verlangen nach einer festen Partnerschaft haben, da sie mittlerweile genug Erfahrung gesammelt haben und sich nicht mehr ausleben müssen. Es kann auch sein, dass die Frau an einem Scheideweg in ihrem Leben steht. Es ist denkbar, dass sie gerade einen Lebensabschnitt durchlebt, in dem sie ihr Leben radikal umkrempelt, oder dass sie aus einer Beziehung kommt, die noch nicht allzu lange her ist. Falls sie noch keine Kinder hat, könnte der Wunsch, eine Familie zu gründen, immer mehr in den Vordergrund rücken, da „die biologische Uhr tickt".

Das alles sind natürlich Generalisierungen und Vermutungen. Trotzdem kann nur die Erscheinung eines Menschen, also die Art, wie er auftritt, sich kleidet, wie er redet und welche Mimik er präsentiert, für dich sehr aufschlussreich sein. Erfahrene Menschenkenner, wie zum Beispiel professionelle Wahrsager, können aus diesen Informationen so viel herauslesen, dass fremde Menschen für sie wie ein offenes Buch sind.

Aber zurück zu unserer Episode mit der Unbekannten. In unserem Fall stützt du dich nur auf ihr Alter. Von einem bestimmten Alter an kannst du gewisse Herausforderungen oder Probleme vermuten, die für eine Frau während dieses Lebensabschnitts dominierend sind. Hättest du sie Anfang Zwanzig geschätzt, hätten deine Schlussfolgerungen ungefähr so ausgesehen: Wahrscheinlich genießt sie gerade die Unabhängigkeit von ihren Eltern, liebt es reisen und aktiv zu sein. Sie ist in einer Phase in ihrem Leben, in der das Erleben im Vordergrund steht. Sie will Erfahrungen machen.

Neben dem Alter reicht auch schon ein erster äußerer Eindruck, um ein paar Schlüsse zu ziehen. Verströmt sie jenen Elan, jene Aufbruchsstimmung, die man hat, wenn man im Leben gerade einen Sprung nach vorn gemacht hat? Oder befindet sie sich im Zustand des inneren Ahnens einer Veränderung, einer Wende?

Ein zweiter Blick genügt, um sie nach weiteren Hinweisen abzusuchen. Wirkt ihre äußere Erscheinung eher angepasst oder extrovertiert? Trägt sie lockere oder konventionelle Kleidung? Ist sie geschminkt oder nicht? Hat sie eine Tätowierung? Wenn ja, welches Motiv? Ist es ein Tribal? Falls ja, dann bereut sie es womöglich schon wieder. Ist es ein persönliches Motiv? Dann lassen sich daraus Präferenzen oder eine Geschichte erschließen.

Es gehört zum Rüstzeug eines Verführers, gängige Charaktertypen und soziale Milieus zu erkennen und ihnen gewisse Eigenschaften zuordnen zu können. Wenn du diese Eigenschaften mit deiner Erfahrung abgleichst, wird es dir möglich, weitere Eigenschaften zu erschließen, da bestimmte Eigenschaften oft mit anderen zusammen auftreten. Zu einem gewissen Grad machen wir Menschen diesen Vorgang automatisch. Es ist ein natürlicher Prozess des Gehirns, zu ordnen und Schubladen zu verwenden. Du musst dir dieses Prozesses bewusst sein, um ihn zu fokussieren. Denn du nützt dein Wissen nicht nur, um dir ein besseres Bild über die Person machen zu können, sondern auch, um es aktiv für dich einzusetzen. Genau dies geschieht über das *Coldreading*.

Coldreading können wir einfach mit *kaltem Lesen* übersetzen. *Kalt*, weil du nichts über die Frau weißt. Du kennst ihre Geschichte nicht und weißt auch nicht, was sie emotional bewegt. Du fängst im Dunklen an, im Kalten. Der Term *Coldreading* beschreibt den Vorgang, also die Tat, während die einzelne Aussage als *Coldread* bezeichnet wird.

Ein Coldread bedient sich eines psychologischen Phänomens, das besagt, dass Menschen dazu neigen, generelle Aussagen mit ihren Erinnerungen oder Empfinden abzugleichen und auf sich zu beziehen. Ein Coldread wird umso „wärmer", je mehr Informationen du hast, die du in den Coldread einbauen kannst. Trotzdem spielt „kalt" oder „warm" nur insofern eine Rolle, als ein Coldread mit mehr Hintergrundinformationen bessere Chancen hat, sich der subjektiven Wahrheit einer Person zu nähern, als einer mit wenigen. Dessen ungeachtet kann auch ein Coldread ohne Vorabinformationen eine starke Wirkung auf die Person haben, sofern sie sich mit ihm identifizieren kann.

Coldreading wird aufgrund seiner Definition[22] eigentlich nur am Anfang einer Dynamik verwendet. Es eignet sich gut für den sofortigen Aufbau einer Verbindung. Deswegen verwendest du *Coldreads* schon sehr früh in eurer Interaktion und parallel zu den Techniken der Anziehung. Ungeachtet dessen musst du, besonders am Anfang der Dynamik, sicherstellen, dass du mit deinen Coldreads nicht völlig daneben liegst. Denn sobald dein Coldread in ihren Augen nicht im Einklang mit ihrer Selbstwahrnehmung steht, akzeptiert sie die folgenden schwieriger und hat nicht das Gefühl, durchschaubar zu sein.

---

[22]Je mehr und besser du die Frau kennst, umso eher kannst du Aussagen über ihren Charakter treffen. Diese Aussagen sind dann wirklich durch deine Beobachtungen begründbar: Du rätst nicht, sondern stehst hinter deiner Aussage. Ein Coldread hingegen basiert auf höchstens einer Ahnung.

Coldreading richtig einsetzen

Grundregeln:

- Nimm eine autoritäre Haltung ein. Du musst die Coldreads so kommunizieren, als wärst du zu 110% von ihnen überzeugt. Es gibt keinen Raum für Zweifel! Denn möglicherweise liegst du völlig daneben, aber trotzdem fragt sich die Frau, ob nicht etwas Wahres an dem ist, was du sagst. Setze hier deine Fähigkeiten des *Frame-Controls* ein (vgl. oben).

- Deine Coldreads sollten immer *positiv* sein, also der Frau in irgendeiner Form schmeicheln. Unter Umständen kannst du auch kritische Coldreads verwenden. Die Frau muss diese aber auch annehmen, und das ist nicht immer zu erwarten. Wenn du kritische Coldreads benutzt, verwende einen Trick: Stelle eine negative Aussage als Konsequenz einer positiven Eigenschaft dar. Lerne, den Selbstschutz ihres Egos nicht zu aktivieren. Zum Beispiel so:

Du wirkst so unnahbar, vielleicht weil du in Wirklichkeit verletzlich bist.

- Ein weiterer Trick ist es, ihre Aussage so hinzustellen, als hättest du ihre Antwort erwartet.

- Dein Coldread sollte von vagem Charakter sein - weniger ist in diesem Fall mehr. Manchmal jedoch kann es auch von Vorteil sein, deiner Intuition zu folgen und eine sehr spezifische Aussage zu machen. Der Effekt auf die Frau ist dann umso stärker, wenn du richtig liegst.

- Es ist elegant und unverdächtig, wenn du die Frau durch einen *Open Loop* dazu bringst, dich explizit nach deiner Meinung über sie zu fragen.

Ein anderes Beispiel: Du sitzt in einer geselligen Runde und beobachtest eine Frau, die sich auffallend zurückhält. Du unterhältst dich mit ihr, um einen Eindruck von ihr zu gewinnen. Sie verhält sich zugeknöpft und öffnet sich wenig. Plötzlich sagst du zu ihr unvermittelt:

Du: *Bei dir denken viele Leute, dass du arrogant bist, aber die haben keine Ahnung! Es ist schade, aber die Menschen verwechseln immer wieder Arroganz mit Zurückhaltung.*

Sie: *Wann hast du denn bitteschön diese Beobachtung gemacht?*

Du: *Du beobachtest und denkst dir deinen Teil, genauso wie ich es tue. Aber trotzdem denke ich, dass einige Leute deswegen nicht mit dir klarkommen.*

Sie: *Und darum denkst du, dass mich die Leute für arrogant halten?*

Du: *Weil sie keine Ahnung haben! Sie vorverurteilen. Aber ich denke, dass du es nicht bist.!*

Sie: *Und du denkst, dass ich es nicht bin.*[ironisch]

Du: *Ich weiß es nicht. Ich habe nur das Gefühl, dass du mehr bist als das, was du nach außen trägst. Du verbiegst dich nicht, um den Leuten zu gefallen. Das finde ich interessant!*

Das ist ein typischer *Coldread*. Zum einen stellst du eine Behauptung über sie auf (Arroganz), zum anderen verneinst du sie gleichzeitig. Für dein Gegenüber ist es jetzt schwer, darauf einzugehen ohne dir entweder zuzustimmen oder dir nicht rechtzugeben und damit gleichzeitig implizit zu akzeptieren, dass er arrogant ist, weil das Verneinen der einen Aussage immer die Akzeptanz der anderen nach sich zieht. Coldreads können aber auch mit einem *Push Pull* kombiniert werden:

> *Um ehrlich zu sein, du bist nicht gerade einfach. Aber Hinter der Fassade ganz interessant.*

Metonymie

Die *Metonymie* ist ein rhetorisches Stilmittel, das sich, ähnlich wie eine Metapher, auf die Diskrepanz zwischen wörtlich Gesagtem und übertragen Gemeintem stützt. Eine Metapher beruht auf der sachlichen Ähnlichkeit (zum Beispiel *der Fuß des Berges*), während ein Metonymie eine Übertragung von der Bedeutung auf etwas anderes, zum Beispiel ein Symbol, ist, das in direkter Nachbarschaft angesiedelt ist. Beispiele: *Krach für Streit, zu den Waffen greifen* für Krieg führen oder *durch die Hölle gehen* für eine leidvolle Episode in einem Leben. Wenn du Metonymien gebrauchst, machst du dir den Umstand zunutze, dass der Mensch komplizierte Sachverhalte gern auf wenige Begriffe oder Symbole reduziert. Durch das Beschreiben von ausgewählten Details und die Verwendung von Symbolen suggerierst du deinem Zuhörer, dass du noch mehr weißt. Ein Beispiel:

Ich weiß, dass du schon viel Scheiße in deinem Leben durchgemacht hast. Man merkt, dass man dir nichts vormachen kann!

Das Metonym „Scheiße" steht hier, reduziert, für Episoden im Leben der Frau. Ein weiteres Beispiel:

Wenn ich dich sehe, dann fühle ich eine gewisse Melancholie in deiner Aura. Ich sehe aber auch irgendetwas undefinierbares Dunkles. Vielleicht sollte ich vorsichtig mit dir sein ...

In diesem Beispiel brauchst du nur zwei Schlagwörter, um Atmosphäre zu schaffen: Melancholie und Dunkelheit. Natürlich sind beides nichts als Behauptungen, aber da jeder Mensch dunkle Seiten in sich trägt, dürfte die Behauptung praktisch immer stimmen.

Verwende Sprichwörter:

Stille Wasser sind tief!

Gut zu sein bedeutet nur, den Wunsch zu haben, häufiger gut zu sein - und diesen Wunsch habe ich. Du auch?

Um deinem Coldread eine höhere Akzeptanz zu geben, kannst du dich der Techniken des Frame-Controls bedienen, die ich in dem Kapitel *Techniken des Vertrauens* beschreibe. Eine Möglichkeit dabei ist es, eine sogenannte *Ja-Leiter* aufzubauen. Mit diesem rhetorischen Trick bringst du die Frau dazu, dir immer wieder zuzustimmen, um diese Routine am Ende für einen überrumpelnden Coldread zu nutzen:

Du: *Würdest du dich als spontan bezeichnen?*

Sie: *Ja*

Du: *Würdest du dich als humorvoll bezeichnen?*

Sie: *Ja*

Du: *Würdest du dich als ehrlich zu dir selbst bezeichnen?*

Sie: *Ja*

Du: *Dann weißt du ja, dass dir etwas fehlt, um glücklich zu sein!*

Die letzte Frage solltest du immer selbst beantworten können oder zumindest begründen, sonst wirkt es komisch.

Eine weitere Technik besteht darin, deine Aussage an eine Beobachtung zu knüpfen:

> *Du wirkst so unschuldig. Aber deine großen Augen verraten dich: Tief in dir drin schlummert etwas Böses, das nur darauf wartet, an die Oberfläche zu kommen!*

Frame-Control dient in diesem Zusammenhang zum einen dazu, eine höhere Akzeptanz der Frau für deinen Coldread zu erzeugen, zum anderem dazu, die Situation bei einem Fehltritt zu reframen und somit zu retten. Sollte sie deinem Coldread widersprechen, hast du mehrere Möglichkeiten. Erstens: Du gehst nicht weiter darauf ein. Zweitens: Du ziehst dich einfach hinter deinen ersten Eindruck zurück:

*Naja - wir haben ja noch Zeit, meinen ersten Eindruck zu korri-
gieren!*[Lächeln]

Drittens: Du versuchst, dich herauszuwinden:

Du: *Du magst Technomusik!*

Sie: *Iiiehh! Nein!*

Du: *War nur ein Test! Glückwunsch, du hast bestanden!*

Dieses Beispiel ist mit Absicht simpel gehalten, um dir den Reframe zu verdeutlichen. Oberflächigkeiten kannst du mit Oberflächigkeiten beantworten. Machen wir es jetzt ein wenig schwerer:

Du: *Ich fühle, dass du in deinem Inneren eigentlich eine sanfte und zarte
Person bist, die sich oft hinter einer Schutzmauer verstecken muss*[23].

Sie: *Ich verstecke mich vor niemandem!*

Du: *Diese Antwort sieht dir ähnlich!* [Lächeln]

Obwohl dein Coldread gut gewählt war, akzeptiert die Frau ihn
hier nicht. Möglicherweise lehnt sie den Gedanken, schwach zu sein,
ab, da er nicht ihrem Selbstbild entspricht. Dir bleibt eigentlich nicht
viel übrig, als die Initiative des Gesprächs wieder an dich zu reißen
und abzulenken.

Im nächsten Beispiel[24] machst du nichts außer zu *reframen*: Immer,
wenn sie *nein* sagt, sagst du *aber* und *reframest* deine eigene Aussage:

Du: *Du bist eine böse Person!*

Sie: *Nein!*

Du: *Aber du warst schon mal so richtig gemein?*

Sie: *Hmm ... da muss ich mal überlegen.*

Du: *Und du scheinst dich nicht dafür zu schämen!*

---

[23]mtm
[24]Diese Technik wurde sinngemäß dem Buch „Completely Cold"von Kenton Knepper entnommen

Sie: *Nein. Ich brauche mich nicht zu schämen, weil ich nicht gemein bin!*

Du: *Aber du bereust doch etwas?*

Sie: *Jeder bereut doch etwas!*

Du: *Du weißt doch nicht mal, was du bereuen sollst!*[Lächeln]

Ein Verführer hat ein trainiertes Auge. Achte auf Hinweise, die den inneren Geistesprozess der Frau spiegeln! Wenn sie sich mit deiner Aussage identifizieren kann, kannst du möglicherweise in ihrer Mimik und Gestik Folgendes beobachten:

- Sie nickt unmerklich mit dem Kopf.
- Sie wirkt erstaunt und zieht die Augenbrauen hoch.
- Ihre Augen werden größer.
- Sie lächelt.
- Ihr Gesicht ist ausdrucksreich.

Wenn sie sich mit deiner Aussage dagegen nicht identifizieren kann, kann es passieren, dass du Folgendes beobachtest:

- Sie zeigt keinen Ausdruck im Gesicht.
- Sie schüttelt den Kopf.
- Sie zieht die Augen zusammen.
- Sie zieht die Stirn kraus.

Diese Reaktionen sind aber nur Tendenzen und verändern sich von Kultur zu Kultur. Nütze diese Informationen, aber lasse dich von ihnen nicht einschüchtern! Womöglich liegst du richtig, aber trotzdem zeigt sie eine der vier letzten Reaktionen. In diesem Fall kann es sein, dass sie deine Ausführungen einfach nicht gern hört - auch wenn sie wahr sind.

Coldreading ist eine sehr effiziente Technik, um schnell eine Verbindung zu etablieren. Doch ich möchte an dieser Stelle vor ihrem

Übergebrauch warnen. Intelligent platziert sind Coldreads höchst wirkungsvoll, der inflationäre Gebrauch jedoch lässt dich wirken wie jemanden, der gern viel behauptet oder der ununterbrochen den Wahrsager spielen will. Auch solltest du Coldreads nie um ihrer selbst willen einsetzen. Sie sind Mittel zum Zweck. Werde dir dieses Zweckes bewusst und wähle dementsprechend die Worte und Inhalte deines Coldreads. Schieße nicht einfach wild drauf los, sondern warte bis zum richtigen Moment. Ist er gekommen, ergreife die Initiative!

Träume-Routine

Die Träume-Routine ist ein nettes kleines Gimmick, um zwischen dir und einer Frau schon in den ersten Stunden eine emotional intensive Verbindung aufzubauen. Sie funktioniert folgendermaßen:

> *Setz dich, ich will ein Spiel mit dir spielen. Nimm meine Hände und schließe die Augen!*

Jetzt entwirfst du ein Szenario. Es sollte so frei wie möglich sein.

> *Du bist auf einem weiten Feld. Was siehst du im Hintergrund? Wie sieht der Himmel aus? Was ist auf dem Feld?*

Im Folgendem fragst du sie nach der Szenerie. Ziel deiner Fragen ist es, sie so lange zu unterstützen, bis sie anfängt, die Szenerie selbständig zu beschreiben, weil sie sie vor sich sieht. Langsam verschiebt sich der Gesprächsanteil von dir weg, bis fast ausschließlich sie redet. Obwohl du immer mehr in den Hintergrund trittst, hast du die Macht, in ihre Phantasie einzugreifen. Ein Satz genügt zum Beispiel, um die Atmosphäre zu lenken:

> *Du spürst die warme Sonne.*

Je nach Bedarf kannst du nun ihre Phantasie in eine bestimmte Richtung lenken. Von Erotik bis zum Märchen ist alles möglich - die einzige Beschränkung ist ihre und deine Erfindungsgabe. Ab einem bestimmten Punkt kannst du ihre Gedankenwelt betreten. Ich erinnere mich zum Beispiel an eine Situation, in der eine Bekannte und ich auf einer Sommerwiese gestartet sind und damit endeten, dass sie eine Prinzessin in einem Schloss war, gefangen von einem Drachen und ich ein Prinz, der den Drachen tötete und sie befreite. Ich rannte den Turm hinauf, und plötzlich stand ich vor ihr und wir küssten uns. Interessanterweise hat dieser Kuss nicht nur in unserer Phantasie stattgefunden ...

Eine gemeinsame Welt bilden

Auch wenn meine Freunde sagen würden, dass wir nicht zusammenpassen... Was wissen die denn schon?

Wenn du es geschafft hast, die Frau für deine Welt zu begeistern, ist es an der Zeit, sie an dich zu binden. Du und sie müssen einen Kosmos bilden, einen Kosmos mit einer gemeinsamen Sicht auf die Welt außerhalb. Diese Sicht ist exklusiv, das heißt, sie schließt alle anderen aus. In diesem gemeinsamen Kosmos dreht sich alles nur um sie und dich. Jede andere Person ist nichts mehr als der lebende Beweis, dass sich niemand zwischen euch drängen kann! Einfach deshalb, weil es niemanden gibt, der sie so versteht, wie du sie und niemanden, der dich so versteht wie sie dich. Es ist ein gemeinsames WIR gegen den Rest der Welt. Um dies zu erreichen, musst du eure Verbindung deutlich hervorheben und sie gegen andere abgrenzen:

Ich bin so froh, dich kennen gelernt zu haben! Ich weiß gar nicht, was ich jetzt tun würde, wenn du nicht hier gewesen wärst. Wahrscheinlich würde irgendjemand mich mit belanglosem Zeug vollquatschen und ich würde dauernd auf die Uhr gucken und mich fragen, was ich hier eigentlich mache!

Zeige ihr Akzeptanz für das, was sie von anderen unterscheidet. Signalisiere ihr, dass du auch ihre Unsicherheiten verstehst und akzeptierst. Der Fokus liegt neben euren Gemeinsamkeiten vor allem auf euren gegenseitigen *Ergänzungen*: Sage ihr, was du an ihr schätzt und begründe es damit, dass es dir selber fehlt:

Ich mag es, dass du Klavier spielen kannst, weil ich es selber so gern können würde!

Nachdem du sie von anderen abgegrenzt hast, verwende eure im Vorfeld etablierten Gemeinsamkeiten, um zu begründen, warum ihr seelenverwandt seid. An dieser Stelle bietet sich ein Rollenspiel an. Das Schöne an Rollenspielen ist, dass du der Frau auf spielerische Art und Weise erlaubst, aus ihrer Haut zu schlüpfen. Rollenspiele können es ihr erleichtern, sich gehen zu lassen, sich von einer anderen als der gewohnten Seite zu zeigen. In unserem Fall favorisierst du Rollenspiele, die euer gemeinsames Band verstärken. Im Idealfall ist das Spiel, das ihr spielt, ein *Insider* - also ein Rollenspiel, das nur ihr beide kennt und spielt. Nach außen hin ist es euer Geheimnis.

Du kannst mit ihr aber nicht nur imaginäre, sondern auch echte kleine Abenteuer erleben. Möglicherweise denkst du jetzt: Was für Abenteurer denn? Doch keine Angst, du musst nicht mit ihr im Alleingang den internationalen Terrorismus besiegen und nebenbei Robbenbabys vor den Knüppeln fieser Nordmänner retten. Es reichen schon viel banalere Dinge, wie die folgende Erzählung zeigt:

2007 war ich auf einem Symposium der Universität. Viele Unternehmen, die die Veranstaltung sponserten, präsentierten sich dort. Es gab Alkohol und Snacks gratis, jedoch war der Kreis der Studenten exklusiv. Mitten in der Veranstaltung erhielt ich einen Anruf von einer Bekannten. Sie fragte, was ich gerade mache. Ich erzählte es ihr und überredete sie, zu dem Symposium zu kommen, obwohl sie kein „Bändchen"hatte - die Eintrittskarte zu dieser Veranstaltung. „Ich krieg dich da schon rein, mach dir keinen Kopf", sagte ich zu ihr.

Als sie ankam, gab ich ihr mein Bändchen und wir versuchten, wieder auf die Veranstaltung zukommen. Doch wir hatten Pech und wurden entdeckt. Jetzt wollten die Aufpasser auch mich nicht mehr hineinlassen. Dreist wie ich war, nahm ich meine Bekannte an der Hand und lief einfach an ihnen vorbei. Ich wurde jedoch gesehen und verfolgt. Also stürmte ich kreuz und quer über die Veranstaltung, um die Aufpasser abzuschütteln, doch sie waren hartnäckig. Als sie uns endlich eingeholt hatten, wollten sie uns hochkant rausschmeißen, doch wie immer im Leben war das Schicksal auf meiner Seite: Just in diesem Augenblick kreuzte der Hauptorganisator auf, der gleichzeitig mein Tutor war. Er wollte wissen, was los ist. Ich erklärte, dass ich mein Bändchen auf der Toilette verloren habe. Summa summarum: Ich bekam ein neues.

Nach dieser Aufregung fingen meine Bekannte und ich an, uns zu betrinken. Wir beobachten die Leute auf der Veranstaltung und überlegten uns Szenarien, wie deren Leben wohl aussehen würde. Wenn wir entschieden, dass sie interessant sein könnten, gingen wir Arm in Arm hin, um sie „kennen zu lernen". Wir hatten eine Menge Spaß. Mit der Zeit und steigendem Alkoholkonsum wurden wir immer dreister und aufdringlicher. Wir tanzten dort, wo man nicht tanzen durfte und verhielten uns ziemlich daneben. Erst als der Alkohol alle war und der Abend spät, zogen wir weiter in eine Disco.

Nach den Worten meiner Bekannten war dieser Tag ein *durchgeknallt unwirklicher* Tag. Es war einer jener Tage, an die man sich gern erinnert. Das Abenteuer, das wir zusammen erlebt hatten, hatte darin bestanden, gesellschaftliche Grenzen zu überschreiten, „Verbotenes" zu tun - und dabei uns selbst zu erleben.

Von Verbindung zu Vertrauen

Auch wenn ich nie vorhatte, mich mit dir einzulassen, habe ich einfach schon zu viel Zeit mit dir verbracht, um das zu tun, was ich eigentlich tun sollte. Eigentlich ... eigentlich sollte ich darüber nachdenken, was ich verlieren könnte. Anstatt an dich zu denken, könnte ich frei sein. Aber ich kann nicht, ich will nicht!

Eine *Verbindung* ist von flüchtiger Konsistenz. Sie ist schnell herstellbar, weil die Energie, die du dafür benötigst, gering ist. Genau das Gegenteil ist bei einem Vertrauensverhältnis der Fall, so wie es echte *Freundschaften* kennzeichnet. Der Aufbau von Vertrauen ist ein langsamer, ressourcenintensiver Prozess. Die wichtigsten Faktoren dabei sind Zeit und emotionale Intensität. Eine Freundschaft kann über Jahre immer enger werden. In diesem Fall ist Zeit der treibende Faktor. Sie kann aber auch in relativ kurzer Zeit entstehen. Voraussetzung dafür ist jedoch ein intensives gemeinsames Erleben. Ein Beispiel dafür ist ein Abenteuer wie eine lebensbedrohliche Situation, die zwei Menschen zusammenschweißt. In diesem Fall ist das Band, aus dem die Freundschaft entsteht, geteilte emotionale Intensität.

Um aus einer Verbindung ein Vertrauensverhältnis entstehen zu lassen, benötigst du also zwei Dinge: erstens Zeit und zweitens intensive geteilte Emotionen. Zeit ist außerhalb deiner Handlungsreichweite, daher konzentrieren wir uns auf Letzteres.

1. Wertschätzung

Eine andere Person wertzuschätzen, ist eine der vertrauensbildendsten Handlungen, die du tun kannst. Die meisten Menschen tragen tief in sich das Gefühl, nicht zu genügen und fehlerbehaftet zu sein. Einen Menschen ohne Wenn und Aber zu akzeptieren, ist daher die beste Eigenschaft, die du dir aneignen kannst. Gib deiner Auserwählten das Gefühl, sie so zu wollen, wie sie ist! Die bedingungslose Akzeptanz ihrer Person ist eine sehr starke und äußerst bindende Emotion.

2. Gemeinsames Handeln

Zusammen etwas zu erleben, verbindet euch. Das Teilen von Erlebnissen schafft intensiven Zusammenhalt. Das gemeinsame Überwinden von Hindernissen, das Ausstehen von Abenteuern, das Teilen von schlechten Erfahrungen und das Erleiden von Schicksalsschlägen erzeugen ein enges Band.

Die Konsequenz dieser Erkenntnis bedeutet für dich, aktiv gemeinsame Unternehmungen zu organisieren und zu planen - vor allem solche, die emotional positiv mitreißend sind, zum Beispiel Urlaub, Reisen, Sport oder einfach Karussell fahren. Je intensiver die Emotionen, die ihr beide erlebt, umso enger wird ein derartiges Erlebnis euch verbinden.

3. Gemeinsame Aufmerksamkeit

Wende dich offen und interessiert dem zu, was die Frau neben dir interessiert, was sie beschäftigt! Das ist ein einfacher, aber sehr wichtiger Schritt, um Anteil an ihrem Leben zu nehmen. Motiviere sie, sich weiterzuentwickeln. Ermutige sie zu notwendigen Veränderungen, die ihr Leben angenehmer und reicher werden lassen. Zeige ihr, dass du da bist und bereit bist, unterstützend für sie einzustehen, weil du ein ernsthaftes Interesse hast, dass der Mensch an deiner Seite seine Wünsche und Ziele erreicht.

4. Emotionales Verständnis

Du musst die Fähigkeit entwickeln, dich auf die Stimmung der anderen Person einzustimmen und diese, wenn nötig, zu verändern. Dafür benötigst du Empathie bzw. Einfühlungsvermögen.

Ist die Frau neben dir schlecht gelaunt, dann akzeptiere es einfach und passe deine Stimmung an, bis der Zeitpunkt gekommen ist, sie wieder aufzumuntern. Freut sich die Frau, dann freue dich mit ihr.

5. Offenheit

Je mehr du diese Punkte berücksichtigst, umso mehr festigt sich euer gegenseitiges Vertrauen. Doch all diese Bemühungen verpuffen, wenn du die Frau nicht klar wissen lässt, woran sie bei dir ist. Mit offenen Karten zu spielen ist einfach und macht die Dynamik übersichtlich. Lügen dagegen belasten, weil sie anstrengend sind. Es kostet sehr viel Energie, sie aufrechtzuerhalten. Jeder, der sich schon einmal in einem Lügenkonstrukt verwickelt hat, weiß, wie kompliziert es ist: Eine Lüge zieht immer weitere Lügen nach sich. Aber es ist nicht nur der hohe Aufwand, den du scheuen solltest! Lügen trügen auch deine Selbstwahrnehmung und machen dich weniger integer.

Es kann sein, dass du eine Frau kennen lernst und (weil auch du nur ein Mensch bist) bezüglich der einen oder anderen Kleinigkeit nicht ganz ehrlich gewesen bist. Oft lügt man, weil man sich nicht anders zu helfen weiß oder das Gefühl hat, dass die Wahrheit zu schlimm (oder zu langweilig) wäre, um mit ihr herauszurücken. Dennoch tust du dir und auch ihr damit keinen Gefallen. Deine Lüge wird zu einem Damoklesschwert, das immer über eurer Beziehung schweben wird - ständig bereit, herunterzufallen und euch beide zu Fall zu bringen. Sollte das der Fall sein, dann nimm einen Rat von jemandem an, der es besser weiß: Mache beizeiten reinen Tisch, auch wenn du das Risiko eingehst, sie zu verlieren. Es gibt keinen passenden Zeitpunkt dafür. Daher: Tue es sofort!

Tiefenvertrauen

Der Begriff *Tiefenvertrauen* beschreibt ein sehr intimes Beziehungs-verhältnis. Neben Schmusen, Kraulen, Küssen und Berührungen ist *Tiefenvertrauen* gekennzeichnet durch den Austausch von sexuellen Handlungen, die ein hohes Maß an Vertrautheit erfordern. Der Bezug zwischen dir und der Frau ist jetzt so stark, dass Außenstehende nicht mehr Teil von ihm seien können. Ebenso wie das Konzept *Kosmos bilden* ist *Tiefenvertrauen* also charakterisiert durch Exklusivität. Der entscheidende Unterschied ist jedoch, dass das Konzept *einen Kosmos bilden* aktiv darauf hin arbeitet, ein exklusives Vertrauens-verhältnis zu konstruieren, während im Tiefenvertrauen Exklusivität nur eine Konsequenz aus eurer Nähe darstellt.

Ein Möglichkeit, um Vertrauen zu vertiefen, ist das offene Beschreiben deines persönlichen Lebenswegs und deiner Suche nach dieser einen Frau. Du erzählst deiner Auserwählten, was du an einer Frau schätzt und was dir an einer Frau wichtig ist. Auch kannst du ihr Geheimnisse anvertrauen, die du normalerweise sonst mit niemanden teilen würdest.

Das stärkste Mittel jedoch, um Vertrauen zu intensivieren, ist Verlässlichkeit. Wenn sie ein Problem hat, dann muss sie als erstes dich anrufen wollen. Wenn sie verzweifelt ist, dann musst du da sein, d. h. du musst dir nicht nur die Zeit für sie nehmen, sondern auch zu ihr kommen, um physisch anwesend zu sein. Du musst die starke Schulter sein können, an der sie sich anlehnen kann, sodass sie sich entspannt, weil sie weiß: Alles wird gut, denn jetzt ist er da.

Tiefenvertrauen hat nichts mehr mit dem Game zu tun. Eine Frau wird dir niemals ein so tiefes Level an Vertrauen schenken, wenn du noch die interessante, jedoch schwer zu durchauschende Maske des Verführers aufhast. Wenn es um solche Gefühle geht, dann hat es nichts mehr mit Verführung zu tun; du befindest dich in einer Beziehung, ungeachtet ob ihr euch dessen bewusst seid oder ob diese offen bzw. exklusiv ist.

Über Anziehung, Vertrauen und Verlangen

Wenn dich zu mögen falsch ist, was ist dann, dich zu verlangen?
Mir macht es keinen Spaß, denn ich merke, dass ich die Kontrolle
verliere und es ist seltsam ... es macht mir trotzdem keine Angst!

Fühlt sich eine Frau zu dir hingezogen und spürt sie das Bedürfnis, sich dir anzuvertrauen, gehen Anziehung und Vertrauen eine Bindung ein: Es entsteht ein Synergieeffekt. Die Frau fühlt sich in deiner Nähe verstanden, geborgen und beschützt, aber auch begehrt und wertgeschätzt. Es fühlt sich einfach phantastisch an, dass du da bist. Diese Gefühle verdichten sich immer mehr zu einem intensiven Wunsch nach deiner Anwesenheit. Wenn du nicht da bist, hat sie das Gefühl, dass ihr etwas fehlt. Sie hat Sehnsucht. Diese Sehnsucht äußert sich in einem starken Verlangen nach dir und wenn dieses Verlangen nicht befriedigt wird, erlebt sie ein Verlustgefühl, das bisweilen sogar körperliche Symptome annehmen kann.

Wenn ein Mensch verlangt, dann hat er nicht die volle Kontrolle über seine Emotionen. Verlangen ist stärker als der rationale Geist. Stell dir vor, du und deine Freundin habt Sex in einem gesellschaftlichen Umfeld, das vorehelichen Geschlechtsverkehr mit dem Tod bestraft. Obwohl ihr beide euch über die möglichen Konsequenzen im Klaren seid, ist euer Verlangen stärker als der rationale Geist, der euch eigentlich davon abhalten müsste, dieses Risiko einzugehen. Ironischerweise ist gerade dieser Kontrollverlust das Gefühl, das Verlangen einzigartig macht. Der Mensch sehnt sich förmlich nach diesem Zustand des sich Verlierens in etwas Größerem als er selbst.

Um Verlangen in einer Frau zu wecken, musst du sie an deine Anwesenheit gewöhnen, sodass sie nicht auf dich verzichten kann und will.

- Nimm so viel Raum in ihrem Leben ein wie möglich.[25]
  Sorge dafür, dass sie ständig an dich denkt. Briefe sind

---

[25]Das heißt natürlich nicht, dass du die Frau einengen sollst.

besser als Telefonate, weil sie diese immer wieder lesen kann. Schenke ihr ein T-Shirt von dir, das nach dir riecht. Gib ihr ein Bild von euch beiden, damit sie es sich angucken kann.

- Gib dich nie mit Kleinigkeiten zufrieden, sondern verlange alles. Du stehst immer an erster Stelle, alles andere ist zweitrangig. Bringe sie dazu, dir Geheimnisse anzuvertrauen - nicht diese Art von Geheimnissen, über welche ihr bisher geredet habt, sondern solche, die sie bisher niemanden erzählt hat. Das können Ereignisse aus ihrer Kindheit oder bestimmte sexuelle Wünsche sein. Bringe sie dazu, dir Dinge anzuvertrauen, für die sie sich schämt. Ich brauche dich an dieser Stelle nicht darauf hinzuweisen, dass du mit diesen Dingen verantwortungsvoll umgehen musst. Du musst schweigen können.

- Gib ihr Orgasmen. Orgasmen binden die Frau an dich.

- Wenn sie dich begehrt und dich ständig bei ihr haben will, dann tue den zweiten Schritt: Entziehe dich ihr. Gib ihr das Gefühl des Verlustes. Ich meine nicht, dass du dich von ihr trennen sollst, aber eine längere Reise zum Beispiel ist eine gute Möglichkeit, dich ihr für einen bestimmten Zeitraum zu entziehen. Mache jedoch nicht den Fehler und reduziere sichtbar eure gemeinsame Zeit. Das ist das falsche Signal. Du willst dich nicht rar machen, sondern dich ihr nur etwas vorenthalten. Fühlt sie Verlust, dann verstärkt sich die Sehnsucht, bis diese in Verlangen umschlägt.

Vertrauen heißt, sich verletzlich zumachen, seine Verteidigung fallen zu lassen und Kontrolle abzugeben - auch mit dem Wissen, dass du Gefahr läufst, Schmerzen zugefügt zu bekommen. Weil du dies weißt: Sei ein Mensch, der es wert ist, dass man ihm Vertrauen entgegenbringt!

Teil 5 - Dinge geschehen lassen

Manche Männer besitzen die eigenartige Gabe *Dinge geschehen zu machen*. Sie scheinen nicht viel zu tun - trotzdem fügt sich alles auf wundersame Weise zu ihren Gunsten. Natürlich bekommen diese Männer am Ende auch immer die Frau, die sie wollen. Das ist ganz einfach *ihr* Lauf der Dinge.

Ich gebe zu: Ich bin einer von diesen Männern. Nicht, dass ich alles kriege, was ich will. Auch ich fliege oft genug auf die Nase. Doch von außen betrachtet habe ich vieles, um das mich andere beneiden. Einmal kam jemand zu mir, nachdem ich eine Frau kennen gelernt hatte, und fragte mich, wie ich das nur mache. Die Antwort war weniger spektakulär, als er erwartet hatte. Ich sagte ihm: *Ich bin jung, frei und unabhängig!* Er konnte mit dieser Antwort nicht viel anfangen, doch ich erklärte es ihm: Ich bin nicht nur jung, frei und unabhängig, sondern habe daraus auch meine Konsequenzen gezogen:

- Ich bin jung, deswegen gehört mir die Zukunft.
- Ich bin frei, deswegen bin ich für mein Glück selbst verantwortlich.
- Ich bin unabhängig, deswegen habe ich das Privileg, jetzt zu leben.

Natürlich hat nicht jeder das Privileg, jung, frei und unabhängig zu sein. Möglicherweise besitzt du nur eines oder zwei von diesen Attributen. Vielleicht trifft auch gar keins auf dich zu. Dann bist du alt, in Verantwortung und abhängig. Dieser Umstand ist jedoch nicht weiter tragisch. Denn es geht weniger darum, welche Attribute du besitzt, sondern welche Konsequenzen du aus deiner Situation zu ziehen bereit bist. Wenn du alt bist, solltest du dir begreiflich machen, dass du es dir nicht leisten kannst, weiter im Morgen zu leben. Wenn du in Verantwortung bist, musst du dir Luft und Raum verschaffen, um dich zu entfalten und dein Glück zu finden. Bist du abhängig, dann schiebe deine Abhängigkeit nicht als Entschuldigung für dein Nichtstun vor, sondern verringere sie. Ziehe Konsequenzen aus deiner Situation!

Menschen neigen dazu, sich ungern zu verändern. Manchmal benutzen sie die Notwendigkeit einer Veränderung sogar als Ausrede, um bestimmte Konsequenzen nicht ziehen zu müssen. Ein Beispiel ist der Vorsatz, *wenn ich erst einmal zehn Kilo abgenommen habe, werde ich diese Frau in der Kantine ansprechen ...*

Versuche nicht, erst dein gesamtes Leben zu ändern und dann irgendwann zu handeln. Das wird nur dazu führen, dass du nie handelst!

Wenn du im Umgang mit Frauen erfolgreich werden willst, musst du zwei Dinge beherrschen:

1. Du musst deine Möglichkeiten *sehen*. Deine Gedanken verweilen nicht in der Vergangenheit, sondern du lebst und fühlst in diesem Moment. Das heißt, wenn du dich durch deinen Alltag bewegst, blickst nicht auf den Boden, sondern nach vorn. Halte den Horizont im Auge und entwickle ein natürliches Interesse für die Dinge um dich herum! Sei aufmerksam!

2. Du musst deine Möglichkeiten *nutzen*. Ein erfolgreicher Verführer nimmt wahr, wenn eine Frau ihm Blicke zuwirft. In dem Maße, in dem deine Wahrnehmung sich schärft, wirst du neue Möglichkeiten und Gelegenheiten erkennen, die für dich vorher außerhalb deiner Realität waren - einfach, weil du sie zuvor nicht sehen konntest.

Besitzt du diese beiden Fähigkeiten, dann geht es nur noch darum, den nötigen Instinkt zu entfalten. Du brauchst *Jagdinstinkt*, um die Beute zu fangen. Das Wort hört sich vielleicht etwas blutrünstig an, doch in ihm schwingt die Aggressivität mit, die du durchaus brauchst, um eine Frau jetzt und heute für dich zu gewinnen. Aggressivität in diesem Sinne hat nichts mit Gewalt zu tun, sondern mit einer Bestimmtheit, die dir selbst und anderen keinen Widerspruch erlaubt.

Der Jagdinstinkt umschreibt die Fähigkeit, dein Ziel nicht aus den Augen zu lassen und kontinuierlich darauf hinzuarbeiten. Es ist die Fertigkeit, die Initiative zu ergreifen und Dinge geschehen zu lassen, ohne sich in Nebensächlichkeiten zu verlieren. Instinkt bedeutet, alles dir Mögliche aus einer Situation herauszuholen: zuzuschlagen, wenn die Zeit reif dafür ist und nicht unnötig abzuwarten, wenn du handeln könntest bzw. hättest tun müssen.

Über Augenblicke

Während eines Augenblicks treffen sich eure Blicke und du erstarrst für genau diese Zeitspanne. Für diesen einen winzigen Moment erfasst ihr euch und seid verbunden.

Blicke sagen, bedeuten viel - und das immer. Denn sogar wenn man nichts mit dem Blick sagen möchte, tut man genau das Gegenteil und sendet ein Signal. Und die Bedeutung dieses Signal ist nicht das, was du ausdrücken willst, sondern was immer die andere Person in deinen Blick hineininterpretiert - das alte Sender-Empfänger-Problem. Die Konsequenz dieses Phänomens ist, dass du, wann immer du in die Augen eines Menschen blickst, kommunizierst. Augenkontakt ist also eine Sprache. Sogar eine uralte Sprache mit der du keine abstrakten Inhalte transportieren kannst, jedoch etwas besseres, etwas tieferes, nämlich Emotionen. Deswegen heißt es auch, ein Blick sagt mehr als tausend Worte, denn Emotionen sind so viel mächtiger als Worte. Jetzt stellt sich die Frage was kannst bzw. sollst du mit einem Blick sagen?

Versetze dich in einen beliebigen Moment, in dem du Augenkontakt mit einer Frau deines Interesses gehabt hast. Welche Möglichkeiten boten sich dir? Was hat sie getan? Hat sie gelächelt? Hat sie weggeguckt? Wenn ja, hat sie aus Verlegenheit oder eher aus Desinteresse gehandelt? Oder schien sie nur desinteressiert zu wirken, vielleicht weil sie sich einfach nicht besser zu helfen wusste? Hat sie irgendeine Art von Reaktion gezeigt? Zum Beispiel, indem sie versucht hat sich dir mit einem Blick mitzuteilen? Ist ihr vielleicht zuvor gerade irgendetwas passiert, das sie mit einem Blick zu kommentieren versucht hat? Ich habe gerade so einen Blick vor Augen: leicht rollende Augen mit Schulterzucken.

Ich habe eine Frage an dich: Was ist besser, wenn die Frau dich lachend erblickt oder wenn du anfängst zu lächeln, während des Blickkontakts?

Hm... eigentlich spielt es keine Rolle, denn beides ist nicht schlecht. Lächelst du und dann erblickt sie dich, sieht sie einen Mann strahlen und du wirkst schöner bzw. lebensfroher. Jedoch kann sie nicht behaupten, dass du ihretwegen lächelst. Lächelst du ihretwegen, dann sieht sie dich strahlen und weiß, dass sie der Ursprung deines Lächelns ist. Doch was ist der entscheidende Unterschied?

In der Zeit als ich als Barkeeper gearbeitet habe, hatte ich während der Arbeit kaum Zeit mit den Leuten zu reden. Ich musste einfach im Akkord arbeiten. So kam es, dass ich aus der Notwendigkeit heraus den aktiven Kontakt via Augenkontakt suchte.

Man kann ganz gut über Blicke kommunizieren. Du kannst Frauen dazu bringen, sich zu dir zu setzen oder ihre Telefonnummer per Handzeichen herauszugeben, um sie dann anzurufen und ihr zu sagen, dass ihre Stimme ganz anders sei, als du erwartet hättest.

Du kannst fast alle Blicke, die für uns interessant sind in zwei Kategorien einordnen. Es handelt sich entweder um einen *Bluff* oder um einen *Move*. Auf die ursprüngliche Frage übertragen ist ersteres, also lächelnd gesehen zu werden, ein Bluff, denn du erwiderst zwar den Blick, dein Ausdruck verändert sich jedoch nicht. Ein Bluff heißt so, weil du dein Interesse nicht eindeutig signalisierst und die Frau dadurch dein Ausdruck nicht zu deuten vermag. Zu einem Bluff zählt zum Beispiel auch, wenn du dich dem Blick entziehst, weil du so tust, als ob du einen Anruf bekommst oder ähnliches. Zu einem Bluff kann aber auch ein fragender Gesichtsausdruck zählen oder irgendetwas, das sie auffordert zu reagieren, ein Openloop also.

Ihren Blick durch ein Lächeln zu erwidern, ist eine Move. Ein Move signalisiert immer Interesse. Sieht sie dich lächelnd und wird während des Blickkontakts dein Lächeln noch ein bisschen weiter, dann zeigst du einen Move auf deinen Bluff. Suchst du daraufhin noch einmal den Blickkontakt, zeigst du einen weiteren Move, denn es handelt sich um eine Aktion aus Interesse. Auch wenn du sie zu dir herwinkst oder auf die Tanzfläche deutest, dann ist das eine Aufforderung, die Interesse signalisiert. Aber auch eine Aufforderung kann ein Bluff sein, zum Beispiel wenn du einen Ausdruck im Gesicht hast, als würdest du dich über sie amüsieren und dann abwartest, was passiert. Der Unterschied ist, dass du in diesem Fall kein direktes Interesse signalisierst. Erkennst du hier ein Muster? Genau, auch deine Blicke korrespondieren mit den drei Methoden.

Nun jetzt, da wir unsere Optionen bedacht haben, stehen wir immer noch vor der kniffligen Aufgabe ihren Blick zu deuten. Erste Regel: Macht sie einen Move, belohnst du sie mit einem Move. Erwidert sie deinen Blick jedoch ausdruckslos, dann blufft sie. Verharre dann in deinem Gesichtsausdruck und achte darauf wie lange sie dich anguckt. Ist es ein Tick länger als normal?[26] Dann weißt du sofort, dass sie von dir Notiz genommen hat, was schon viel wert ist. Im Grunde reicht das schon um sie anzusprechen. Sagt dir deine Intuition, dass ihr ein indirekter Flirt eher gefallen würde, dann warte ein paar Minuten und suche langsam ihre Nähe und komme ungezwungen mit ihr ins Gespräch.

Entscheidest du dich für eine offensivere Herangehensweise, dann suche ihren Blick noch einmal, bluffe ein wenig, sodass sie etwas irritiert ist und den Blickkontakt hält, um sie dann im zweiten Schritt anzustrahlen, zu lachen und ihr mit einem Auge zu zuzwinkern, während du kopfschüttelnd in ein Gespräch verwickelt wirst. Später tauchst du vor ihr auf, ohne dass sie dich kommen sieht, und machst genau da weiter, wo du aufgehört hast. Du überrumpelst sie mit irgendeiner Aussage, die sie wieder kurz aus dem Konzept bringt.

Anderes Szenario: Sie hält den Augenkontakt kontinuierlich und widersteht deinem Blick. In diesem Fall kannst du entweder ein wenig frech sein und bluffen, sie sozusagen provozieren, oder dich auf eine Art Blickduell einlassen. Schaut sie dich die ganze Zeit an, spiele mit ihr ruhig dieses Spiel. Sei jedoch ab jetzt vorsichtig mit einem Move deinerseits, denn manche Frauen sortieren danach aus, warum auch immer.

Spinnen wir das Szenario weiter: Nachdem du sie eine Weile angeguckt hast, kommt dir plötzlich die Erkenntnis, dass sie nicht wegucken wird, niemals, und alles läuft auf eine Pattsituation hinaus.

---

[26]Du musst generell die Fähigkeit besitzen, ihr solange in die Augen gucken zu können, bis sie wegschauen muss. Selbst wegzuschauen ist keine Option.

Diese Situation ist an sich gut, denn da sie dich die ganze Zeit anguckt, ist sie sie dir gegenüber aufmerksam. Das Problem ist jetzt nur, dass du eskalieren musst - ein intensiver Blick mag die Gefühle in Wallung bringen, er nützt dir aber nichts, wenn du sie nicht in diesem Augenblick berühren oder küssen kannst. Befindet sie sich in deiner unmittelbaren Umgebung, nähere dich ihr den Blick haltend, wie in einem Hollywoodfilm. Ist sie weit weg oder ist ein Hindernis im Weg, dass du umlaufen müsstest, nutze irgendetwas, was deine Aufmerksamkeit auf sich zieht, um dich ihrem Blick zu entziehen - und das sollte nicht die Bierflasche vor dir sein!

Danach gehst du zu ihr hin und sprichst sie an. Willst du frech sein, dann sage lachend: *Sag mal brauchst du eine Brille? Irgendwie süß, wenn du die Augen zusammenkneifst.*

Möchtest du charmanter sein, dann sage ihr, dass dir normalerweise niemand so lange in die Augen gucken könne und du deswegen neugierig geworden seist.

Jetzt - mit dem richtigen Abstand - kann sie ruhig weiterversuchen herauszufinden, wer wem länger in die Augen gucken kann, denn jetzt endet das Duell, egal wer gewinnt, mit einem Kuss.

Techniken der Verführung

Ich habe bei dir drei verschiedene Gesichtsausdrücke gesehen in den letzten zwei Minuten. Der erste war dieser skeptische abschätzende Blick. Der zweite ein erstaunt aufgerissener Mund, als wenn du dich gerade verhört hättest - aber du hast dich nicht verhört. Und der dritte war dieses schelmische Lächeln, weil dir gefiel, was du gehört hast. Und weißt du auch, was dein nächster Gesichtsausdruck sein wird? Nein? Gut, denn ich werde ihn mit niemandem teilen!

Wenn deine Auserwählte sich zu dir hingezogen fühlt, gilt es, deinen Part im Spiel zu übernehmen und *Dinge geschehen zu machen.* Wie dir das gelingt, möchte ich im folgenden Abschnitt behandeln. Beginnen wir mit den Grundlagen, dem *Führen.*

Das Führen

Sie: *Wenn wir uns treffen, was machen wir dann?*

Du: *Keine Ahnung. Was willst du denn machen?*

Sie: *Weiß nicht.*

Du: *Ich weiß auch nicht. Wir könnten uns ja mal treffen und dann weitersehen.*

Schon einmal so eine Art von Konversation erlebt? Wenn ja, dann war dies ab jetzt das letzte Mal! Ein Verführer macht nichts larifari, vor allem stolpert er nicht planlos durchs Leben. Ich habe einen anderen Vorschlag:

Sie: *Wenn wir uns treffen, was machen wir dann?*

Du: *Was immer die Prinzessin begehrt!*

Sie: *Weiß nicht!*

Du: *Okay. Ich weiß was, lass dich überraschen! Sieben Uhr?*

Was ist der subkommunikative Unterschied zwischen diesen beiden Wortwechseln? Der erste wirkt verloren und unentschlossen, wie ein Fähnchen im Wind. Ganz im Gegensatz zu dem zweiten, der viel bestimmender ist. Er ist deinem neuen Selbstverständnis *zu wissen, was du willst*, angemessen.

Für Frauen ist ein Mann, der seinen Weg geht, der die Fähigkeit hat, Ziele klar zu definieren und Entscheidungen zu treffen, anziehender als einer, der von unentschlossenem, zaghaftem Charakter ist. Zaudern subkommuniziert Unsicherheit. Ein Verführer lässt sich nicht durch Banalitäten verunsichern. Er handelt und führt.

Führen ist weniger eine Tätigkeit als eine Einstellung. Führen ist das Attribut, unter dem Zielstrebigkeit, Ehrgeiz, Macherqualitäten und Selbstsicherheit zusammengefasst werden. *Führen* bedeutet, Verantwortung zu übernehmen - nicht nur für dich, sondern auch für andere. Führen bedeutet nicht, jemanden zu bevormunden. Es bedeutet auch nicht, Zwang auszuüben oder ständig alles unter Kontrolle haben zu wollen. Vergiss nicht: Wenn der Kapitän an Bord schläft, dann ist an Deck alles in Ordnung. Führen bedeutet also auch, sich zurückzulehnen.

Wir unterscheiden drei Arten von *Führen*:

1. Physikalisches Führen

Das physikalische Führen umfasst Handlungen, welche darauf gerichtet sind, körperlich die Initiative ergreifen. Du kannst zum Beispiel die Hand der Frau nehmen und sie an einen anderen Ort führen. Das physikalische Führen beinhaltet aber auch, bei Bedarf Entscheidungen zu treffen! Die Frau einfach nur irgendwo hin zu führen, bringt dir wenig.

2. Gesprächsführung

Die Kunst der Gesprächsführung ist eines der Basiswerkzeuge, die du als Frauenversteher beherrschen musst. Gesprächsführung bedeutet, dass du das Thema, die Geschwindigkeit, den Rhythmus und den einem Gespräch zugrundliegenden *Frame* jederzeit bestimmen und bei Bedarf verändern kannst.

3. Emotionales Führen

Emotionales Führen beschreibt die Fähigkeit, den emotionalen Zustand anderer Personen zu beeinflussen. Ein einfaches Beispiel dafür ist das Aufheitern, wenn jemand traurig ist. Diese Fähigkeit ist besonders wichtig, da du als Frauenversteher tendenziell eher die Gefühle der Frau adressierst, nicht ihren rationalen Geist. Wenn du eine Frau emotional führst, bist du in der Lage, eine Dynamik zu deinen Gunsten zu lenken und Elemente, die ihr entgegenstehen, abzuschwächen.

Das Eskalieren

> Die DVD läuft. Obwohl der Film spannend ist, kannst du dich nur schwer auf ihn konzentrieren. Deine Gedanken sind völlig bei der bezaubernden Frau neben dir. Du überlegst schon seit mindestens einer Stunde, wie du sie küssen kannst. Bald wird der Film zu Ende sein ...

Kommt dir diese Situation bekannt vor? Die meisten Männer haben so eine ähnliche Situation schon erlebt. Es handelt sich um ein klassisches Eskalationsproblem.

Eskalieren umschreibt die Fähigkeit, die Beziehung zwischen dir und einer Frau qualitativ auf ein höheres Level zu führen. Sie zu küssen ist zum Beispiel eine typische Eskalation, wenn ihr euch vorher noch nicht geküsst habt. Mit ihr zu schlafen ist ebenfalls eine Eskalation.

Es gibt kulturspezifische und sozialkonforme Erwartungen darüber, wann einem Mann welche Eskalation erlaubt ist, wann die Frau sie erwartet. Es wird zum Beispiel selten funktionieren, einer Frau kurz nach dem Kennenlernen einfach zwischen die Beine zu fassen, ohne dass ihr das unangenehm ist. Die gleiche Frau wird dich aber möglicherweise gewähren lassen, wenn du sie erst an der Hüfte, dann am Nacken, danach am Po und darauf an den Brüsten berührt hast. Die meisten Männer denken, dass du viel Zeit benötigst, um bis zu diesen Punkt zu kommen. Zeit spielt zwar eine wichtige (individuell unterschiedliche) Rolle, ist aber viel weniger zentral als generell angenommen. Wichtiger ist der Charakter einer Eskalation. Generell gilt es, sich mit kleinen Schritten, die wenig Widerstand erzeugen, zu den immer größeren und eindeutigeren vorzuarbeiten. Im Folgenden habe ich zu deiner Inspiration eine kleine Liste aufgestellt, die Anregungen für eine Eskalationsleiter geben könnte.

Physikalische Eskalation:

- Hände
- Hüfte
- Po
- Erogene Zonen generell
- Kuss
- Sex

Diese Liste hat natürlich keinen Anspruch auf Vollständigkeit. Je nach Mut und persönlichen Einstellungen kann die Aufzählung stark variieren. Das einzige, was deiner Kreativität Grenzen setzt, ist die Akzeptanz der Frau. Ansonsten experimentiere! Kleine Massagen sind zum Beispiel eine gute Möglichkeit, sozialkonform angenehme Berührungen herbeizuführen. Wenn du Schwierigkeiten hast, zu einem Kuss zu eskalieren, dann tue Folgendes. Sage zu ihr:

Schließe deine Augen!

Falls sie fragt, warum, dann sage nur bestimmender:

Schließe deine Augen!

Versprich mir, dass du nicht guckst! Wehe du guckst! Nicht gucken ... denn ich tue jetzt etwas Dummes!

Küsse sie schnell, bevor sie die Augen wieder öffnen kann. Falls sie fragt, warum du das getan hast, dann sage einfach:

Ich konnte nicht anders!

Eine weitere Technik, um einen Kuss einzuleiten:

Ziehe sie nahe an dich und lege deine Hand um ihre Hüfte. Sieh ihr direkt in die Augen. Sie muss deinen Atem spüren. Gucke sie einen Moment an, als würdest du sie küssen wollen. Dann weiche aus und sage:

> *Was mache ich hier nur?* [mehr zu dir selbst als zu ihr. Kurz bevor sie reagieren kann, sagst du] *Egal! Ich will dich!* [und küsst sie.]

Komplimente sind oft nichts als *verbale Eskalationen*, die auf das Ego der Frau zielen. Sie setzen den inneren Widerstand gegen deine Annäherung herab. Nütze die Gelegenheit und eskaliere während eines Kompliments zugleich physisch.

Beispiel: Schiebe ihr vorsichtig eine Strähne aus dem Gesicht. Berühre ihre Lippen.

> *Deine Lippen sind sehr schön. Ich mag sie.*

Halte ihre Augen fixiert, begeistert, aber ohne mit der Wimper zu zucken und küsse sie.

Die meisten Männer, die sich nicht trauen eine Frau anzusprechen, haben auch nicht den Mut eine Frau zu küssen. Denn es handelt sich bei beiden Situationen um die gleiche Herausforderung, nämlich um die Fähigkeit der Eskalation. Und um erfolgreich zu eskalieren, sei es, dass du eine Frau ansprichst oder ihre Hand nimmst und sie an dich heranziehst, benötigst du dieselbe Energie. Du brauchst die gleiche Selbstsicherheit, Furchtlosigkeit und Entschlossenheit, dich von einer Situation nicht einschüchtern zu lassen.

Das Zusammenspiel zwischen Eskalation und Motivation

> Du sitzt in einer Bar und hast vor einer Stunde eine attraktive Frau kennengelernt. Du möchtest sie gern mit nach Hause nehmen, doch weißt du nicht recht, wie du es anstellen sollst.

An dieser Stelle ist es nicht schlecht, dich für einen Moment in die Position der Frau zu versetzen. Mache dir klar, warum sie dir folgt: Folgt sie dir, weil du ihr eine weitere Party versprochen hast oder weil ihr beide einfach Hunger habt? Du solltest dich fragen, ob das, was du anzubieten hast, ausreicht, um sie dazu zu bewegen, mit dir zu verschwinden. Wenn du das Gefühl hast, dass alles klar zu sein scheint, kannst du ihr geradeheraus sagen, dass du mit ihr „unanständige Sachen anstellen"willst. Wenn deine innere Stimme dir dagegen sagt, dass sie vielleicht selbst noch nicht weiß, worauf das alles hinauslaufen soll, ist es von Vorteil, ihr die Entscheidung so einfach wie möglich zu machen. Konkret bedeutet das: Entschärfe alle Faktoren, die einer gemeinsamen Nacht im Weg stehen könnten. Das könnten zum Beispiel ihre Bekannten sein. In diesem Fall musst du deine Auserwählte aus der Gruppe isolieren, sodass du in einer 1-zu-1-Situation mit ihr bist. Oft reicht es schon, einfach nur außer Hör- oder Sichtweite zu kommen, um sie zum Beispiel zu küssen. Manchmal jedoch kann es notwendig sein, die Frau völlig von anderen Einflüssen zu trennen. Das ist vor allem dann der Fall, wenn sie ständig an den störenden Faktor denkt und sich nicht gehen lassen kann.

Um es ihr einfacher zu machen, dir zu folgen, kannst du Gründe nennen, die es notwendig machen, den Ort zu wechseln:

> *Komm, wir gehen nach draußen. Ich möchte eine bisschen frische Luft schnuppern!*

Draußen angekommen, macht ihr beide wild herum.

> *Ich muss jetzt eine Kleinigkeit essen. Komm, hol deine Jacke! Wir gehen schnell auf die andere Seite eine Kleinigkeit essen!*

Während des Essens erzählst du ihr von der letzten großen Reise und den Photos, die du damals gemacht hast. Erkläre ihr, dass du sie zu Hause hast und ihr gern zeigen würdest. Für den Fall, dass du ein Instrument spielen kannst, biete an, ihr etwas vorzuspielen oder ähnliches. Wenn sie dich fragt, ob du etwas im Schilde führst, gilt es, abzuwägen. Manchmal kann es von Vorteil sein, mit deiner Absicht nicht hinter dem Berg zu halten:

> *Ich? Ich führe nichts im Schilde! Dass ich mich zu dir hingezogen fühle, ist ja kein Geheimnis! Keiner kann dir widerstehen, auch ich nicht!*[Lächeln!]

Bei anderer Gelegenheit dagegen ist es besser, deine Absichten zu verschleiern:

> *Ich denke nicht, dass wir miteinander schlafen werden. Ich bin kein Mann für eine Nacht!*

An dieser Stelle möchte ich dir meine Erfahrung mitgeben, dass das Schaffen einer geeigneten Atmosphäre die Grundvoraussetzung für Sex ist. Das Drumherum macht wirklich den größten Teil des Erfolgs aus. Du musst eine der Situation entsprechende Atmosphäre schaffen. Also räume deine Wohnung vorher auf, achte peinlich auf Sauberkeit, beziehe dein Bett und stelle Kerzen und passende Musik bereit, aber nicht so, dass das Ganze wie eine Inszenierung wirkt, sondern als ob Ordnung und Sauberkeit bei dir Standard sind (was sie ohnehin sein sollten!). Ein letzter Tipp: Du solltest immer genügend Geld für ein Taxi in der Tasche haben!

Sexuelle Eskalation

- Guter Sex findet nicht im Kopf statt. Guter Sex ist gelebte Phantasie.

Nach meiner Erfahrung wissen nur wenige Menschen über ihre sexuellen Phantasien Bescheid oder leben sie wirklich aus. Wenn du sexuelle Spannung erzeugen willst, musst du dich deiner sexuellen Phantasie bedienen. Du musst dir deiner eigenen Phantasie bewusst werden. Du musst zum Charakter deiner Phantasie werden. Ich rede nicht davon, einen bestimmten konkreten Handlungsablauf zu planen, sondern es ist vielmehr die Idee dahinter. Ich werde zum Beispiel erregt, wenn ich eine fremde Frau anspreche und wir uns anzunähern beginnen, wenn ich spüre, dass es eine gegenseitige Anziehung gibt, die sich immer weiter verdichtet.

- *Mann* muss zu ihrer Phantasie werden.

Um eine Frau sexuell zu erregen, muss du Teil ihrer Phantasie werden. Das hört sich komplizierter an, als es ist. Es ist zum Beispiel nicht zwangsläufig wichtig zu wissen, was in ihrem Kopf vorgeht. Ich habe für mich realisiert, dass die Kunst vor allem darin besteht, sie in meine erotische Phantasie zu ziehen. Die Frau wird die Situation zwangsläufig als ihre Phantasie übernehmen bzw. sie wird eine eigene Version deiner Phantasie entwickeln, die - abgesehen von den beiden Hauptcharakteren (du und sie) - möglicherweise nichts mit deiner gemein hat. Es geht also eher darum, die emotionalen Rahmenbedingungen für ein Abenteuer zu schaffen.

Komplimente

Tut mir leid, ich kann meine Augen nicht von dir nehmen!

Komplimente haben einen so starken Effekt, weil sie eine sehr angenehme Form der Anerkennung und Wertschätzung sind. Das gilt für Männer und für Frauen. Die alte Weisheit, dass du Frauen durch Komplimente eroberst, stimmt also. Doch planlos mit Schmeicheleien um dich zu werfen, führt nur dazu, dass die Frau dich und deine Aussagen nicht ernst nimmt. Ein Kompliment zu machen ist nämlich nicht gleichbedeutend, auch einen Effekt zu erzielen. Und auch eine Vielzahl mittelmäßiger Komplimente bringt keinen Mehreffekt.

Wenn du deiner Auserwählten ein Kompliment machst und es scheitert, dann liegt es fast immer daran, dass es dir an Glaubwürdigkeit fehlt. Du kannst hier zwei Ursachen unterscheiden:

A. Sie glaubt dir nicht, dass dein Kompliment ernst gemeint ist. Es fehlt dir an Glaubwürdigkeit.

Du: *Ich finde dich besonders!*

Sie: *Probierst du es jetzt bei mir?*

B. Sie glaubt nicht, dass das Kompliment auf sie zutrifft. In diesem Fall hast du ein Kompliment außerhalb ihrer Realität gemacht. Es fehlt dem Kompliment an Glaubwürdigkeit.

Du: *Ich finde deinen Po sexy!*

Sie: *Ja, klar! Sexy groß findest du ihn!*[weil sie ihn als riesig empfindet]

Das Kompliment muss für die Frau also nachvollziehbar sein. Ein Kompliment ohne Glaubwürdigkeit schadet dir mehr, als es dir nützt. Deswegen musst du erst Glaubwürdigkeit besitzen, bevor es Sinn macht, Komplimente einzusetzen. In der Regel reicht es schon, wenn du keine böswilligen Absichten ausstrahlst. Wenn du zum Beispiel die Frau mit einem Kompliment ansprichst, kannst du darauf bauen, dass sie dir keine böse Absicht unterstellt. Manche Frauen sind jedoch aufgrund ihrer Erfahrungen misstrauisch. In diesem Fall lasse die Komplimente ganz sein und unterhalte dich einfach nur mit ihr, bis sie anfängt ihre Verteidigung herunterzufahren.

Neben Glaubwürdigkeit gibt es noch ein weiteres Attribut, das du benötigst, um den gewünschten Effekt zu erzielen: Du brauchst *Autorität*.

Wenn du zum Beispiel Fußball spielst und eine wildfremde Person dir ein Kompliment über deine Technik macht, wirst du dich freuen. Wenn aber dein persönliches Fußballidol kommt und dir sagt, dass du „großes Potential" hast und einen „zauberhaften Fußball" spielst, wird dich das noch viel mehr aufbauen!

Wenn die Frau zu ihrer Freundin sagt, dass das Kompliment von dem Typen *plump* gewesen sei, hat es ihm in ihren Augen an Autorität gefehlt.[27] Komplimente entfalten ihre Wirkung erst richtig, wenn du bei der Person Autorität besitzt. Autorität bedeutet, dass sie deine Meinung schätzt. Je mehr sie deine Meinung schätzt, umso mehr Durchschlagskraft hat dein Kompliment.

Deine Autorität steigt mit der Etablierung von Anziehung und Vertrauen. Fühlt sich die Frau nicht zu dir hingezogen oder hat sie kein Vertrauen zu dir, dann misst sie deinen Aussagen wenig Bedeutung bei. Es ist ihr einfach nicht wichtig, deine Wertschätzung zu gewinnen. Folglich verfehlt dein Kompliment seine Wirkung.

Wenn du ein Kompliment machst, belasse es nicht bei einer unbestimmten Aussage oder bei abgegriffenen Formulierungen. Konkretisiere das Kompliment. Sage ihr genau, was du toll findest und welchen Effekt es auf dich hat. Dadurch bedienst du ihr Ego. Du rufst bei ihr angenehme Gefühle hervor und du bist derjenige, der ihr diese Gefühle gibt.

---

[27]Kennst du die Situation, dass ein Typ einen Witz macht, der schwachsinnig schlecht ist und trotzdem fangen die Frauen auf einmal an wild zu kichern und zu lachen. Nun, der Typ hätte alles sagen können, denn er besitzt ausreichend Autorität.

Gute und wirkungsvolle Komplimente machst du in drei aufeinander aufbauenden Schritten: *kommunizieren, konkretisieren und begründen.*

A. Kompliment kommunizieren:

Der erste Schritt besteht darin, der Frau das Kompliment zu kommunizieren.

Ich finde den Geruch deines Halses unwiderstehlich!

B. Kompliment konkretisieren:

Der zweite Schritt ist, das Kompliment zu detaillieren, es bildlich auszuschmücken und mit Metaphern anzureichern:

Weißt du eigentlich, dass dein Hals leicht milchig duftet? Es hat dieses ... ich weiß nicht, wie ich es beschreiben soll, jedenfalls könnte ich stundenlang an ihm riechen!

C. Kompliment begründen:

Der dritte Schritt ist optional. Du musst nicht begründen, warum du ihr ein Kompliment machst. Manchmal jedoch bietet es sich an, um die Besonderheit des Kompliments hervorzuheben:

Würdest du nicht so fabelhaft riechen, dann wäre aus uns wohl nichts geworden, aber du tust es ja und ich muss mir darüber keine Gedanken machen.

Der Anfang einer Dynamik ist ein guter Zeitpunkt, den dritten Schritt einzubauen. Das folgende Beispiel enthält das Kommunizieren, Konkretisieren und eine Begründung:

Weißt du, warum ich dich angesprochen habe? Es ist die Art, wie dich bewegst: elegant, verspielt, ein bisschen hochnäsig - und doch so unheimlich sexy.

In diesem Beispiel habe ich die Begründung an den Anfang gesetzt. Die Konkretisierung des Kompliments wird so in den Kontext gestellt, dass es gleichzeitig die Begründung ist. Darüber hinaus kommunizierst du durch deine Aktion, das Ansprechen, *deine ernsthafte Absicht.*

Verstehe, dass es nicht auf die Menge der Komplimente ankommt. Es bringt dir nichts, viele verschiede Komplimente aneinander zu reihen, sondern du musst deine Komplimente punktgenau setzen und präzise entfalten. Es gilt, ihre Gefühle zu stimulieren - das ist ein langsamer, sich aufbauender Prozess.

Variation 1

Eine weitere Spielart ist die anfängliche Verunsicherung, gefolgt von einem Kompliment. Verwende einen *Open Loop*, um einen vergleichbaren Wortwechsel einzuleiten:

Du: *Ich weiß, was ich will, du etwa nicht?*

Sie: *Natürlich!*

Du: *Klar weißt du das. Was denn?*

Sie: *Ähh ...*

Du. *Siehst du, du weißt doch nicht, was du willst! [Lächeln]Aber hey, wenn du überfordert guckst, siehst du sehr schön aus!*

Es ist wichtig, dass der Wortwechsel hier schnell ist, sodass du sie mit dieser offenen Frage kurz überforderst. Ist sie in der Tat überfordert, dann wertschätze sie genau dafür. Weißt du noch, wie diese Strategie heißt? Richtig, es handelt sich um eine Form des Push & Pulls!

Variation 2

Eine sehr leidenschaftliche Art, ein Kompliment zu machen, ist, das Kompliment so zu verpacken, dass die Frau sich selbst qualifizieren muss. Du kombinierst das Kompliment mit einer Frage:

Was machst du nur mit mir?

Warum bist du nicht so wie die anderen Frauen, denen ich sonst begegne?

Weißt du, ich begegne vielen schönen Frauen, doch dich kann ich einfach in keine Schublade stecken!

Warum kann ich mich nicht einfach umdrehen und gehen? Was fasziniert mich so an dir?

Das Schöne an dieser Form des Kompliments ist, dass die Frage vom Kompliment ablenkt. Die Frau ist nicht in der Position, das Kompliment dankend anzunehmen, sondern muss sich rechtfertigen. Sie wird gefordert. Diese Form des Kompliments ist perfekt dazu geeignet, um zu eskalieren. Denn es stellt selbst eine Eskalation da.

Denke bei deinen Komplimenten auch daran, dass eine Frau als sexuell attraktiv gelten will. Eine Frau wird es schätzen, wenn du ihr ein Kompliment über ihre Ausstrahlung oder ihr gutes Aussehen machst, aber es wird nie den gleichen Effekt erzielen, den du erreichst, wenn du ihr ein Kompliment über Dinge machst, von denen sie denkt, dass sie für Männer wichtig sind. Kurz gesagt: Mache ihr sexuelle Komplimente. Sage ihr, dass du ihren Körper begehrst, dass du ihn uneingeschränkt schön findest und dass du dich von ihr unwiderstehlich angezogen fühlst. Natürlich solltest du diese Art von Komplimenten zum geeigneten Zeitpunkt machen. Dieser muss jedoch nicht zwangsläufig am Ende einer Eskalation stehen.

Über das Reframen von Tests

Du denkst doch nicht wirklich, dass du mit mir schlafen wirst!

Mir fiel die Kinnlade runter. Ich hatte sie in einem Park angesprochen. Wir hatten ein paar Mal telefoniert und uns dann zum Tanzen verabredet. Wir tanzen und als wir uns zur Bar bewegen, sagt sie diesen Satz zu mir - völlig aus dem Blauen, ohne Vorwarnung. Ich war total überfordert.

Diese Art von Reaktion nenne ich einen *Test*. Nicht, dass eine derartige Aussage nicht erst gemeint sein kann. Doch für uns ist es manchmal schwierig, den hinter ihr verborgene Zweck zu erkennen. Hat sie das gesagt, weil ich zu schnell rangegangen bin? Oder will sie mich verunsichern? Gefalle ich ihr nicht? Hat sie nur schlechte Laune? Die Antwort wirst du nie erfahren! Es sei denn, du fragst sie, aber auch dann musst du dich mit ihrer Antwort zufriedengeben.

Hier ein paar weitere Beispiele derartiger Tests:

Du bist gar nicht mein Typ.

Du hältst dich wohl für unwiderstehlich, wie?

Du hast aber ein schickes Hemd an! [Ironisch]

Wenn du mich anquatschen willst, stell dich hinten an!

Es wird dir in deiner Laufbahn als Verführer das eine oder andere Mal geschehen, dass du einen solchen Spruch an den Kopf geworfen kriegst. Die Gründe, warum Frauen so reden, sind vielfältig. Entweder wirkst du inkongruent und sie wollen dich aus der Reserve locken oder sie machen sich einen Spaß daraus, wie du reagierst. Möglicherweise gehst du ihnen auch einfach auf die Nerven.

Solltest du einmal in eine solche Situation kommen, ist es gut, ein paar Techniken zu kennen, um diese Art von Tests zu kontern. Die erste und wichtigste Erkenntnis: Lasse dich nicht in die Defensive drängen bzw. rechtfertige dich nicht!

Betrachten wir nun die obengenannten Sprüche und entsprechende Konter genauer:

A. Klassischer Reframe

B. Zugeben & Reframe

C. Ehrlichkeit

Im Folgenden gebe ich dir immer zwei verschiedene Alternativen auf einen Test:

Sie: *Du denkst doch nicht wirklich, dass du mit mir schlafen wirst!*

Du: *Du möchtest mit mir schlafen? Ich weiß nicht, ich bin eigentlich nicht so jemand für eine Nacht!*

Das war Variation A - *klassischer Reframe.* Du deutest einfach ihre Aussage in eine beliebige andere um.

Du: *Mist, jetzt hast du mich aber erwischt. Und ich dachte wir heiraten!*

Das war Variation B - *zugeben & Reframe*

Sie: *Du bist nicht mein Typ.*

Du: *Ich mag dich auch sehr!*

So präsentiert sich Variation A - *ein klassischer Reframe.*

Du: *Das haben bisher alle meine Freundinnen gesagt, doch dann haben sie mich näher kennen gelernt.*

Das war Variation B - *zugeben & Reframe*

Sie: *Du hältst dich wohl für unwiderstehlich, wie?*

Du: *Nein. Warum sollte ich das tun?*

Dies hier war Variation C - *Ehrlichkeit.* Wenn eine Frau dir eine hypothetische Frage stellt, dann kontere, indem du dich unbewaffnet gibst.

Du: *Ob das wirklich so ist, wissen nur Menschen, die mich näher kennen.*

Das dagegen war Variation A - *ein klassischer Reframe.*

Sie: *Du hast aber ein schickes Hemd an!*[Ironisch]

Du: *Ich weiß, ich finde es auch sehr schön. Ich habe sogar schon einen Kuss dafür bekommen!*

Das war ein Beispiel für Variation B - *Zugeben & Reframe.*

Du: *Du bist aber charmant heute!*

Das war Variation A - *ein klassischer Reframe.*

Sie: *Wenn du mich anquatschen willst, stell dich hinten an!*

Du: *Tut mir leid, ich hab mich in der Schlange vorgedrängelt. Ich konnte es einfach nicht abwarten, dich kennenzulernen!*

Das war Variation C - *Ehrlichkeit.* Je härter der Spruch der Frau, umso besser funktioniert Variation C.

Du: *Tut mir leid, ich sehe keine Schlange! Aber was soll's, wenn es dir wichtig ist, stelle ich mich gern hinten an. Okay - da bin ich wieder!*

Das schließlich war Variation B - *Zugeben & Reframe.*

Es gibt einen bestimmten Typ von Frau, die gerne vulgär redet. Sie reden ständig über Sex. Das an sich ist nicht schlecht, nur es ist ungewöhnlich, wenn Frauen so direkt sind. Oft bringen sie leere Floskeln wie:

Ich schlafe nur mit Männern, die einen riesigen Schwanz haben, hast du einen riesigen Schwanz?

Oder sie küssen ihre Freundin und sagen, dass sie lesbisch sind. Zeige dich völlig unbeeindruckt:

Wow! Eine Frau mit Klasse! Ich bin beeindruckt.[unmerklich ironisch]

Gelegentlich begegnen dir auch Sprüche, die auf deine physiche Erscheinung abzielen.

Du bist zu alt/jung/klein/groß usw.

Mache aus deiner vermeintlichen Schwäche ein Tugend. Wenn du zu jung seist, dann sage, dass *Jugend einfach unbezahlbar sei* oder stimme ihr zu, dass du dich ja *gut gehalten hättest*. Wenn du angeblich zu alt seist, dann sage, dass du keinen Tag jünger seien wollen würdest und mache dich über ihr Alter lustig. Wenn sie sagt, dass du zu groß oder zu klein seist, dann drehe es einfach um und beschuldige sie zu klein oder zu groß zu sein oder sage einfach, dass du eine unerklärliche Schwäche für zu kleine bzw. große Frauen hättest.

Wenn die Frau sagt, dass sie einen Freund hätte, dann versuche nicht einen coolen Spruch loszulassen, wie *Ohh wie schön. Ich habe auch einen usw.*, sondern gehe den Weg des geringsten Widerstandes, *Natürlich hat eine Frau wie du einen Freund! Es wäre ja auch eine Schande* (optional: komisch), *wenn du keinen hättest!*

Ich möchte ehrlich sein: Schlagfertigkeit und die Fähigkeit auf solche Sprüche kontern zu können, sind nur die halbe Miete. Du benötigst eine weitere Eigenschaft: *Indifferenz.* Indifferenz bedeutet, einer Handlung keinerlei Reaktion entgegenzusetzen, sie einfach zu ignorieren. Die meisten dieser *Tests* haben ja den Zweck, dich zu verunsichern oder die Frau zu belustigen. Sie erwartet von dir eine Reaktion. Also zucke nicht einmal mit den Augenlidern! Die Theorie der Indifferenz besagt, dass eine Reaktion dem Spruch bereits Bedeutung einräumen würde. Der Spruch ist aber so abseits deiner Realität, dass du ihn überhaupt nicht zur Kenntnis nimmst, du überhörst ihn.

Indifferenz ist nicht nur ein Handlungsmuster, sondern auch eine innere Einstellung. Es ist eine Extremform der *Unreaktivität. Unreaktivität* lässt sich am besten erklären, indem wir uns das Gegenstück, *Reaktivität*, anschauen: *Reaktiv sein* bedeutet, dass dir die Reaktionen und Bewertungen anderer Menschen wichtiger sind als deine eigenen Werte und Meinungen. *Reaktiv sein* bedeutet, dein Handeln ständig zu modifizieren, sodass du es fremden Leuten recht machst.

Menschen, die stark reaktive Neigung haben, laufen Gefahr, ausgenutzt zu werden. Bist du gegenüber ihrem Spruch wirklich indifferent, dann trifft er dich nicht. Du zeigst keine Reaktion. Du bist nicht verunsichert. Wenn du nicht weißt, wie du auf die Frau reagieren sollst, dann reagiere am besten gar nicht und mache keine große Sache daraus. Möglicherweise guckst du ein bisschen belustigt, aber du zeigst keinen Funken Unsicherheit.

Wenn du den Menschen offen und herzlich gegenübertrittst, dann wirst du diese Art von Tests und Sprüchen selten herausfordern. Sie begegnen dir vor allem dann, wenn du inkongruent oder arrogant wirkst. Wenn sie dir begegnen, haben sie den Charakter einer Herausforderung: Die Frauen wollen einfach sehen, aus welchem Holz du geschnitzt bist. Bewahre deine Souveränität und achte auf deinen Codex, denn dann bist du immer im Einklang mit der Welt um dich herum und weißt, dass diese Sprüche bedeutungslos sind.

Die richtige Strategie

- Offensiv vs. Defensiv

Ein Verführer sieht seine Möglichkeiten und ergreift sie beim Schopf. Er agiert der Situation entsprechend. In der einen Situation handelt er passiv, in der nächsten offensiv. Er wird wagen, wenn er denkt, dass er damit davonkommt. Er wird aber auch wagen, wenn er nichts zu verlieren hat.

Es ist nicht einfach, dir einen allgemeingültigen Tipp zu geben, wie du dein Ziel verfolgen kannst. Manchmal ist es geschickter, *offensiv* zu sein und eine Entscheidung zu suchen, manchmal ist es aber auch besser, sich *defensiv* zu verhalten und abzuwarten. Tendenziell bedeutet, *offensiv* zu handeln im Besitz der Gestaltungskraft innerhalb einer Dynamik zu sein. Das ist immer besser, als diese Gestaltungskraft nicht zu besitzen. Doch sobald du verinnerlicht hast, dass du auf diese Gestaltungskraft jederzeit zurückgreifen kannst, verliert sie an Bedeutung: Du kannst es dir nun leisten, *defensiv* zu sein, also mehr auf Zeichen ihrerseits hin zu reagieren.

Manche Frauen wissen eine offensive Herangehensweise zu schätzen. Sie mögen es, dass du sie ein bisschen einschüchterst, sie mögen es, dass du ihnen nahe kommst, ohne dabei viele Worte zu verlieren. Andere Frauen empfinden es als unangenehm, wenn du sofort mit der Tür ins Haus fällst. Geschieht dir das, dann entspricht deine Geschwindigkeit nicht ihrem Rhythmus. Es wirkt, als würdest du etwas erzwingen wollen. Verlangsame also dein Tempo und agiere *defensiv*.

- Anziehung vs. Vertrauen

Kennst du die Situation, dass du auf einer Party eine Frau kennen lernst und sie schlechte Laune ausstrahlt? Hast du sie daraufhin ein wenig herausgefordert, indem du sie hast auflaufen lassen?

Hey, was ist los mit dir? Bist ja gar nicht in Partylaune!

Und hat dich das in dieser Situation weitergebracht? Oder war sie im Anschluss genauso reserviert wie zuvor? Wahrscheinlich Letzteres!

Das ist ein gutes Beispiel dafür, dass eine *Technik der Anziehung*, in diesem Fall *das Herausfordern der Frau*, in Dynamiken wie dieser eher kontraproduktiv sind. Hier wäre es wahrscheinlich besser gewesen, wenn du durch eine Technik zur Erzeugung von Vertrauen, wie zum Beispiel dem *Konzept der Emotionalen Ebene*, ihren gedanklichen Fokus vom Negativen weg hin zum Positiven gelenkt hättest. Bringst du die Frau darüber hinaus zum Lachen, dann hast du fast schon gewonnen.

Es ist nicht immer einfach zu entscheiden, ob du eher eine offensive Herangehensweise wählen, also auf die *Anziehung* setzen solltest, oder ob es angebrachter ist, durch ein einfühlendes Vorgehen, also durch *Vertrauen*, die Dynamik für dich zu entscheiden. Obwohl das Gewinnen einer Frau ein größtenteils linearer Vorgang ist (Vertrauen baut auf Anziehung auf), ist dies nicht auf alle Dynamiken übertragbar.

- Verspielt vs. Ernst

Nehmen wir an, dass du auf der gleichen Party eine Frau zur Musik tanzend siehst. Sie kommt dir energiegeladen entgegen. Du stellst dich ihr breitbeinig in den Weg und fragst sie:

Du: *Wohin willst du?*

Sie: *Ein Bier aus der Küche holen!*

Du: *Okay. Der Weg ist gefährlich. Du brauchst jemanden, der dich auf dem Weg beschützt. Man weiß ja nie!*

Sie: *Und dieser jemand bist du?*

Du: *Ich bin der Beste, den du haben kannst... Naja von Supermann mal abgesehen, aber hey, der hat einen Röntgenblick und DAS wäre dir vielleicht ja auch unangenehm.*

In diesem Fall wäre es kontraproduktiv, nicht an ihren Zustand anzuknüpfen. Sie ist energiegeladen und an Spaß interessiert. Ein tiefgehendes Gespräch wäre sicher auch nicht verkehrt, jedoch würdest du sie aus ihrem emotionalen Partyzustand in eine ruhige Stimmung versetzen und könntest die emotionale Welle, auf der sie sich befindet, nicht nutzen. Es ist in dieser Dynamik für dich einfach vorteilhaft, auf die Karte *Spaß* zu setzen, denn Spaß ist oberflächlich. Man kann schnell zu jedem Fremden eine Beziehung über Spaß aufbauen. Außerdem ist Spaß ein Indikator, dass sie sich gut fühlen wird, wenn sie mit dir zusammen ist.

Ungeachtet dessen stellt sich auch an dieser Stelle wieder die Herausforderung, die Kurve zwischen Spaß und Ernst zu kriegen: Bist du nur lustig, dann endest du als Witzbold. Sie wird sich gern mit dir unterhalten, aber sie wird nie etwas mit dir haben. Deswegen musst du schon am Anfang ein wenig Ernsthaftigkeit in die Dynamik streuen. Ernst ist für sie ein Indikator, dass du eurer Dynamik und folglich ihr Bedeutung beimisst. Ernst zeigt ihr, dass du für sie da sein kannst, dass du verlässlich bist. Je mehr sich die Dynamik in Richtung *Verbindung* und *Vertrauen* entwickelt, umso mehr verschieben sich die Gesprächsanteile von Spaß in Richtung Ernst.

Letztendlich ist es immer besser, nach deinen eigenen Regeln zu spielen, als dir solche von anderen aufzwingen zu lassen. Agieren ist tendenziell besser als Reagieren und doch bedeutet Reagieren immer auch in einer Position zu sein, das Handeln des anderen nach deinem Belieben umdeuten zu können. Und manchmal sollte dein Agieren wie Reagieren erscheinen. Du siehst: Es gibt keine Patentlösung, die anfängliche Distanz zu überbrücken.

Der Unterschied

Ein erfolgreicher Frauenschwarm hat in Bezug auf Frauen etwas begriffen: Er hat verstanden, dass Frauen sich nach einem Mann sehnen. Natürlich unterscheiden sich die Vorlieben der Frauen, was Männer angeht. Ihnen allen ist jedoch gleich, dass sie sich ohne Mann oft nicht vollständig fühlen, dass ein tiefes Verlangen in ihnen nach dem Mann, dem Partner ruft, der sie durchs Leben begleitet.

Ein erfolgreicher Frauenversteher sieht nicht - er nimmt wahr. Er folgt den Zeichen, die jene Frauen ihm geben, die in ihm das erkannt haben, was sie selbst vollständig machen könnte. Darüber hinaus sucht er aktiv in Frauen, was ihn vervollständigen könnte.

Viele Frauen sehnen sich nach einem Glücksritter, einem Prinzen, der Farbe und Emotion in ihr Leben zwischen Fernsehen und Arbeit bringt. Ihr Alltag besteht oft aus routinierten Handlungen, festen Ritualen und geordneten Bahnen. Sie selbst würden nie aus diesem Umfeld ausbrechen, daher warten sie sehnsüchtig auf einen Mann, der es mit ihnen tut. Manchmal träumen sie auch von ihm.

Manch andere Frau sehnt sich nach einem Macho, also einem Mann, der sie in ihre Grenzen weist, der zugleich aber auch eine Vaterfigur ist. Du erkennst diese Frauen daran, dass sie immer wieder ihre Grenzen austesten. Manche Frauen wiederum sind extrem zuneigungsbedürftig, andere wollen willenlos sein. Du kannst ihnen all das geben! Du musst nur deine eigenen Facetten erkunden. Wachse mit den Frauen über dich hinaus!

Frauen und Männer gehören zusammen. Es ist der Gang der Natur, es ist das Leben selbst. Und so ist dein Drang, das schöne Geschlecht zu erkunden, eine natürliche Leidenschaft. Es ist eine Urenergie, die euch zusammenführt. Lerne, diese Urenergie für dich zu nutzen, indem du dein inneres Feuer, deine innere Leidenschaft anfachst, um ihre Leidenschaft zu wecken!

Teil 6 - Über die Reise

Ich betrete ein Café und erspähe sogleich eine einladend aussehende Ledercouch in der Ecke. Der Umstand, dass der bequemste Sitzplatz schon besetzt ist, macht ihn nicht weniger attraktiv. Am Tisch sitzt ein älterer Herr, dessen gezwirbelter Bart von seinen wenigen Haaren auf dem Kopf ablenkt. Ich trete näher und frage freundlich, ob es ihm etwas ausmachen würde, wenn ich ihm Gesellschaft leiste. Zu dem Zeitpunkt weiß ich noch nicht, dass aus dem sich schnell entwickelnden Gespräch eine zwanglose Bekanntschaft werden soll, zwischen zwei Menschen, die unterschiedlicher nicht seien könnten. Er ist nach eigenen Angaben ein „Mann aus dem Volk" und hat dreißig Jahre lang auf Montage gearbeitet. Seine Erscheinung ist dementsprechend: Ein Kraftpaket von etwa eins fünfundachtzig. Ich mag ihn auf Anhieb, da mir seine direkte Art gefällt. Sein Charakter ist eine Mischung aus Selbstherrlichkeit und Dreistigkeit, die ihresgleichen suchen dürfte. Ähnlich wie ich ist er ein Einzelgänger, dessen Lieblingstier, genauso wie meines, der Elefant ist.

Im Laufe der Zeit höre ich von ihm dutzende Geschichten, wie er andere übers Ohr gehauen hat, welche Schnippchen er geschlagen hat und wie er am Ende immer triumphierte und wenn nicht, die Sache dann mit einem Schlag auf die Nase zu seinem Gunsten entschied. Dass er seit zwanzig Jahren vom Staat lebt, jedoch schwarz arbeitet, möchte ich nur zur Vervollständigung seiner Person erwähnen. Er ist der Prototyp eines Menschen, der die Ellbogengesellschaft bewusst lebt und auch noch stolz darauf ist. Seine Eloquenz wird nur durch seine Rücksichtslosigkeit übertroffen - auch im Hinblick auf Frauen. Einige seiner Anekdoten werfen natürlich die Frage nach der Verantwortung in Bezug auf sein Handeln auf. Im festen Glauben an meine moralische Überlegenheit spreche ihn auf das Thema an. Nach kurzer Diskussion muss ich mir eingestehen, dass er es (nicht nur durch großes sprachliches Geschick) schafft, mir mein eigenes Fehlverhalten vor die Nase zu halten: Ich habe mich in der Tat in einigen Fällen selbst des Betrugs, der Lüge oder der vorsätzlichen Täuschung schuldig gemacht. Ich erinnere mich ziemlich genau, was er sagte, denn ich schrieb es mir noch am selben Abend auf:

> *Ich nehme kein Blatt vor den Mund. Ich sage den Leuten, dass ich sie für scheiße halte und wenn die Frau es so haben will, behandele ich sie auch scheiße. Du jedoch bist einer von denen, die gut darin sind, ihre Farbe zu wechseln, sodass die Frau am Ende nicht weiß, ob du sie gerade gebumst oder doch gefickt hast. Du sagst, ich bin rücksichtslos. Ich sage: Du machst einen auf rücksichtsvoll und dann ist es doch nur ein schlechter Scherz!*

Ich habe in meinem Leben manches Mal nobel gehandelt. Das gleiche ist allerdings auch für das Gegenteil der Fall. Ich neige jedoch dazu, meine guten Taten überzubewerten und die schlechten unter den Teppich zu kehren. Mir das einzugestehen hat einige Zeit gedauert. In meinem Selbstbild bin ich kein schlechter Mensch. Ich bin nur ein Mensch - das dient mir als Rechtfertigung, Fehler zu haben. Das macht eine schlechte Tat aber nicht weniger verwerflich.

Jemand, der sich eingehend mit Techniken beschäftigt, die zum Teil die Grenze zur Manipulation überschreiten, muss sich insgesamt die Frage nach seiner Verantwortung stellen.

Neben der Frage, was Verantwortung eigentlich ist, geht es mir hier in erster Linie um die nach der Verhältnismäßigkeit. Es geschieht von Zeit zu Zeit, dass du in eine Situation kommst, in der du dich entscheiden musst: Möchte ich meinen Willen um jeden Preis durchsetzen und bin ich bereit, dafür jemand anderem weh zu tun? Oder kann ich vielleicht einmal darauf verzichten, mein Ziel zu erreichen? Die meisten Menschen werden wahrscheinlich antworten, dass sie bereit wären, zu verzichten. Doch abseits dieser eher spekulativen Frage ist das Problem in der Realität alles andere als einfach zu lösen. Denn dort sind die Rollen nicht immer eindeutig verteilt: Ist eine Tat, die gut gemeint ist, jedoch einen bösen Ausgang nimmt, eine gute oder eine schlechte? Ist ein Mann, der eine Frau scheinbar gegen ihren Willen verführt, ein Unhold? Oder hat die Frau ihn nicht vielleicht doch provoziert, herausgefordert? Ist vielleicht sogar sie es, die ihn verführt hat? Ist es unmoralisch, Frauen zu verführen, die in einer festen Beziehung leben? Oder muss man hier berücksichtigen, wie diese Beziehung jeweils beschaffen ist? Sind Seitensprünge grundsätzlich verwerflich? Oder können sie eine feste Beziehung sogar beleben? Du siehst, es ist ein Thema, das ganze Bände füllen könnte!

Ich möchte an dieser Stelle keine moralische Abhandlung schreiben. Ich wäre die falsche Person dafür. Ich möchte dich nur dazu ermuntern, dir selbst Grenzen zu setzen, die dich daran hindern, anderen Schäden zuzufügen, die nicht wieder gutzumachen sind. Im Umgang mit Menschen geschieht es leicht, dass du ohne Absicht, durch Unachtsamkeit und fehlendes Einfühlungsvermögen, andere verletzt und das möglicherweise so stark, dass die Person sich von dir zurückzieht und du sie für immer verlierst. Ich weiß nicht, ob du es schon einmal erlebt hast, aber das Gefühl, jemanden zu lieben, der es nicht zu schätzen weiß, sondern dich nur ausnützt, führt dazu, dass du anfängst, an dir zu zweifeln. Du denkst: Was kann ich geben außer meine Liebe? Was verlangt dieser Mensch noch? Warum genüge ich ihm nicht? Falls du diese Situation schon einmal erlebt hast, weißt du, wie schlimm es sich anfühlt. Falls du es noch nicht durchlebt hast, dann sei dir sicher, dass es ein prägendes Erlebnis ist. Das ist ein Grund, warum du mit den Gefühlen anderer verantwortungsvoll umgehen musst. Tust du es nicht, dann verkümmerst du seelisch und endest ohne Menschen, die dich lieben. Das ist der Preis, den du zu zahlen bereit sein musst. Ich schreibe das, weil ich dich aus eigener Erfahrung davor warnen möchte.

Verantwortungsvoll zu sein ist jedoch leichter gesagt als getan. Das Wort kann schnell zu einer Floskel verkümmern, die sich gut anhört, aber schwer umzusetzen ist. Verantwortung aus einem allgemeinen Kontext in ein anwendbares Konzept umzuwandeln, davon soll der nächste Abschnitt handeln.

Motivation und Verantwortung

Im Krieg und in der Liebe ist alles erlaubt!

Dieses bekannte Sprichwort wird Napoleon Bonaparte zugeschrieben. Es spiegelt die Einstellung vieler Menschen: In existentiellen Bereichen wie einem Sieg in der Schlacht und bei der Eroberung eines Herzens ist die Wahl aller Mittel gerechtfertigt. Soll man sich mit dieser recht egozentrischen Lebenseinstellung identifizieren? Ist es das Wesen der Liebe, über Leichen zu gehen? Oder enthält dieser Satz auch ein Körnchen Wahrheit? Wie viel weniger aggressiv klingt dagegen diese Äußerung:

Die Liebe besteht zu drei Vierteln aus Neugier.

Ist er von einem Psychologen, einem Forscher, einem Literaten? In gewisser Weise schon, denn er stammt von Casanova, dem wohl größten aller Verführer. Obwohl Casanova in seinem Leben zahllose Frauen verführt hat, war er doch nie auf das planlose Sammeln von Trophäen aus. Ihn interessierte immer nur eine einzige Frau - die, die er gerade umwarb. Was ihn antrieb, war Neugier, ein unstillbares Interesse, sich selbst in der Begegnung mit immer neuen Frauen kennen zu lernen, sich zu erfahren. Er war ein Frauenheld, aber kein rücksichtsloser Eroberer wie Napoleon. Einmal soll er sogar gesagt haben: *Ich erobere nicht, ich unterwerfe mich.*

Ich habe die beiden Zitate zweier der bekanntesten Frauenhelden ihrer Zeit gewählt, um zwei geistige Einstellungen voneinander abzugrenzen: Napoleon, seinem militärischen Weltbild folgend, interessiert sich in erster Linie für das Besiegen des Gegners, das Ausstechen des Konkurrenten. Die Frau und ihre Gefühle spielen für ihn nur eine untergeordnete Rolle. Casanova dagegen interessiert sich wirklich für die Frau, die er umwirbt. Es ist Neugier, die ihn antreibt - Neugier nach der Erfahrung, die eine neue Frau bedeutet.

Welche der beiden Herangehensweise besser ist, kann ich dir nicht beantworten, denn die Wirklichkeit ist eine Mischung aus beiden. Auf einer Seite ist es manchmal notwendig, mit der Keckheit eines Napoleons seine Ziele zu verfolgen. Das darf dich aber nie zu selbstsüchtiger Rücksichtslosigkeit verleiten. In anderen Situationen solltest du fähig sein, dich dem Moment und den Gefühlen hinzugeben, wie Casanova es tat. Dann musst du aufhören, abzuschätzen und zu bewerten, sondern kannst dich fallen lassen. Es ist der Zeitpunkt, die Maske des Verführers abzulegen, deine Rolle aufzugeben und dich in der Frau so zu verlieren, wie sie sich in dir verliert.

Wenn du ein Mann bist, der eitel ist, der die Bestätigung liebt, dann hüte dich davor, allzu oft dem Reiz des reinen Eroberns zu erliegen! Du solltest lernen, dass die Art von Bestätigung, die du dabei bekommst, einen schädlichen Einfluss haben kann, wenn du sie bloß um ihrer selbst willen suchst. Die Befriedigung deiner Vergleichssucht wird dir den Zugang zu deinen Gefühlen erschweren und dich deiner Sensibilität berauben. Versuche, dich von Eitelkeit und Selbstsucht frei zu machen. Vor allem die Erkenntnis, dass das Gewinnen einer Frau ein gemeinsames Unterfangen ist, dass nicht nur du, sondern auch sie an der Begegnung beteiligt ist, die euch beide verbindet, lässt dich begreifen, dass die Liebe im Grunde kein Erobern ist, sondern auch ein Geschenk!

Auch die Antwort auf die Frage, ob es stimmt, dass im Krieg und in der Liebe alles erlaubt ist, muss ich dir schuldig bleiben. Du musst sie dir selbst beantworten. Bedenke jedoch, dass die Fähigkeit, mit Hilfe von Menschenkenntnis, Einfühlungsvermögen und Kalkül soziale Dynamiken deinen Zielen gefügig zu machen, dich in die Verantwortung setzt, dich selbst zu hinterfragen. Du musst herausfinden, was die Motivation hinter deinem Handeln ist. Stell dir also die Frage: *Warum mache ich das überhaupt?*

Nur wenn du die Frage nach deiner Motivation für dich klar beantworten kannst, kannst du verantwortlich handeln. Denn das generelle Problem am *nicht verantwortlichem Handeln* ist der Umstand, dass du in den allermeisten Fällen nicht weißt, dass du dich falsch verhältst. Natürlich mag es auch den Fall geben, dass du bewusst rücksichtslos handelst, dann ist es jedoch eine bewusste Entscheidung von dir. Du kannst Konsequenzen erwarten bzw. in Kauf nehmen. Viel häufiger jedoch geschieht es, dass dein Handeln von *Motivationen* bestimmt wird, die sich deiner bewussten Wahrnehmung entziehen.

Mein eigenes Handeln wurde zum Beispiel lange von dem unbewussten Wunsch getrieben, Trophäen zu sammeln, mir etwas zu beweisen. Obwohl ich heute sagen kann, mir dieses Umstandes nicht wirklich bewusst gewesen zu sein, ist es doch eine Tatsache, dass sich die Trophäenjagd lange Zeit wie ein roter Faden durch meine Gedanken, meine Wünsche, mein Handeln und meine Beziehung zu Frauen zog. Eine Zeit lang hat sie meinen Charakter dominiert und mich am Ende einer Zwanghaftigkeit unterworfen, die ich im vollen Ausmaß erst erkannte, als ich mich von ihr befreien konnte.

Eine Motivation, die andere Gründe verbirgt als das sexuelle Begehren nach einer Frau, möchte ich eine *versteckte Agenda* nennen. Trophäenjagd ist eine solche versteckte Agenda. Rache, Anerkennung und (möglicherweise unbewusster) Frauenhass können andere sein. Eine versteckte Agenda kann dich zu Höchstleistungen antreiben, da sie oft einen starken Motivator enthält. Jedoch ist das angenehme Gefühl, etwas erreicht zu haben, sich selbst übertroffen zu haben und stolz auf sich zu sein, hier eine Illusion, denn eine versteckte Agenda setzt Prioritäten, die in Wahrheit schädlich sind. Beim Trophäenjagen zum Beispiel steht jener Egoschub im Vordergrund, den du bei jeder neuen Eroberung erfährst - nicht der erotische Genuss und das Begehren.

Du solltest dich also hinsetzen und dich nachhaltig mit deiner Motivation auseinandersetzen, um derartige schädliche Agenden aufzuspüren und dich ihrer rechtzeitig zu entledigen. Dir einer versteckten Agenda bewusst zu werden, ist ein erster Schritt, sie zu lösen.

Ich habe lange gebraucht, um zu erkennen, dass ich einem Phantom hinterhergejagt habe. Ich kam meiner Agenda erst auf die Spur, als ich mir eine einfache Frage nicht mehr beantworten konnte. Ich dachte zurück an bestimmte Situationen, die ich erlebt hatte und konnte mich nur noch schemenhaft erinnern. Eine sexuelle Begegnung zum Beispiel sah ich nur noch in vereinzelten Bildern vor mir, ohne Details. War dieses Erlebnis wirklich so unbedeutend gewesen, dass ich es einfach vergessen hatte? Oder war mein damaliger Fokus nicht auf die Frau, sondern auf mich selbst gerichtet gewesen, sodass sie nur Mittel zum Zweck gewesen war?

Dieser Gedankengang löste eine ganze Welle von Fragen aus, die mich überforderten. Ich wurde mir bewusst, dass alles, was ich getan hatte, von konsumierender Natur gewesen war. Ich hatte nichts hinterlassen außer faden Erinnerungen. Sollte das das sein, worauf ich stolz sein durfte? Es wurde Zeit, die Notbremse zu ziehen!

Eine andere Motivation bei der Jagd nach Frauen ist das Gefühl, *noch nicht genug Erfahrungen gesammelt zu haben*. Bestimmt diese Vorstellung dein Handeln, dann folgst du einer *versteckten Agenda*. Sie lässt sich lösen, indem du bewusst das Gefühl etablierst, jetzt *genug Erfahrung* gesammelt zu haben. In diesem Fall musst du also einem Phantom erst hinterherjagen, um es am Ende entzaubern zu können. Manche Erkenntnisse setzen Erfahrung voraus und diese müssen von jedem selbst gemacht werden.

Solltest du entdecken, dass deine Beziehung zu Frauen in irgendeiner Weise negativ gestört ist, zum Beispiel, dass du Frauen generell ablehnst, kann es dir helfen, nach früheren Erlebnissen bzw. Erfahrungen zu suchen, die die Ursache dafür sein könnten. Ist eine Agenda stark mit deinem Charakter verbunden (zum Beispiel der Wunsch, Frauen zu dominieren) kannst du den Kompromiss eingehen, die Agenda einfach zu akzeptieren, damit zu leben und dir gegebenenfalls eine Frau zu suchen, die in dieser Beziehung dein Gegenpol ist. Diese Akzeptanz kann dich sensibler gegenüber deiner Agenda machen und folglich verantwortungsvoller anderen Menschen gegenüber.

Es gibt leider kein allgemeingültiges Rezept, um eine versteckte Agenda zu lösen. Manchmal, wie in meinem Fall, reicht es, sie zu erkennen, um ihren Einfluss zurückzudrängen und nach einiger Zeit aufzulösen.

Eine versteckte Agenda kannst du aufspüren, indem du dich kritisch hinterfragst. Dabei verwendest du eine Strategie, die aus zwei Teilen besteht. Der erste Teil ist *Identifikation*. Nimm ein beobachtbares Gefühl, zum Beispiel *Eifersucht*, und reduziere es auf das Grundgefühl. Ein Beispiel: *Eifersucht* ist das Gefühl, dass jemand deinen Platz einnehmen könnte. Dieses Gefühl der *Ersetzbarkeit* entspringt dem Zwang, sich mit anderen vergleichen zu müssen, um dann vermeintlich den Kürzeren zu ziehen. Das zwanghafte Vergleichen bzw. die ständige Angst unterlegen zu sein, deutet auf eine Diskrepanz in deinem Selbstwert hin. Beachte an dieser Stelle, dass unter Umständen jeder Mensch eifersüchtig ist! Eifersucht ist normal. Zum Problem wird es, wenn die Eifersucht dein Denken und Handeln dominiert. Intensität und Quantität unterscheiden ein normales Gefühl von einem zwanghaften! Das gilt übrigens für alle Emotionen!

Nachdem du das Problem lokalisiert hast, gehst du das Übel an der Wurzel an. Eine *Auflösung* der zwanghaften Eifersucht ist möglich, wenn du es schaffst, dein Selbstwertgefühl aufzuwerten. Es gibt viele Techniken, die einen Veränderungsprozess anregen bzw. unterstützen können. Du kannst auf *Reframingtechniken* aus dem NLP, auf Bewältigungsstrategien aus der Psychologie, auf *Visualisationen*, *Affirmationen*, *Hypnosen* und *Selbsterfahrungsreisen* oder etwa auf den interessanten Ansatz des *Schamanismus* zurückgreifen. Es würde jedoch den Rahmen dieses Buches sprengen, alle diese Techniken hier zu behandeln. An dieser Stelle bist du gefordert, dich auf die Suche nach einem Medium zu machen, das es dir ermöglicht, mit deinem Unterbewusstsein in Austausch zu treten, um mögliche negative Agenden und Ängste, die dich behindern, aufzulösen.

Wenn es dir gelingt, deine negative Agenda hinter dir zu lassen, bist du frei.

Vom Ego, Selbstliebe und falschem Stolz

Es ist nicht ganz einfach, über *das Ego* zu reden. Einfach übersetzt steht *Ego* für Selbstbewusstsein und Selbstwertgefühl - für das Bewusstsein also, das du von deinen eigenen Fähigkeiten und Qualitäten hast. Ein gesundes Ego, ein angemessenes Selbstwertgefühl, macht dich souverän und attraktiv. Ein überzogenes Ego aber, eine unrealistische Vorstellung von dir und deinen Fähigkeiten lässt dich arrogant und selbstverliebt wirken. Auch ein zu schwaches Ego macht dich nicht anziehend, denn dann wirkst du unsicher und ängstlich.

Ich teile das Ego grob in zwei Aspekte ein: *Selbstliebe* und *falschen Stolz*. Bei der Selbstliebe handelt es sich um die positiven Auswirkungen des *Filters Ego* auf dein Handeln, es ist also ein positiver Begriff. Der Begriff *falscher Stolz* dagegen beschreibt die negativen Aspekte deines egoistischen Handelns. Es geht hier oft um verletzte Selbstwahrnehmung.

Das Ego ist ein zweischneidiges Schwert: Zum einen beflügelt es dich, Dinge zu erreichen, dient also als Motivator und Antriebskraft. Zum anderen kann es eine Quelle von Selbsttäuschung werden und macht dich zur leichten Beute für Manipulationen. Das Ego nimmt dir die gesunde Sicht auf dich selbst. Es verhindert Selbstreflektion. Es macht blind.

Doch bevor wir zu den negativen Aspekten des Egos kommen, sollten wir uns mit den positiven beschäftigen.

Um in dem Spiel, Frauen zu verführen, erfolgreich zu sein, musst du ein gesundes Ego entwickeln, denn nur, wenn du dir Dinge zutraust, werden sie dir gelingen. Viel von dir selbst zu halten und deine eigene Meinung hochzuschätzen macht dich weniger anfällig für Situationen, in denen jemand versucht, dich in deinem Handeln oder in deiner Meinung zu beeinflussen. Es hilft dir, deinen Weg zielbewusst zu verfolgen. Wenn du allerdings schon von Natur aus viel von dir hältst, dann solltest du deine hohe Meinung von dir selbst nicht allzu sehr nach außen tragen, denn nichts ist einfacher, als einen Egomanen mit seinem Ego zu verführen.

Je nach Situation musst du in der Lage sein, Menschen von dir zu begeistern oder sie zu führen. Du begeisterst nicht, indem du zweifelst, und führst nicht, indem du zögerst. Es mag Zeiten geben, wo es notwendig ist, sich bewusst zu hinterfragen. Aber den Rest der Zeit musst du von dir und deinem Weg überzeugt sein, keinen Widerstand fürchten und keinem Hindernis aus dem Weg gehen.

Es reicht jedoch nicht, einfach nur deinen Weg zu gehen. Widerstände und Hindernisse kannst du durch Können und Eloquenz überwinden. Dein Ziel erreichst du aber nur, wenn du dich selber kontinuierlich motivierst. Mit anderen Worten: Du musst an dich glauben.

Dein Ego macht dich ehrgeizig. Nutze diese Kraft! Doch sei vorsichtig gegenüber anderen Motivatoren[25], die oft ähnlich stark wirken, dich jedoch schädigen können. Vielleicht kennst du jene Art von Menschen, die aus einem Komplex heraus erfolgreich werden? Menschen, die krankhaft gesellschaftliche Anerkennung suchen und es jedem beweisen wollen? Sie tendieren nicht nur dazu, Statussymbole anzuhäufen, sondern halten sie auch jedem unter die Nase. Der Motivator Geltungsbedürfnis ist stark, aber ungesund, da es sich bei ihm in erster Linie um eine Kompensation handelt, nicht um einen kreativen Schaffensakt. Diese Kompensation kann nie befriedigt werden, denn die Wurzeln des Problems bleiben unberührt. Es gibt noch viele andere Motivatoren. Profitiere von ihnen, erliege ihnen jedoch nie! Ehrgeiz mag ein guter Motivator sein, aber in übermäßiger Dosierung endet auch er in einem Abhängigkeitsverhältnis. Bestimmte Ziele bleiben naturgemäß immer unerreichbar und erreichte Ziele geben am Ende keine Befriedigung mehr.

Gesundes Selbstbewusstsein entspringt aus einem angemessenen Verhältnis von dir zu dir selbst. Sich *selbstbewusstes Verhalten* anzueignen ist gut, jedoch nicht mehr als Kosmetik. Selbstbewusstsein ist nur die Frucht, die an die Oberfläche dringt. Die Saat ist gesunde *Selbstliebe*. Viele Menschen setzen starke Selbstliebe mit Egoismus

---

[25]Kompensation, Vergleichssucht, Gier, usw.

gleich. Doch egoistisches Verhalten kommt aus Verlustdenken, nicht aus Selbstliebe. Ein Egoist hat immer Angst, zu kurz zu kommen.

Selbstliebe dagegen ist der unerschütterliche Glaube, dass du für deine Umgebung und die Welt eine Bereicherung bist. Das hat nichts mit Arroganz zu tun, denn Arroganz gesteht deinem Gegenüber genau diese Selbstliebe nicht zu. Sie ist eine Form der Unsicherheit und wird auch immer als Kompensation wahrgenommen. Arroganz schwächt deine Position auf ganzer Linie.

Wahre Selbstliebe gründet sich nicht auf äußere Faktoren. Du brauchst niemanden, der dir unterlegen ist, um dir deiner Besonderheit bewusst zu sein. Selbstliebe bedeutet, den anderen in seiner Individualität anzuerkennen. Wenn du andere akzeptierst, erfährst du selbst Akzeptanz. Selbstliebe ist eine Huldigung an die Kraft des Lebens an sich - an die deines Lebens und des Lebens anderer.

Eng verbunden mit der Selbstliebe, jedoch im Grunde ihr Gegenteil, ist der *falsche Stolz*. Der falsche Stolz ist die Verteidigung unseres Egos und von konservierendem Charakter. Er ist am Status quo interessiert, daher schützt er unser Selbstbild und unsere Werte gegen äußere und innere Angriffe. Und genau da liegt seine zerstörerische Kraft: Denn während er uns gegen Angriffe auf unser Selbstbild bewahrt, geht gleichzeitig unsere Fähigkeit zur Selbstreflexion, zur Selbstkritik verloren. Wir verlieren den Bezug zur Realität, unser Selbstbild wird inkohärent.

Der falsche Stolz ist eng an unser emotionales Belohnungssystem geknüpft. Bestätigung durch andere ist eine starke Belohnung. Sie schmeichelt unserem Selbstbild und geht gleichsam direkt ins Herz, ohne unsere Verteidigung zu aktivieren. Das ist auch der Grund, warum wir unsere Ziele oft an äußere Bestätigung knüpfen. Bestätigung aber ist wie ein trojanisches Pferd: Indem sie uns schmeichelt, lässt sie uns zugleich unkritisch werden. Wir können uns nur schlecht davor schützen, denn der Wunsch nach Anerkennung ist ein menschliches Grundbedürfnis. Das einzige, was wir tun können, ist, unsere Streben nach Bestätigung auf ein gesundes Maß zu reduzieren. Wir müssen aufhören, anderen Menschen etwas „beweisen" zu wollen, ihr Urteil über uns für den einzigen Maßstab zu halten. Sobald wir durch mangelnde Akzeptanz oder fehlende Wertschätzung Unzufriedenheit empfinden, kommt der *falsche Stolz* ins Spiel. Er versucht, den Status quo wiederherzustellen: Werden wir abgelehnt, lehnen wir einfach andere ab. Das ist der Moment, ab dem negative Gefühle unser Handeln leiten. Der falsche Stolz wird aber nicht nur von externen Faktoren aktiviert, sondern auch, wenn wir selber unser Selbstbildnis angreifen. Und daher kommt auch sein Name - falscher Stolz. Es vernebelt unsere Wahrnehmung unser eigenen Realität. Das ist gefährlich.

Dein Ziel sollte es sein, deinen falschen Stolz nicht unnötig zu aktivieren. In verschiedener Form wird er immer da sein. Deine Aufgabe ist es, kontinuierlich an deiner Selbstwahrnehmung zu arbeiten. Paradoxerweise wirst du merken, dass du, je mehr du an ihr arbeitest, ein immer ausgefeilteres Bild von dir selbst bekommst. Du entwickelst ein Gefühl für deine Schwächen, deine Fehler. Dein Selbstbild wird immer detaillierter, aber auch immer unflexibler. Genau in diesem starren Korsett findet der falsche Stolz aber Raum, sich wieder einzuschleichen: Denn wenn du selbst dich so perfekt und selbstkritisch betrachten kannst, wozu brauchst du dann noch die anstrengenden Urteile anderer? Je weiter du dich entwickelst, umso eher übersiehst du also den falschen Stolz. Ich muss mir das selber in regelmäßigen Abständen immer bewusst machen. Aber das ist halt der Deal - take it or leave it!

Reframe dir Situationen, in denen du spürst, dass falscher Stolz deine Empfindungen und dein Handeln leitet. Ein Beispiel:

Du regst dich über kleine gefühlte Respektlosigkeiten auf - doch in Wirklichkeit weißt du nicht, was wahre Respektlosigkeit ist.

Du fühlst dich abgelehnt - doch in Wahrheit nimmst du etwas viel zu persönlich.

Du fühlst dich in deinem Stolz verletzt - doch eigentlich nimmst du selbst dich nur zu ernst.

Wäre es möglich, die negativen Aspekte des Egos einfach über Bord zu werfen und nur seine positiven Anteile zu behalten, wären wir völlig ausgewogene Persönlichkeiten, aber auch unangreifbar, aalglatt. Akzeptiere, dass das Ego ein Teil deiner Identität ist und dass der falsche Stolz es zu schützen versucht - oft auch um den Preis einer Selbstlüge. Entwickle ein Bewusstsein dafür, denn mit dem Ego verhält es sich wie mit vielem im Leben: Die Dosis macht den Unterschied!

Über die Kunst

Wenn du einfach nur eine Frau finden willst, musst du dich nur überwinden und sie ansprechen. Dies hat nichts mit Kunst zu tun, sondern mit Mut und Mathematik. Auf jeden Topf passt ein Deckel, diesen gilt es zu finden. Findest du diesen, dann entsprecht ihr euch, harmoniert und ihr werdet sehr glücklich werden. Ich wünsche es euch von ganzem Herzen und tiefster Seele.

Dessen ungeachtet gibt es einen Typ von Mann, der sich nicht mal mit der wundervollsten Frau zu Frieden gibt. Sogar wenn er sein Glück findet, hält er es nicht fest. Diese Art von Mann sucht in Wahrheit etwas anderes. Egal, welche Frau ihn findet, er wird sie für eine andere eintauschen. Diese Art von Mann ist nicht domestizierbar, zumindest nicht in dem Lebensabschnitt, in welchem er sich befindet. Auch er wird häuslich werden, auch er wird irgendwann der „einen Frau" erliegen, aber erst, wenn er bereit dafür ist. Dieses Kapitel ist diesen Männern gewidmet.

Es gibt viele romantische Verklärungen über den Typus Verführer. Alle Männer wollen sein wie er, alle Frauen wollen von ihm erobert werden. Es klingt nach einem Klischee und entspricht doch der Wahrheit. Männer wollen so sein wie er, weil sie auch gerne solche bezaubernden Frauen haben wollen. Die Frauen an dessen Seite hingegen, haben einen noch seltsameren Wesenszug - sie wollen seine Frau sein, vielleicht weil sie sich geschmeichelt fühlen, dass er gerade sie auserwählt hat, vielleicht damit andere Frauen sie bewundern. Alle jedoch wollen unwiderstehlich sein und das allen zeigen, indem sie sich gerade mit diesem Mann schmücken. Du fragst dich vielleicht, warum sollten Frauen jemanden wollen, der als Frauenheld bekannt ist? Doch es ist wahr, ein Mann mit Optionen ist in den Augen der Frau interessant, eine Frau mit vielen Affären hingegen als Schlampe verschrien. Frauenlogik.

Was man jedoch nicht im Fernsehen sieht, sind die anderen Wahrheiten über diese Männer und deren Zwängen, denen sie sich unterworfen haben.

Möchtest du so sein? Ein Verführer, einer, der den Raum betritt und weiß, dass er sowieso die Hälfte der Frauen haben kann, aber seine Augen bleiben nur auf der unerreichbar Schönen haften. Und sein Ehrgeiz, sowie sein Geschmack, diktieren ihm, alles zu tun, um sie zu erreichen, um diese eine Frau für ihn zu begeistern. Scheitert er, schämt er sich nicht, sondern ist stolz auf seinen Mut. Hat er Erfolg, genießt er ihn in vollen Zügen.

Die meisten Menschen glauben, dass ein Verführer auf den „einen Moment" hinarbeite, indem sich die Frau ihm hingibt, dass Sex das Ziel sei. Es stimmt, Sex ist ein wichtiger Schritt, aber nicht weil der Verführer dann einen weiteren Schnitzer in sein Kerbholz ritzen kann, sondern weil Sex emotional bindet und wichtiger noch, weil das jener Moment ist, indem eine Verführung endet. Es ist das Wesen der Verführung eine dir „fremde" Frau zu erobern. Verstehe, dass ab hier die Dynamik zwischen euch eine andere geworden ist. Es geht nicht mehr um Verführung, stattdessen entsteht eine Beziehung zu der Frau, die zu persönlich, zu vielschichtig, zu einzigartig ist, um diese mit den beschränkten Modellen der Verführung erklären zu können. Dies ist auch der Grund, warum du Verführungsmodelle nicht auf eine Beziehung anwenden darfst, denn auch wenn es heißt, dass eine Beziehung eine tägliche Verführung sei, bedient eine Verführung andere emotionale Zustände als eine Beziehung. Es gibt zwar Überschneidungen, aber große Teile, wie zum Beispiel Anziehung basieren bei einer Beziehung nicht auf *breaking rapport*, sondern anderen Mechanismen.

Ein anderes Klischee ist, dass es das Ziel eines Verführers sei, mit so vielen Frauen wie möglich zu schlafen. Ich kenne viele Männer, die man als Verführer bezeichnen könnte. Die wenigsten denken so. Je länger man sich mit der Verführung beschäftigt, umso weniger geht es um die Quantität als um die Qualität des Erlebens. Es stimmt, Verführer sind zu einem gewissen Grad getriebene, jedoch sammeln sie Frauen nicht wie Briefmarken, sondern sie sind von dem Gedanken besessen, ihre Fähigkeiten ausbauen zu können um auch Frauen von sich begeistern zu können, welche vorher außerhalb ihrer Reichweite zu sein schienen. Sie wollen gut sein, in dem was sie tun. Sie wollen ihr „Game perfektionieren" und nur durch Reproduktion können sie ihr Können verbessern. Denn es gibt eine universelle Wahrheit: Es gibt nichts, was nicht besser wird, wenn man es übt. Auch ist noch kein Meister vom Himmel gefallen. Und genauso wie der Schüler das Schicksal durch die eigene Kraft als formbar betrachtet, ist die Verführung eine Tätigkeit. Sich in dieser Kunst zu üben, heißt sie auszuführen - immer und immer wieder bis sich deine Fähigkeiten etablieren. All das Drumherum, all die Theorie, all deine Regeln und Grenzen werden durch deine Erfahrung definiert. Und da es in der Verführung keinen Trostpreis gibt, zählt auch kein Don-Juan-Gehabe, sondern nur deine Erfahrung und deine Fähigkeit. Die Kunst der Verführung ist eins mit ihrer Ausführung.

Es ist schon komisch, wie das Leben aus Paradoxa besteht. Es mag ein Prozess der Reife sein, aber glaube mir, du kannst darüber lesen, du kannst darüber schreiben, du kannst dich an Momente erinnern, diese aufschreiben, aber du wirst nur ein Mann sein, der in Nostalgie schwelgt, der sich ein Vermächtnis konstruiert, der seine Bedeutung aus seinem Erfolg mit Frauen zieht. Verführung außerhalb des sich Begehrens zweier Menschen nicht existent. Es ist nur ein süßer Mythos...

Und doch ein auf seltsame Weise faszinierender. Die Vorstellung, sie haben zu können, ist anziehend und es stimmt, durch eine Verführung erlebst du genau dieses Gefühl. Es aufzuschreiben ist der Wunsch diesen Moment zu konservieren, und doch ist es nicht das Gleiche. Ein Verführer lebt für den Moment, für das Hier und Jetzt. Eine Frau zu verführen heißt, sie für dich zu gewinnen, aber es ist nicht nur das, was es besonders macht. Es ist der ganze Prozess. Es ist die Euphorie, das Adrenalin, das High-Gefühl, das wir als *State* bezeichnen, welches uns beflügelt, alle Nervosität verdrängt, uns alles möglich erscheinen lässt, und uns das intensivste Gefühl von Lebendigkeit gibt.

Dies ist die eine Wahrheit über Verführung, die andere ist, dass du dich einem Leben widmest, welches von dir abverlangt, dass du in regelmäßigen Abständen in die unangenehme Situation kommst, dich zwischen einer Frau und dem Game entscheiden zu müssen. Du wirst auf zynische Weise Beute deines eigenen Erfolgs.

Doch warum tut man sich das an? Warum widmet sich ein Mann der Verführung?

Ich weiß es nicht genau, vielleicht aus demselben Grund, warum du dieses Buch liest. Es ist halt interessant, und so stolpert man langsam hinein. Außer Frage, ein Mann, der sich der Kunst der Verführung widmet, kann keine „richtige Beziehung" führen, denn es geht ihm nicht darum, das Glück in der „einen Frau" zu finden, sondern darum eine Reihe von Fähigkeiten zu erlangen, die man in ihrer vollen Tragweite erst erlernen kann, wenn man sie ständig übt. Wie ein Kampfsportler, der den einen Schlag tausendmal ausführt, damit er im entscheidenden Moment abrufbar und entfesselte Kraft ist, muss man die Tat in ihren Variationen erfahren, um sie zu begreifen. Jemand, der sich der Verführung widmet, widmet sich seiner Entwicklung.

Doch wohin soll all das führen? Ist es nicht so, dass du maßlos bist und die Frauen als austauschbar betrachtest?

Nein, Frauen sind nicht austauschbar. Genauso wenig, wie ein Verführer gebunden sein darf. Jemand, der sich der Kunst verschreibt, darf nicht eine Beziehung führen, denn es wäre der Frau nicht gerecht, ihr Hoffnungen zu machen, um sie am Ende enttäuschen zu müssen, weil ihm das Game wichtiger ist als sie. Ein Verführer ist sozusagen mit seinem Lifestyle verheiratet, und dass mit all seinen Konsequenzen. Viele Frauen werden sich von dir abwenden, sobald sie erkennen, dass sie mit dir keine Zukunft haben. Du wirst oft das Gefühl von Verlust spüren. Also nochmal die Frage, wohin soll das alles führen, wenn nicht in eine Beziehung oder in die Einsamkeit?

Das ist wohl das größte Paradox, dem ein Verführer unterworfen ist. Er will alles. Er will die Fähigkeit, er will Liebe, er will intensives Erleben, aber er will auch, zumindest ich, mal Frau und Kinder, eine Familie. Folglich ist der Punkt, an dem ich mein Ziel, das Ende der Reise, erreicht habe, mein Abschied von der Kunst. Sofern bleibt mir nur die Vorfreude und die Freude den Weg zu gehen, es zu tun im Hier, im Jetzt, in diesem Moment zu leben, und mich der Reise hinzugeben. Heute befindest du dich in einer Phase, in welcher du dich ausleben möchtest, und schon übermorgen vielleicht, sehnst du dich nach Geborgenheit und Stabilität. Das Leben besteht aus Paradoxa, und du bist niemals zu jeder Zeit ein Mensch mit immer gleichen Bedürfnissen. Es geht darum nicht nur seine Bedürfnisse zu erkennen, sondern auch zu ihnen zu stehen und bei Bedarf in dein Leben holen zu können.

Lohnt sich eine Beziehung? Verdammt, ja! Jedoch solltest du dann eine Beziehung führen, wenn du dich in der Frau erkennst, wenn du das Bedürfnis verspürst mit ihr etwas aufbauen zu wollen, wenn du ständig an sie denkst, obwohl du in Gesellschaft bist, wenn du eifersüchtig wirst, deine Gedanken immer wieder zu der einen Frau zurückkehren und du am Ende entdeckst, dass du deinen Biss für die Kunst verloren hast. Das Erleben fühlt sich plötzlich fade und falsch an. Die Kunst der Verführung gibt dir dann nichts mehr, und verflüchtigt sich dahin, von wo sie hergekommen ist: zurück in deine Gedanken. Dieses Mal jedoch nicht als Wunsch, sondern als nette Erinnerung.

Gameover und Happy End!

Gedanken für deinen Weg

Das Rätsel *Frau* ist sicher eines der faszinierendsten Mysterien, auf dessen Suche du dich machen kannst. Der Grund, warum du dich auf diese Suche begibst, kann unterschiedlicher Natur sein. Womöglich fasziniert dich der Gedanke, jede Frau haben zu können, unwiderstehlich zu sein. Eventuell möchtest du eine ganz bestimmte Frau erobern oder zurückgewinnen. Unter Umständen hast du es einfach nur satt, nicht die Frauen im Leben zu haben, die du gern haben würdest. Oder du bist auf der Suche nach einem Partner, der dich so liebt, wie du es tun würdest. Interessanterweise wirst du auf deiner Suche schnell merken, dass du mehr über dich selbst lernen wirst als über das *Rätsel Frau*. Aber es sind genau diese Dinge, die in dir einen Prozess anstoßen, der dich erfolgreich im Umgang mit Frauen werden lässt. Es ist ein Reise, die deine Ansichten, dein Weltbild, dein Leben auf den Kopf stellen wird. Und während du diese Reise antrittst, wirst du ein Mann, der sich so wohl in seiner Haut fühlt, dass er mit niemanden mehr tauschen will. Du wirst toleranter werden. Du wirst aufhören, Neid zu verspüren und jemand werden, der sich mit seinen Ängsten und Fähigkeiten auseinandergesetzt hat. Jemand, der nur müde lächelt, wenn jemand zu ihm sagt, dass man nicht seine Leben träumen, sondern seine Träume leben soll. Du wirst neue, unbekannte Facetten an dir entdecken und in dir erkennen, dass Glück in vielen Formen existiert. Die Zeit ist gekommen, es dir zu nehmen!

Ich möchte dir nun noch ein paar letzte Gedanken mit auf den Weg geben, damit du dein Glück, in welcher Form auch immer, nicht nur findest, sondern auch zu nutzen weißt.

Es gibt einen schmalen Grat zwischen Ehrgeiz und Verbiegen. Verbiegst du dich zugunsten eines Traums, dann entfernst du dich von ihm. Hinterfrage dieses Buch also auch kritisch und prüfe, ob es mit dir und deiner persönlichen Art vereinbar ist. Solltest du merken, dass eine Technik, Taktik oder Strategie auf Kosten der unbeschwerten Leichtigkeit deines Seins geht, dann verwirf sie, egal für wie wichtig ich sie propagiere. Dieser Tausch lohnt sich nicht!

• Gehe deinen Weg.

Du musst *deinen Weg* gehen, denn du kannst nicht den meinen gehen. Auch musst du ihn alleine gehen. Natürlich wirst du Freunde und Weggefährten um dich haben, doch nur du kannst deine Bestimmung erfüllen. Niemand kann das für dich tun. Erkenne, dass nur du für dich verantwortlich bist!

• Finde deine Mitte, pendle zwischen den Extremen.

Auch, wenn du vielleicht zu Beginn über die Stränge schlägst, ist das Ganze ein Prozess, der damit endet, dass du am Ende deinen Weg findest. Es spielt keine Rolle, warum du dich anfangs für diesen Weg entschieden hast, sondern nur, dass du bereit bist, ihn zu gehen. Experimentiere! Lerne, neue Wege zu gehen! Übertreibe ruhig, um deine Grenzen kennenzulernen und überschreite sie, um zu sehen, was hinter ihnen kommt.

• Du bist nur so gut wie dein schwächster Teil.

Was nützt es dir, dass du der tollste Zuhörer bist, wenn du eine Frau nicht aktiv in ein Gespräch verwickeln kannst, in dem du auch dich darstellst? Arbeite also kontinuierlich an deinen Schwächen, aber verlasse dich auf deine Stärken.

• Dein Handeln muss schlüssig sein.

Dein Handeln muss nachvollziehbar, darf aber nicht vorhersehbar sein. Verinnerliche diese Erkenntnis in allen ihren Facetten! Sie ist eine der wichtigsten!

• Habe Vertrauen in deine Fähigkeiten.

Du musst einen unerschütterlichen *Glauben* an deine Fähigkeiten entwickeln. Nur so ist es dir möglich, deine Grenzen zu sprengen und Möglichkeiten in dein Leben zu holen, die zuvor unerreichbar schienen.

Im Widerspruch zu deinem unerschütterlichen Glauben an deine Fähigkeiten steht das Bewusstsein deines realen *Könnens*. Das ist notwendig, um deinen Ist-Zustand pragmatisch zu erfassen. Du musst dir deines Ist-Zustandes bewusst sein, denn nur so kannst du verhindern, dass zwischen Glauben und Realität eine Diskrepanz entsteht, die dich blockiert. Deswegen kann es manchmal sinnvoll sein, dich selbst zu prüfen. Stelle dir selber Herausforderungen! Setze dich unter Druck, denn um dann erfolgreich zu sein, musst du blindes Vertrauen in deine Fähigkeiten besitzen! Und zu guter Letzt musst du dir auch beweisen, dass die Realität, die du in deinem Kopf konstruierst (dein Glaube) von deinem Erfolg untermauert wird.

- Glaube an das Widersprüchliche.

Dein *Glaube an deine Fähigkeiten* und das *Wissen um dein Können* sind zwei unvereinbare, sich ausschließende Positionen. Doch in meiner Philosophie sind Paradoxa fester Bestandteil unserer Lebenswelt. Nicht beide anzuerkennen, sondern dich für eine entscheiden zu wollen, wird dich auf einen Aspekt reduzieren. Es beschneidet dich und kann dein Handeln im schlimmsten Fall lähmen. Manche Menschen sagen, dass das nicht möglich sei, doch erinnere dich, derselbe Mensch ist in verschiedenen Momenten ein anderer. Wenn die Situation es erfordert, dass ich mir bewusst mache, dass ich das schaffen werde, dann glaube ich fest daran. Erfordert es Pragmatismus, dann hinterfrage ich mich.

Besonders im Umgang mit Menschen wirst du erkennen, dass diese und auch du selbst voller Widersprüche und Polaritäten sind. Akzeptiere dies!

- Erhalte dir die Balance zwischen Intention und Unbeschwertheit.

Solltest du merken, dass du aufgrund deiner starken Fokussierung auf dein Ziel die Fähigkeit verlierst, unbeschwert zu sein, solltest du diesen Fokus eine Zeit lang loslassen. Unbeschwertheit heißt, dir die Fähigkeit zu erhalten, Spaß zu haben. Es heißt, dass du nicht verkrampft an deine Ziele herangehst. Dies gilt insbesondere, wenn du schon fortgeschritten im Umgang mit Frauen bist.

• Lege deine Angst vor schönen Frauen ab.

Die meisten Männer haben Angst vor schönen Frauen. Du solltest einsehen, dass es dafür keinen Grund gibt. Schönheit allein macht einen Mensch dir nie überlegen, vor allem ist sie kein Verdienst - sie ist einfach ein Geschenk der Natur. Warum also solltest du ihr gegenüber ein Gefühl von Angst oder gar von Unwürdigkeit haben? Übergroßer Respekt vor Schönheit ist nichts als eine Illusion. Eine schöne Frau ist eine schöne Frau. Erfreue dich daran, lasse dich aber nicht davon einschüchtern. Du bist mit jedem Menschen auf dieser Welt auf Augenhöhe, denn du existierst genauso wie er.

• Stelle alle deine Erkenntnisse regelmäßig auf den Kopf.

Erkenne, dass das Leben ein fließender Prozess ist. Nichts ist für die Ewigkeit - auch keine Regeln, Erkenntnisse oder Ziele. Verwerfe in Abständen alles, was du an Erkenntnissen gesammelt hast, um mit neuen Herangehensweisen und einer neuer Sicht auf die Welt von vorne anzufangen.

• Bilde dich.

Allgemeinwissen ist wertvoll. Es ermöglicht dir nicht nur ein breites Spektrum an Themen, über die du sprechen kannst, sondern es macht dich auch attraktiv. Allgemeinwissen beschränkt sich nicht auf Bücherwissen, sondern es bedeutet auch, nahe am Puls des Lebens zu sein, Geschichten und Hintergründe zu kennen, dich in fremde Situationen versetzen zu können. Eine breitgefächerte Vertrautheit mit verschiedenen Themen und Wissensgebieten hilft dir nicht zuletzt dabei, Empathie zu entwickeln.

• Reproduktion bedeutet immer auch ein Stück Entzauberung.

Ein Verführer verfolgt langfristig die Strategie, bestimmte Situationen und Dynamiken immer und immer wieder zu erkunden und so für sich nutzbar zu machen. Er benötigt die Fähigkeit der Reproduktion. Mache dir jedoch bewusst, dass Reproduktion immer einhergeht mit einer gewissen Abstumpfung, da Wiederholung im Gegensatz zu dem Gefühl steht, etwas Besonderes, etwas Spannendes zu erleben. Ab einem späten Punkt in deiner Entwicklung musst du dich für das Erleben und gegen die Wiederholung entscheiden.

- Zähle nicht, mit wie vielen Frauen du Sex hattest.

Es mag deinem Ego gut tun, die Frauen zu zählen, mit denen du schon geschlafen hast. Aber sobald du in der Lage bist, viele Frauen zu haben, solltest du aufhören, aktiv zu zählen oder gar Buch zu führen. Wenn ich mich hinsetze und zurückzähle, dann bin ich in der Lage, eine Zahl zu nennen. Doch ich habe aufgehört, ein vermeintliches Vermächtnis zu konstruieren. Ich habe aufgehört, zu zählen. So habe ich den Überblick verloren. Und genau dieser Verlust hat mich von dem Druck befreit, mich beweisen zu müssen. Es ist angenehm, einfach loszulassen. Interessanterweise trage ich diese Gelassenheit nach außen, und genau dies macht mich noch anziehender auf Frauen. Ich kann mich noch mehr auf die Frau vor mir einlassen, von der ich mich angezogen fühle.

- Akzeptiere das Unausweichliche.

Manche Dinge zu ändern liegt nicht in deiner Macht. Akzeptiere dies.

- Sei der Mensch, den du selber gerne als Freund hättest - und liebe der Liebe wegen!

Dieses Buch neigt sich nun dem Ende entgegen, und ich freue mich, dass ich dich bis zu diesem Punkt mitnehmen konnte. Es hat mir Spaß gemacht, dich in meine Welt zu entführen, dir Einblicke in die Strategien und Raffinessen eines Verführers zugeben, in der Hoffnung, dass du die Frau deines Lebens kennen lernst und für dich gewinnst. Kennst du die wahre Liebe bereits schon, dann kannst du dieses Buch schmunzelnd schließen, denn dann brauchst du diese *Sachen kleiner Jungen* nicht mehr.

Kennst du jedoch jemanden, der unglücklich ist, weil ihm noch der Partner fürs Leben fehlt, dann gib ihm dieses Buch! Vielleicht wendet sich sein Leben ins Positive.

Ich habe dieses Buch über einen langen Zeitraum geschrieben. Und ich wünsche, hoffe, du denkst an mich, während du diese Zeilen liest, und siehst mich einen schneebedeckten Berg herunterfahren, durch bunte Meere tauchen und auf sternennächtlichen Strandparties schöne Frauen küssen. Wünsche mir, dass auch ich weiter meinen Weg gehe, dass ich mein Glück finde - und dann die Weitsicht habe, es festzuhalten. Vielleicht hilft dein Zuspruch ja, die Göttin des Schicksals gnädig zu stimmen? Ich für meinen Teil habe verstanden, dass ich der Mensch sein muss, den ich selber gerne zum Freund hätte und, dass ich in Dingen der Liebe nicht zweifeln darf. Ich darf den Gedanken, ob die jetzige Liebe in meinem Leben auch die letzte sein wird, nicht fürchten. Es ist was es ist, sagt die Liebe[26].

Ich kann dir also keine Ratschläge bezüglich der Liebe geben, denn ich habe mich entschieden, sie mir als jenes undurchschaubare Mysterium zu erhalten, das mich verzaubert. Ich habe kein Interesse, es zu entschlüsseln. Es verhält sich so, wie ich es am Anfang dieses Buches geschrieben habe: Es gibt eine Zeit, da ist Spielen erlaubt, und eine andere, da solltest du das Spiel beenden. Flirten bedeutet spielen, lieben bedeutet loszulassen. Beherzige das - und du wirst das Glück in deinem Leben finden!

Ende

---

[26]Erich Fried.

Royal Campus Akademie

Das Telefon klingelt.

„Hi Béla, na wie geht's? Hier ist Christo vom Royal Campus Team!"

Ich halte überrascht den Hörer in der Hand. Von allen guten Geistern dieser Erde hätte ich mit Christo am wenigsten gerechnet. Aber wie das Leben so spielt, spielt es gerne mit Überraschungen. Christo ist ähnlich lange wie ich in der Pickup-Community unterwegs und in der Verführungsszene eine bekannte Größe. Er ist einer dieser fast perfekten Menschen, groß, gutaussehend, smart und gebildet, ehrgeizig und trotz allem sensibel und liebevoll.

Wir redeten mehrere Stunden über die alten Zeiten, als er mit der Sprache rausrückt.

„Béla, kannst du dir vorstellen zu unserem Team dazuzustoßen? Exklusiv versteht sich."

Ich schwieg. Sollte ich meine Eigenständigkeit aufgeben? Sollte ich mich wieder dem Lifestyle widmen? Zurück in den Schoß der Community? Mit all ihren kleinen, testostcrongestörten Streitereien?

„Das ist eine Sache, die ich erst mit meiner Freundin besprechen muss."

„Das versteht sich von allein! Ich habe ein klasse Team am Start, alles richtig gute Leute. Marcus kennst du ja selber und Jannik ist eine Charismabombe, du wirst ihn lieben, wie jeder es einfach tut. Du mit deinem frechen Charme wärst die ideale Ergänzung."

Marcus? Ich kannte ihn in der Tat. Wir hatten uns auf der VP2007 in München kennengelernt. Er war ein Guru aus England und Charisma-Coach. Von allen PUAs damals war er der lebendigste, aufrichtigste und mit Abstand der sympathischste.

Christo weiß genau, womit er mich ködern kann: In einem guten Team zu arbeiten, tolle Leute kennenzulernen, eine Menge Spaß zu haben, immer irgendwelche Sachen zu erleben, rumzureisen und verrückte Dinge zu planen, ich hatte das alles ziemlich vermisst. Und ich kannte Christo, ich wusste, wenn ich mit jemand zusammenarbeiten möchte, dann mit diesen Jungs.

„Ok, Christo, du alter Gauner, ich bin dabei!"

Und so geschah es, dass ich exklusiv für den Royal Campus als Mentor und Trainer tätig wurde. Denn auch wenn ich heutzutage glücklich vergeben, also „out of game"bin, und mein Alltag sich nicht mehr einzig und allein um hübsche Frauen dreht, besitze ich doch all die Fähigkeiten... und diese nicht zu teilen, wäre eine Schande.

Orange Live Workshop

Manchmal wenn Leute erfahren, dass ich ein Flirttrainer bin, werden sie neugierig. Sie löchern mich mit Fragen.

Wie wird man eigentlich Flirttrainer? Schwierige Frage, da schlittert man einfach so hinein.

Gibt es dafür sowas wie eine Ausbildung? Ja, nennt man Schule des Lebens.

Was macht ihr eigentlich genau bei einem Flirttraining? Hm... Manche Sachen sind schwer aus Büchern zu lernen. Theorie ist kein Ersatz für die Praxis. Seminare, welche ausschließlich in einem Hotelzimmer abgehalten werden, können leider niemanden auf den Ernstfall vorbereiten. Wir jedoch schon, denn wir verfolgen ein anderes Konzept. Doch was wir genau machen, kann man am besten der Produktbeschreibung entnehmen:

ROYAL CAMPUS

Der Orange Live Workshop ist ein zweitägiges Praxisprogramm, das in dir die Fähigkeiten wecken wird, Frauen anzusprechen, und für dich zu gewinnen. Das Programm ist intensiv und fordernd, und wird dir in kürzester Zeit außergewöhnliche Erfolge bringen. Du wirst neben einer knappen theoretischen Einführung etwa 20-30 Frauen gezielt ansprechen. Aber keine Bange du bist nicht allein, zwei bis drei erfahrene Trainer stehen dir zur Seite, welche sich deinem prüfenden Urteil stellen werden. Denn reden kann jeder, doch auf Druck Leistung bringen nur die wenigsten.

Tag Eins widmet sich dem Ansprechen und all seinen Details. **Falls du Angst hast Frauen anzusprechen, werden wir dir diese nehmen!** Durch gezielte Übungen werden wir zum Kern deiner Angst vordringen und dich endlich von dieser befreien. Du wirst dadurch in der Lage sein, in Bars, Clubs, auf der Straße, sogar in überfüllten Straßenbahnen, einfach überall attraktive Frauen anzusprechen!

Dies beinhaltet neben vielen praktischen Übungen:

- Wie du es schaffst Frauen, die gerade vorbei laufen, zu stoppen und in ihre Welt einzudringen. Darüber hinaus zeigen wir dir Techniken, mit denen es möglich ist, auch Frauen, welche gerade Musik hören oder telefonieren, in einer Art und Weise von sich zu begeistern, dass sie alles stehen und liegen lassen, um mit Dir eine Konversation zu führen.

- Wie du es schaffst Frauen, welche sich in Gruppen von Frauen oder Männern befinden, anzusprechen und aus der Gruppe zu isolieren. Damit ihr unter vier Augen reden könnt.

Lass dich in den Tricks des Zusammenspiels zwischen Gestik, Mimik, Körperhaltung und Energie unterrichten und lerne endlich deine Körpersprache nicht nur zu deinem Vorteil, sondern zu einer **mächtigen Waffe in der Verführung** zu entwickeln.

„Erfolg auch ohne eine Maske aufzusetzen!"

Dies beinhaltet neben Übungen auch:

- Manchmal sind Worte überflüssig. Eigne dir Fähigkeiten an, sodass die Frau nur auf deine Präsenz reagiert.

- Wie du dein Energielevel der Situation anpasst. Um größtmögliche Natürlichkeit zu erzeugen.

- Wie du deine Augen in einer Art und Weise einsetzt, dass die Frau unmissverständlich spürt, dass hinter diesen eine anziehende Persönlichkeit steht.

- Wie du die Situation entspannst und zu einem Pol der Ruhe wirst. Denn die Frau wird sich erst entspannen, wenn du entspannt bist. Deswegen musst du lernen, in jeder Situation souverän handeln zu können. Dies bringen die Trainer dir bei.

Lass dich auf Wunsch auf Kamera aufnehmen, um dich selber in Aktion zu sehen. Sich selbst mit eigenen Augen zu sehen ist Gold wert. Denn oft werden erst jetzt die kleinen und groben Fehler für deine eigenen Augen sichtbar.

Lerne nicht nur deine Körpersprache richtig einzusetzen, sondern lerne die Körpersprache der Frau richtig zu deuten, denn manchmal sind ihre Worte irreführend und mit ihren Wünschen nicht identisch. In diesem Fall ist es gut, seinem eigenen Urteil trauen zu können.

Lerne wie unwichtig der Inhalt der Konversation ist, und **erfahre worauf es wirklich ankommt.**

Dies beinhaltet neben vielen praktischen Übungen:

- Die Stimme ist das wichtigste Werkzeug, um Frauen auf der Straße für sich zu gewinnen. Folglich musst du lernen, deine Stimme zu einem eindrucksvollen Organ zu entwickeln. Darüber hinaus wirst du lernen, deine Tonalität einzusetzen und deiner Stimme die Stimmmelodie eines Verführers zu verleihen.

Zusätzlich werden die Trainer dir zeigen, auf welche Art und Weise und zu welchem Zeitpunkt du Pausen als Technik einsetzen kannst, um die Frau von dir zu begeistern.

Verändere deine Comfort zone und **sprenge deine Grenzen** mit den berüchtigten Comfortübungen. Jeder Mensch hat Grenzen. Sie manchmal zu überschreiten bedeutet seinen eigenen Horizont zu erweitern. Seinen Horizont zu erweitern bedeutet mehr Erfahrungen. Erfahrungen heißt in unterschiedlichsten Situationen souverän reagieren zu können und dies wiederum wirkt auf Frauen magnetisch. Dies ist essentiell, wenn du sehr fortgeschritten im Umgang mit Frauen werden willst.

Dies beinhaltet mehrere Übungen, welche bis zum gegebenen Zeitpunkt geheim gehalten werden.

Neben diesem groben Fahrplan für den Tag Eins, wirst du die ganze Zeit mit deinen Trainern draußen sein und mit ihnen und deinen Mitstreitern zusammen, Frauen verführen! Auch entsteht durch die gemeinsam erlebten Aktionen eine Vertrautheit, die dazu führt, dass neben den Workshopinhalten eine Vielzahl unterschiedlichster Themen im persönlichen Rahmen besprochen werden.

Sollte dir der erste Tag nicht gefallen haben, kannst du den Workshop abbrechen und bekommst dein Geld ohne Wenn und Aber zurück.

Tag Zwei widmet sich den kritischen ersten fünf Minuten des Gesprächs hin bis zum Date.

„Hast du keine Lust mehr darauf, dass Gespräche im Sand verlaufen?"

Lerne mehrere sehr effektive Gesprächsstrategien, die schnell die Frau verzaubern, aber nicht auf Tricks oder Maschen basieren, sondern einen natürlichen Gesprächsverlauf ermöglichen. Da es keine Tricks und Maschen gibt, können diese nicht entdeckt werden. Zusätzlich wirst Du erleben, dass es wiederkehrende Muster in Gesprächen gibt. Die Trainer werden dir außergewöhnliche Taktiken und Strategien zeigen, wie du diese gezielt für dich nutzen kannst.

Dies beinhaltet neben vielen Partnerübungen:

- Wie erzeuge ich sehr schnell Anziehung. Sie muss sich zu dir hingezogen fühlen, um mit dir eine intime Beziehung eingehen zu können. Lerne wie du schnellstmöglich Attraktivität ausstrahlst und ihr von einem Moment auf den anderen den Kopf verdrehst!

- Wie erzeuge ich schnell größtmögliche Vertrautheit. Erzeuge ein Band, das so stark ist, dass sie sich danach sehnen wird dich wiederzusehen.

- Wie gebe ich einen Einblick in meine Gedankenwelt. Die Trainer werden dir zeigen, wie du schnell und effektiv deine attraktive Persönlichkeit projizierst, sodass sie dich nicht mehr vergisst.

- Wie bekomme ich die Nummer. Einfache aber sehr effektive Taktiken und Strategien, um ihre Nummer zu bekommen.

- Wie bekomme ich ein Instant-Date. Nutze das Gebot der Stunde und treffe sie einfach sofort!

- Wie vermittle ich, dass ich Standards habe. Es ist essentiell ihr zu zeigen, dass du ein Mann mit Ansprüchen bist. Die Trainer werden dir zeigen, wie es geht!

- Wie verhindere ich, dass das Gespräch im Sande verläuft.

- Wie handle ich zielorientiert. Seine Energie und Ressourcen gezielt einzusetzen ist ein wichtiges Element, denn manchmal ist weniger mehr.

- Wie du dich selbst motivierst. Die meisten scheitern, weil sie nicht die Fähigkeit besitzen, sich selbst zu motivieren. **Löse dich aus der Abhängigkeit anderer und ergreife die Initiative. Ab diesem Tag endet dein Stillstand und deine Träume werden zum erreichbaren Ziel!**

„Wir verändern dein Inneres nachhaltig!"

Am Ende des zweiten Tages bekommt ihr individuelles Feedback von jedem Mentor und einen **eigenen maßgeschneiderten Masterplan**, um eure persönliche Entwicklung fortzusetzen.

Der Orange Live Workshop zusammengefasst:

Der Workshop wird von zwei Trainern betreut (Ausnahmen werden vorher bekannt geben). Diese Trainer sind Profis, die in der Verführungsszene durch hunderte von Verführungen bekannt wurden. Sie sind nicht nur Flirtcoaches, sondern sie leben diesen Lifestyle.

Der Workshop findet immer samstags und sonntags statt. Wenn die Trainer mit dem Programm noch nicht durch sind, wird überzogen. Am Ende der zwei Tage warst du 16-18 Stunden effektiv unterwegs. Die Mentoren haben endlich deine Ängste eliminiert und du wirst mehrere dutzende Frauen angesprochen haben.

Die Trainer haben in diesem Workshop deine Wahrnehmung in Bezug auf Frauen durch Referenzerlebnisse verändert. Du hast gesehen, wie die Mentoren Frauen ansprechen und für sich gewinnen. Diese Veränderungen werden dazu führen, dass sich deine Realität erweitert, dass Du Dinge wahrnimmst, die du davor einfach übersehen hast.

Die Mentoren haben dir Übungen gezeigt, wie du Hemmung auf lange Sicht besiegst.

„Wir werden dich auch weiterhin mit Rat und Tat betreuen!"

Kurzer Überblick über die wichtigsten Daten des Workshops:

- **Geld-zurück-Garantie**, wenn es dir am ersten Tag nicht gefällt, kriegst du dein gesamtes Geld zurück und wir werden dir auch nicht böse sein! Dies gilt auch bei Ratenzahlungen.

- **Pro Mentor maximal drei Studenten**, damit dir eine intensive Betreuung gesichert ist.

- Es sind **mindestens zwei Mentoren** anwesend, damit du zwei sehr unterschiedliche Arten der Verführung miterleben kannst.

Verändere endlich dein Leben und werde ein Mann der Tat. Werde Student an der Royal Campus Akademie, lass dich von Profis coachen, kürze den Weg ab und erlebe die Veränderung hin zu einem Playboy sofort. Spare Geld und investiere jetzt in deine Zukunft.

Hört sich spannend an, nicht wahr? Nun, ich liebe diese Arbeit, denn es ist meine Leidenschaft. Als Dank, dass du mein Buch gekauft hast, möchte ich dir ein Angebot machen: Entscheidest du dich für ein Coaching über Royal Campus, erhältst du den Verkaufspreis dieses Buches als Gutschrift. Diese kannst du bei Bedarf auf www.RoyalCampus.de einlösen.

Gutscheincode im Wert von 24,90 Euro

Epilog

Ich vergesse manchmal, dass ich sterblich bin, dass mein Leben zerbrechlich ist. Diese Erkenntnis ist so einfach wie bedeutungsvoll. Es ist schade, dass es immer ein trauriges Ereignis sein muss, das mich die tiefe Bedeutung und die Kostbarkeit des Lebens - meines Lebens - erkennen lässt.

Ich nehme mein Leben oft als selbstverständlich wahr, und oft erwische ich mich, wie ich mit einer unbekümmerten Unbeschwertheit durchs Sein schwebe, als gäbe es kein Morgen. Dann begreife ich plötzlich, dass meine Zeit auf dieser Erde begrenzt ist. In solchen Momenten überkommt mich das Gefühl, dass es in meinem Leben noch so viele Dinge zu sehen, so viele Sachen zu tun, so viel zu erleben gibt. Das Wissen um den Tod zwingt uns Menschen, das Leben als das Wunderbare, Wundervolle und Unbeschreibliche wahrzunehmen, das es ist. Wir sollten keine Angst vor dem Tod haben, denn er ist mit dem Leben eins. Das, was wir fürchten sollten, ist unser Leben nicht zu leben. Denn die unbestimmte Zeit, die auch in diesem Augenblick unweigerlich fortschreitet, ist kostbar, weil sie unbestechlich ist.

Ich weiß nicht, wann ich sterben werde. Ich kenne auch den Ort und die Umstände nicht. Das einzige, was mir geschenkt wurde, ist diese begrenzte Zeitspanne, die nach meinem Tod mein Leben gewesen sein wird. Und es ist ein Verrat an sich selbst, wenn man sein Leben und das Leben anderer nicht ehrt, wenn man seine Träume vergisst, wenn man nicht kämpft für sein Glück, wenn man seine Leben nicht so lebt, wie man es sich wünscht.

Das Leben in seiner Vielfalt ist ein Geschenk. Ein Geschenk, das es zu erkunden, zu erfahren, zu erfühlen gilt, um das größtmögliche Glück für sich und die Menschen, die man liebt und schätzt, in sein

Leben zu locken. Das ist die Verantwortung, die ein jeder Mensch trägt. Ich möchte dich an dieser Stelle ermuntern, aufzuhören, auf dein Glück zu warten und dein Schicksal ab diesem Moment selbst in die Hand zu nehmen. Es gibt nichts schlimmeres, als am Ende zu erkennen, dass dein Leben nicht so gelaufen ist, wie du es dir vorgestellt hast! Und wenn du am Ende nicht die Frau deines Lebens, nicht die Dinge im Leben gefunden hast, die dich erfüllen, dann wirst du dir wünschen, noch einmal von vorne beginnen zu dürfen. Doch alles, was dann für dich bleibt, ist die Erkenntnis, dass du sterben wirst.

Wie alles im Leben entspringt einem Ende auch ein Anfang. Genauso verhält es sich mit der Lektüre dieses Buches. Draußen schimmert die Welt, dort passieren Geschichten, wie sie nur das wahre Leben bereithält. Dein Platz ist dort - und wer weiß, vielleicht treffen wir uns einmal, philosophieren ein bisschen über Gott und die Welt und stürzen uns gemeinsam in das eine oder andere Abenteuer, das da draußen wartet?

Ich für meinen Teil freue mich darauf, dich kennen zu lernen. Die Welt ist klein, und deswegen stehen die Sterne gut, dass sich unsere Wege einmal kreuzen werden. Bis dahin wünsche ich dir, dass du Glück und Erfüllung findest.

Auf dich!

Cheers,

Béla Calise

Über den Autor

Béla Calise studierte Volkswirtschaftslehre, Rhetorik, Literatur und arbeitete als Entwicklungshelfer mit Straßenkindern in Bangladesch. Zahlreiche Reisen führten ihn nach Europa, in den Orient, Zentralasien und Ostasien, bis er sich 2007 als Flirtcoach (Datedoctor) selbständig machte. Er war als Dozent auf der Europa Konferenz für Verführungskunst und Persönlichkeitsentwicklung 2007, auf der Realman Conference in Amsterdam und der ASA Super Conference im Jahr 2008. Béla Calise gibt sein praktisches Wissen im deutschsprachigen Raum in Seminaren, Praxis-Workshops und Einzelberatungen erfolgreich weiter.

Für nähere Information schreibe eine Mail an: *mentoring@bela-calise.de.* oder besuche ihn auf Facebook: Bela Calise.